电网企业培训师

通用培训教材

中国南方电网有限责任公司　组编
广东电网有限责任公司
贵州电网有限责任公司　编

中国电力出版社
CHINA ELECTRIC POWER PRESS

内 容 提 要

本书从企业培训师的角色定位出发，以提升培训师的培训胜任能力为目的，全面系统地阐述了培训师所需的讲义制作、课程讲授、课程开发、项目开发的知识和技能要求。

本书主要内容包括五部分：绪论部分主要阐述公司培训师的通用能力及课程体系，以及内训师层级、类别、专业划分；第一篇介绍讲义制作，主要阐述讲义内容确定、讲义结构设计和讲义制作技巧；第二篇介绍课程讲授，主要阐述讲授内容确定、讲授过程控制、讲授呈现技巧和技能实训培训技巧；第三篇介绍课程开发，主要阐述课程体系设计、课程设计思路、课程结构设计和教材开发；第四篇介绍项目开发，阐述培训项目需求分析、培训项目策划与方案制定、培训项目过程管理、培训项目评估。

《电网企业培训师通用培训教材》可作为企业培训师上岗的培训教材，也可作为企业培训师提升通用培训能力的自学用书。

图书在版编目（CIP）数据

电网企业培训师通用培训教材 / 中国南方电网有限责任公司组编；广东电网有限责任公司，贵州电网有限责任公司编. — 北京：中国电力出版社，2016.10（2024.5重印）
ISBN 978-7-5123-9766-8

Ⅰ.①电… Ⅱ.①中… ②广… ③贵… Ⅲ.①电力工业－工业企业管理－职工培训－教材 Ⅳ.① F407.616.15

中国版本图书馆 CIP 数据核字（2016）第 220253 号

中国电力出版社出版、发行
（北京市东城区北京站西街 19 号　100005　http://www.cepp.sgcc.com.cn）
三河市万龙印装有限公司印刷
各地新华书店经售
*
2016 年 10 月第一版　　2024 年 5 月北京第九次印刷
710 毫米 × 980 毫米　16 开本　17.25 印张　280 千字
印数 20501—21000 册　　定价 **65.00** 元

本书编委会

主　　任　杨兴旺

副 主 任　吴国青　王　江　柏吉宽

成　　员　夏　筠　王贺东　周　岩　张存良　康丽娟　于家河　张志超

编写人员　程绍兵　张正贤　林龙凤　郭　军　黄小强　许庆海　樊福梅　张瑾华　朱卫红　冉红兵　戚　琳

前 言 Preface

T

PPT
讲义制作

Teach
课程讲授

Develop
课程开发、项目开发

培训师 TTD 课程释义图

培训师作为企业教育培训体系的重要组成部分，是员工学习发展、企业知识与经验传承的重要载体。为深化南方电网公司基于岗位胜任能力的教育培训体系，大力推进公司培训师队伍建设，全面提升培训师的能力和素质，公司确定了培训师需具备的讲义制作、课程讲授、课程开发和项目开发 4 项通用能力，并明确了相应的培训课程，该课程简称为 TTD。第一个“T”为 PPT，指讲义制作之意；第二个“T”为 Teach，指课程讲授之意；D 为 Develop，指开发之意，包括课程开发与项目开发。公司依据 TTD 课程，组织开发了本套培训师通用教材。

本教材包括“绪论、讲义制作、课程讲授、课程开发、项目开发”五部分内容。其中，绪论部分主要解读公司培训师的通用能力及课程体系，以及层级、类别、专业划分，重点提升培训师对于公司培训师管理要求的认识；第一篇讲义制作重点阐述讲义内容确定、讲义结构设计、讲义制作技巧等内容，重点培养培训师的讲义制作能力；第二篇课程讲授重点阐述讲授内容确定、讲授过程控制、讲授呈现技巧和技能实训培训技巧等内容，重点培养培训师的课程讲授能力；第三篇课程开发重点阐述课程体系设计、课程设计思路、课程结构设计和教材开发等内容，重点培养培训师的课程开发能力；第四篇项目开发重点阐述培训项目需求分析、培训项目策划与方案制定、培训项目过程管理、培训项目评估等内容，重点培养培训师的项目开发能力。

本教材由中国南方电网有限责任公司组织广东电网有限责任公司、贵州电网有限责任公司等单位共同编写了本书。其中前言、绪论由夏筠编写；第一篇“讲义制作”由郭军、程绍兵、朱卫红编写；第二篇“课程讲授”中第一章、第二章、第三章由程绍兵、张瑾华、张正贤编写，第四章由许庆海编写；第三篇“课程开发”由林龙凤、郭军、冉红兵编写；第四篇“项目开发”由黄小强、樊福梅、戚琳编写。全书由夏筠、周岩主审，由王贺东、程绍兵统稿。在策划编写出版中，得到了南方电网公司有关单位、专家和同事的大力支持与帮助，在此致以诚挚的谢意。教材存在的疏漏、错误之处，恳请各位专家和读者批评指正。

编　者

2016 年 8 月

目 录 Contents

第三篇 课程开发

绪 论

一、培训师的能力素质模型及通用能力要求

（一）培训师的角色定位及能力素质模型

哲人说："工欲善其事，必先利其器。"因此成为一名优秀的培训师需要有相应的技能水平。培训师应当承担业务专家、员工学习发展顾问及企业知识传承者等三重角色。

（1）培训师应当是本专业的业务专家，在自身所在专业领域有较高的知识和技能水平，具备较高的专业技术资格或技能等级，熟悉业务。

（2）培训师应当是员工学习发展顾问，能够结合员工的职业生涯发展，给员工传授岗位专业知识和技能，是员工岗位胜任能力提升的助推器，是提升员工能力的贴身教练，具备课程讲授和讲义制作的能力。

（3）培训师应当是企业知识的传承者，能够把自己长期工作实践积累的知识、技能和经验进行提炼与总结，通过开发课程和教材、组织培训等多种方式，把企业宝贵的知识、经验和文化很好地传承下去，需要具备课程开发和项目开发能力。

培训师的三重角色定位，决定了不同层级的各专业培训师除须具备专业能力（如具备专业技术职称或技能等级）外，还必须具备讲义制作、课程讲授、课程开发和项目开发四项通用能力。培训师能力素质模型如图 0-1 所示。

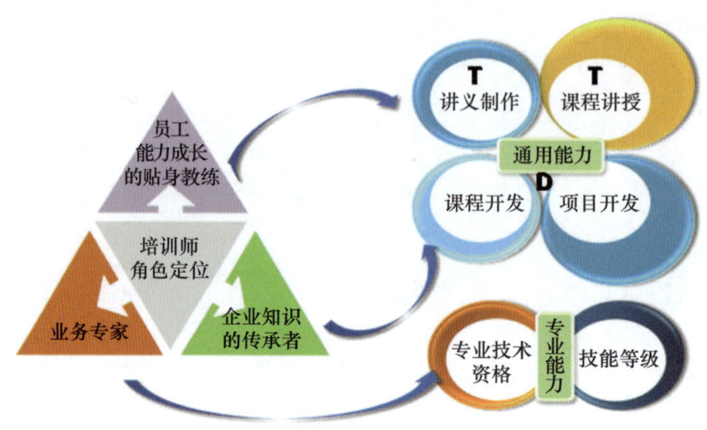

图 0-1　培训师能力素质模型

讲义制作能力最终可通过 PPT 来展现，用其英文字母 T 来表示讲义（PPT）制作之意，课程讲授能力关键在“讲”的过程中传授知识、技能，用英文 Teach 中第一个字母来 T 表示课程讲授之意，用英文 Develop 中第一个字母 D 来表示开发之意，即指课程开发与项目开发。由此将讲义制作、课程讲授、课程开发、项目开发四项能力所对应的四门课程简称为 TTD 课程。

（二）培训师通用能力要求

培训师须具备讲义制作、课程讲授、课程开发和项目开发四项通用能力，其评价标准见附录 1。各项能力的主要要求如下：

1. 讲义制作能力

讲义制作能力主要要求培训师具备讲义内容确定、讲义结构设计、讲义制作技巧三方面的能力。其中讲义内容确定具体从讲义主题把握、知识点提炼等方面要求；讲义结构设计具体从框架设计、逻辑表达等方面要求；讲义制作技巧具体从页面设计、呈现技巧应用等方面要求。

2. 课程讲授能力

课程讲授能力主要要求培训师具备讲授内容把握、讲授过程控制、讲授表演技巧三方面的能力。其中培训师对讲授内容的把握程度具体从讲授内容准备、讲授主题把握、讲授思路呈现等方面要求；讲授过程的控制具体从讲授时间分配、讲授方法与技巧应用、特殊情况应对等方面要求；讲授表演技巧具体从语言表达、台风展示等方面要求。对于技能类培训师在此基础上更加着重强调其技能实训培训技巧。

3．课程开发能力

课程开发能力主要要求培训师具备课程结构设计和课程内容制作两方面的能力。其中课程结构设计具体从课程目标确定、课程大纲设计等方面要求；课程内容制作具体从课程内容把握、主体内容设计、课程开发工具应用等方面要求。

4．项目开发能力

项目开发能力主要要求培训师具备项目计划、项目实施两方面的能力。其中项目计划具体从项目需求分析、项目计划与方案制定等方面要求；项目实施具体从项目过程管理、项目评估等方面要求。

以上四个能力对不同层级的培训师要求有所不同，对地市级培训师重点要求具备讲义制作能力、课程讲授能力；分子公司级培训师重点要求课程讲授能力、课程开发能力；公司级培训师重点要求课程讲授能力、课程开发能力、项目开发能力。无论是哪个层级的内训师，课程讲授能力总是重点。具体可参照表 0-1。

表 0-1　　培训师通用能力权重分配表

能力项	公司级	分子公司级	地市级
课程讲授	40%	50%	65%
讲义制作	10%	15%	25%
课程开发	30%	25%	5%
项目开发	20%	10%	5%

（三）培训师通用能力培训课程简介

本教材依据南方电网公司培训师通用能力评价标准和培训师培训规范编制课程大纲，在此基础上，根据课程大纲编制培训教材内容。

课程大纲是培训要求与培训课程的有效衔接，本教材以课程大纲为起点，以篇、章、节和知识点的大纲要求进行教材编制。本教材根据讲义制作、课程讲授、课程开发和项目开发四项通用能力的要求，设计了相应的四章内容：第一篇为讲义制作，包括讲义内容确定、讲义结构设计和讲义制作技巧；第二篇为课程讲授，包括讲授内容确定、讲授过程控制、讲授呈现技巧和技能实训培训技巧；第三篇为课程开发，包括课程设计思路、课程结构设计和教材开发；第四篇为项目开发，包括项目开发的内容及方法、项目过程管理及项目评估。每一篇下都会根据课程大纲编制相应的章节，层层深入讲解每一个核心知识点。

本教材适用于培训师通用能力提升培训使用，突出实用性高、操作性强的要求，主要体现在以下四个方面的特色，如图 0-2 所示。

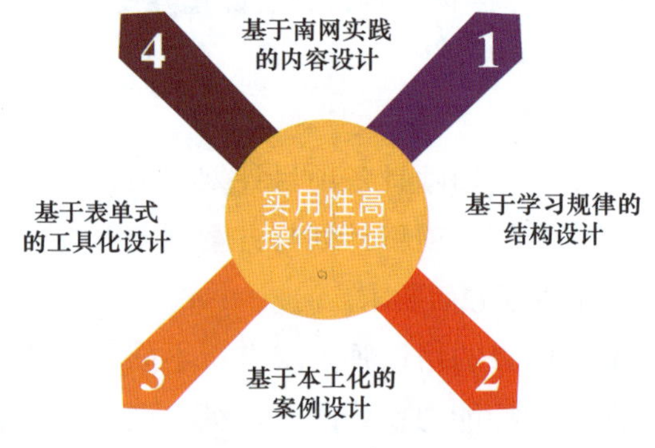

图 0-2　教材特色

1．基于南网实践的内容设计

教材与《公司培训师通用能力评价指标》、《公司培训师培训规范》紧密结合，大大提升教材对于培训师工作和考核的贡献度和匹配度，保证教材的实用与高效。同时，教材将实际工作流程表单融入教材，始终围绕公司培训师实际工作流程内容、技巧方法展开设计和讲解，保证培训师所用必要学，所学必所用。

2．基于学习规律的结构设计

教材根据成人学习规律进行结构设计，保证培训师能够更容易、更迅速、更牢固地学习记忆，掌握运用所学知识。具体结构设计及说明如表 0-2 所示。

3．基于本土化的案例设计

教材所有案例均采自公司内部实践案例；教材充分考虑不同岗位类别培训师的培训技能差异，设计和采用两种不同类别培训案例，即技能类案例和技术、管理类两种培训案例；同时保证同一主题的案例贯穿教材始终，即每个知识点均采用同一案例进行说明，保证教材的连贯性和系统性。这体现在每章节主体内容之后的“案例分享”部分。

4．基于表单式的工具化设计

教材高度重视知识的落地性，强化了表单式的工具化学习，通过表单式的内容设计帮助读者深入理解教材核心知识点的内涵，帮助读者真正实现学以致用，以学促用的高效高质培训学习。这体现在每章节主体内容之后的“融会贯通”和附录 7-11 的“任务开发书”部分。

表 0-2　　教材结构设计

结构		栏目内容
总	课程目标	明确每章的学习目标
	内容提要	明确每章的核心知识点
分	课程内容	关注知识与技能点讲解
	案例分享	通过例子来解释或应用前面学到的知识点
	融会贯通（练习提升）	提供学以致用的机会，促进知识转化
回顾	本章小结	本章核心知识和重要概念、能力要求提示；情感态度价值观方面的点拨，有助于反思巩固

二、培训师的层级、类别、专业划分

为贯彻南方电网公司“集团化、一体化”管理要求，深化基于岗位胜任能力的教育培训体系建设，规范和加强公司培训师资队伍建设，建立一支结构合理、素质优良、规模适当的培训师队伍，实现培训师资的分层分类分专业管理及资源共享，促进公司知识、经验与文化的积累和传承，公司制定了《培训师资管理办法》。

《培训师资管理办法》中对公司内部培训师资按层级、类别和专业三个维度进行了划分。按层级划分为公司级培训师、分子公司级培训师、地市级培训师三层；按岗位类别划分为管理类、专业技术类、技能类培训师三类；依据公司岗位体系，相关类别的培训师再细分对应到若干专业。如图 0-3 所示。

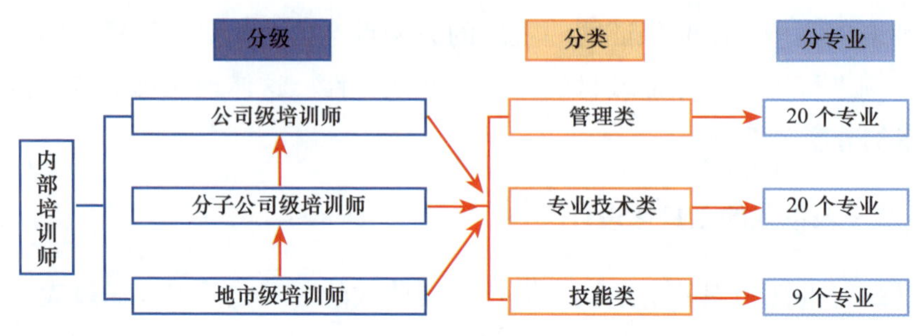

图 0-3　培训师分级分类分专业

（一）师资层级

公司内部培训师按层级划分为公司级培训师、分子公司级培训师、地市级培训师。

（1）公司级培训师：是指可承担网公司、分子公司、地市级单位、县区级单位培训授课和课程开发等培训任务的内部培训师。公司级培训师由公司总部负责选聘和管理。

（2）分子公司级培训师：是指可承担分子公司及其所属地市级、县区级单位培训授课和课程开发等培训任务的内部培训师。分子公司级培训师由分子公司负责选聘和管理。

（3）地市级培训师：是指可承担地市级单位及其所属县区级单位培训授课和课程开发等培训任务的内部培训师。地市级培训师由地市级单位负责选聘和管理。

（二）师资类别

公司内部培训师按岗位类别划分为管理类、专业技术类、技能类培训师。

（1）管理类培训师：主要从事管理类课程的培训授课和课程开发等培训任务。

（2）专业技术类培训师：主要从事专业技术类课程的培训授课和课程开发等培训任务。

（3）技能类培训师：主要从事技能类课程的培训授课和课程开发等培训任务。

（三）师资专业

公司内部培训师依据公司岗位体系，相关类别的培训师再细分对应到若干专业，师资专业划分及各专业培训师可授课程如表 0-3 及表 0-4 所示。

1．管理类及专业技术类培训师专业分类

管理类及专业技术类培训师可分为行政、企管、规划计划、人力资源、财务会计、市场营销等 20 个专业，每个专业类别的培训师可授课程都不一样，具体可参看表 0-3。

表 0-3　　管理类及专业技术类培训师专业分类及可授课程

序号	专业	可授课程
1	行政	主要讲授文秘、公关接待、保密文档、新闻传媒、维稳信访保卫及行政后勤管理等方面的课程
2	企管	主要讲授战略体改、企业管理、规章制度管理、社会责任管理等方面的课程
3	规划计划	主要讲授电网规划、项目前期、综合计划、节能、综合线损、投资计划（含电网、电源、小型基建、大修、技改、科技、信息计划）、统计等方面的课程
4	人力资源	主要讲授人力资源规划与计划管理、干部管理与监督、人才管理、劳动组织、用工管理、薪酬管理、非物质激励管理、绩效与评价管理、教育培训管理、离退休管理、人力资源信息档案及统计管理等方面的课程
5	财务会计	主要讲授资金管理、预算管理、会计管理、资产与产权管理、税务管理、电价管理、财务稽核、内部控制管理等方面的课程
6	市场营销	主要讲授市场交易管理、客户服务管理、电费管理、营销稽查、营销统计及综合管理、电能计量、管理线损、需求侧管理等方面的课程
7	生产技术（发电）	发电：主要讲授水轮机、发电机及附属设施运行、维护和检修以及水工水情等方面的课程
	生产技术（输电）	输电：主要讲授输电线路、输电电缆及附属设施的架设、巡视、维护和检修等方面的课程
	生产技术（变电）	变电：主要讲授变电站 / 开关站 / 换流站 / 集控中心 / 巡维中心的运行、监控及维护；变电一二次相关设备检修；电气试验、电测仪表试验和化学试验等方面的课程
	生产技术（配电）	配电：主要讲授配电站、配电线路、电缆及附属设施运行、维护和检修等方面的课程
	生产技术（其他）	其他：主要讲授科技规划、科技项目管理、技术推广等方面的课程
8	基建工程	主要讲授基建工程项目、质量、安全、造价、进度、技术、设计、小型基建等方面的课程
9	物资	主要讲授需求信息、采购标准、物资计划、采购管理、供应商管理、合约管理、品控管理、仓储管理、配送管理等方面的课程
10	信息	主要讲授企业信息化规划及项目管理、信息系统建设管理、数据质量管理、信息系统基础平台维护、各专业信息系统维护、信息网络安全等方面的课程
11	安全监管	主要讲授安全监察、安全风险体系建设、应急管理等方面的课程
12	农电	主要讲授农电政策研究、农电体制改革、县级供电企业规范化管理、县级供电企业管理评价、供电所和台区规范化建设、农网投资计划、农网工程管理等方面的课程
13	国际	主要讲授国际业务开发、外事管理、对外交流、联络等方面的课程

续表

序号	专业	可授课程
14	审计	主要讲授生产经营审计、工程审计及各类专项审计、内控监督评价、审计咨询等方面的课程
15	法律事务	主要讲授法律事务管理、法律风险管理、合同管理、普法宣传等方面的课程
16	纪检监察	主要讲授党风廉政建设、纠风、效能监察、信访管理（党廉及纪检等方面）、案件检查、案件审理等方面的课程
17	政工	主要讲授党团组织管理、企业文化宣传等方面的课程
18	工会	主要讲授工会建设、员工权益及民主管理、女工文体等方面的课程
19	调度控制	主要讲授电力调度运行、电网运行方式、发电调度、水调、电网调度自动化、继电保护、电力通信、技术经济、调度安全监督等方面的课程
20	综合	主要讲授以上未于归类的课程

2．技能类培训师专业分类

技能类培训师可分为发电、变电、输电、配电等 9 个专业，每个专业类别的培训师可授课程都不一样，具体可参看表 0-4。

表 0-4　　　　技能类培训师专业分类及可授课程

序号	专业	可授课程
1	发电	主要讲授水轮机、发电机及附属设施运行、维护和检修以及水工水务等技能操作方面的课程
2	输电	主要讲授输电线路、输电电缆及附属设施的架设、巡视、维护和检修等技能操作方面的课程
3	变电	主要讲授变电站 / 开关站 / 换流站 / 集控中心 / 巡维中心的运行、监控及维护等技能操作的班组岗位；负责变电一二次相关设备检修等技能操作的班组岗位；负责电气试验、电测仪表试验和化学试验等技能操作方面的课程
4	配电	主要讲授配电站、配电线路、电缆及附属设施运行、维护和检修等技能操作方面的课程
5	营销	主要讲授客户服务、电费业务、用电检查、电能计量、负控远抄等技能操作方面的课程
6	调度	主要讲授调度运行值班、调度自动化系统维护检修等技能操作方面的课程
7	通信	主要讲授电力通信设备和线路的运行、维护及检修等技能操作方面的课程
8	信息	主要讲授信息化项目实施推进、IT 客户服务及桌面运维、信息系统的运行、维护等技能操作方面的课程
9	物流	主要讲授物资仓储配送等技能操作方面的课程

DIYIPIAN
JIANGYIZHIZUO

第一篇 讲义制作

讲义是在培训中能够辅助培训师授课，帮助学员更好地理解和掌握课程内容的各类资料的集合，是培训师备课思路和备课内容的一种呈现形式。好的讲义可以使培训师将课程讲授得更加流畅、直观、生动，同时吸引学员的注意力、引导学员的学习、加深学员的学习体验、促进学员对知识的理解。

讲义制作有明确的目的性和逻辑性，一般按确定目标、确定内容、设计结构、美化课件四步来进行讲义制作。培训师的讲义制作能力主要包括讲义内容把握、讲义结构设计和讲义制作技巧三个方面的能力，讲义制作能力评价标准见附录1。

本篇主要包括三章内容，第一章为讲义内容确定，主要阐述课程目标确定和主题内容确定；第二章为讲义结构设计，主要阐述讲义框架设计和内容呈现思路；第三章为讲义制作技巧，主要阐述页面设计和讲义美化技巧应用。

第一章　讲义内容确定

第一节　课程目标确定

学习目标

任务目标：正确运用 ABCD 法撰写符合 SMART 原则的课程目标。

知识目标：正确阐述课程目标的制定要求和编写方法。

内容提要

本节主要介绍课程目标的组成、课程目标的制定原则和课程目标的编写方法等内容。

知识技能

课程目标是对学员在知识与技能、过程与方法、情感与态度等方面的培养上期望达到的程度或标准，即培训结束后学员应达到的预期行为。本节主要从课程目标的组成、制定要求和撰写方法三方面展开论述。

一、课程目标的组成

课程目标由任务目标和知识目标组成。任务目标是学员能够在一定的条件下完成具体的工作任务，知识目标是为了完成任务所需要的知识、原理等。课程目标的确定流程一般为：先确定任务目标，再确定知识目标。

二、课程目标的制定原则

国际上常用的制定课程目标的原则是 SMART 原则，具体内容如表 1-1。

表 1-1　　课程目标的 SMART 原则

SMART 原则	具体要求
S（Specific/ 明确性）	用具体的语言清楚地说明要达成的目标行为，目标行为的指向是明确具体的
M（Measurable/ 可衡量性）	应该有明确的数据作为衡量达到目标的依据，即标准是可衡量的
A（Acceptable/ 可接受性）	目标是双方协商好的，是被执行人所能接受的，是可实现的
R（Realistic/ 实际性）	目标在现实条件下是可行的、可操作的，目标切合实际
T（Timed/ 时限性）	目标具有时间限制，无时间限制的目标无法考核

三、课程目标的编写方法

为了使课程目标符合 SMART 原则，在编写课程目标时一般采用 ABCD 课程目标编写方法，即从培训对象（Audience）、行为（Behavior）、条件（Condition）和标准（Degree）四个要素来说明课程目标。ABCD 法是为了使撰写出来的课程目标尽量符合 SMART 原则的一种手段，ABCD 法具体内容表述如图 1-1 所示。

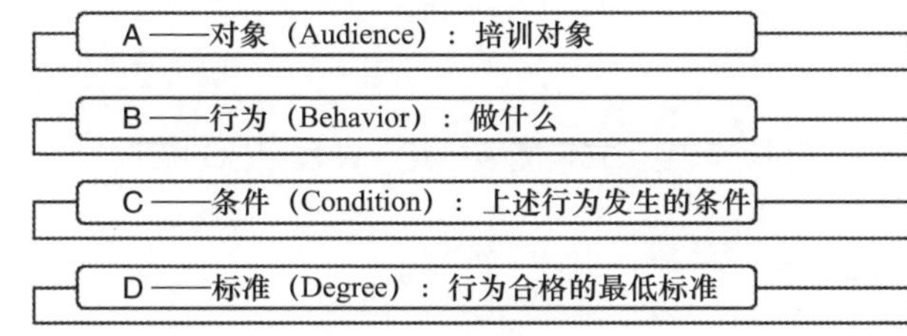

图 1-1　ABCD 课程目标编写方法

（1）确定对象。对象是指培训对象，培训对象是课程目标的构成要素之一，如“班组长”、“青年干部”、“参加在职培训的人员”和“新员工”等。

（2）确定行为。行为是指培训对象做什么。行为是课程目标中最为重要的部分，它表明培训对象经过学习以后应该达到的能力水平。一般情况下，使用动宾结构的短语来描述行为，使用“解释”、“说出”、“给……下定义”、“分析”等具体的行为动词。

（3）确定条件。条件指的是行为产生时所需的关键条件，包括环境因素、人的因素、设备因素、信息因素、时间因素等。比如，“30 秒内完成 10 个仰卧起坐”就规定了完成仰卧起坐的具体时间。

（4）确定标准。标准是行为完成质量可接受的最低衡量依据，表明行为合格的最低标准，为后续判断是否达到目标提供判断依据。例如“按照规程准确完成作业操作”。

将以上四个层面的描述汇总起来，可以得到运用 ABCD 法制定课程目标的关键句式：“谁在什么条件下按照什么标准做了什么”或“谁在什么条件下做了什么，做得怎么样”。

以上四个条件，不必一一具备，但“行为”和“标准”必须具备，通常情况下课程目标简化为行为和标准的表述。为保证课程目标符合具体、切合实际、可衡量的要求，介绍一些常用的目标行为描述词语，见表 1-2。

表 1-2　　课程目标常用描述动词

课程目标	常用描述动词
任务目标	完成、运用、解决、制定、改进、拟定、撰写、推断、决定、识别、发现、影响、选择、使用、评估、解决……
知识目标	阐述、解释、分析、综合、评价、列举、判断、比较、确认、指出……

例子 1-1

“试验室电子式电能表检定”课程目标的描述

（1）任务目标：

电能表检定人员 | 在规定时间内 | 按照电能表检定规范 100% 正确地 | 完成试验室电子式电能表检定

对象（A）　条件 (C)　标准 (D)　行为 (B)

（2）知识目标：

电能表检定人员 在规定时间内 按公司电能表检定作业指导书 100% 正确地 阐述试验室电子式电能表检定的步骤

对象（A） 条件 (C) 标准 (D) 行为 (B)

案例分享

（1）管理类、技术类案例。

《时间管理》课程目标制定			
序号		内容	备注
1	任务目标	应用 ABCD 编写方法描述课程目标： （1）明确对象：管理人员、专业技术人员等； （2）确定行为：制定出个人时间管理计划； （3）明确条件：使用工作日程二分表； （4）衡量标准：契合工作实际的。 目标描述： 管理人员、专业技术人员使用工作日程二分表制定出契合工作实际的个人时间管理计划	（1）根据 ABCD 编写方法来编写（明确对象、确定行为、明确条件、衡量标准）； （2）注意使用常用撰写词汇：完成、运用、解决、制定、改进、拟定、撰写、推断、决定、识别、发现、影响、选择、使用、评估、解决……
2	知识目标	应用 ABCD 编写方法描述课程目标： （1）明确对象：管理人员、专业技术人员等； （2）确定行为：列举时间管理的三大原则； （3）明确条件：在规定时间内； （4）衡量标准：100% 正确并完整地阐述。 目标描述： 管理人员、专业技术人员等在规定时间内 100% 正确并完整地列举出时间管理的三大原则	（1）根据 ABCD 编写方法来编写（明确对象、确定行为、明确条件、衡量标准）； （2）注意使用常用撰写词汇：阐述、解释、分析、综合、评价、列举、判断、比较、确认……

（2）技能类案例。

《继电保护装置定值更改》课程目标确定			
序号		内容	备注
1	任务目标	应用 ABCD 编写方法描述课程目标： （1）明确对象：具备继保专业上岗资格的技能人员； （2）确定行为：进行定值更改操作； （3）明确条件：在仿真环境下； （4）衡量标准：符合定值更改规范 100% 正确完成。 目标描述： 具备继保专业上岗资格的技能人员在仿真环境下符合定值更改规范 100% 正确完成装置定值更改操作	（1）根据 ABCD 编写方法来编写（明确对象、确定行为、明确条件、衡量标准）； （2）注意使用常用撰写词汇：完成、运用、解决、制定、改进、拟定、撰写、推断、决定、识别、发现、影响、选择、使用、评估、解决……

续表

《继电保护装置定值更改》课程目标确定			
序号		内容	备注
2	知识目标	应用 ABCD 编写方法描述课程目标： （1）明确对象：具备继保专业上岗资格的技能人员； （2）确定行为：阐述继电保护装置定值更改的操作步骤； （3）明确条件：在规定时间内； （4）衡量标准：100% 正确并完整地阐述。 目标描述： 具备继保专业上岗资格的技能人员在规定时间内 100% 正确并完整地阐述继电保护装置定值更改的操作步骤	（1）根据 ABCD 编写方法来编写（明确对象、确定行为、明确条件、衡量标准）； （2）注意使用常用撰写词汇：阐述、解释、分析、综合、评价、列举、判断、比较、确认……

融会贯通

应用本节所学知识，进行所讲授课题课程目标制定的练习。

《　　　》课程目标制定			
序号		内容	备注
1	任务目标	明确对象： 确定行为： 明确条件： 衡量标准： 目标描述：	（1）根据 ABCD 编写方法来编写（明确对象、确定行为、明确条件、衡量标准）； （2）注意使用常用撰写词汇：完成、运用、解决、制定、改进、拟定、撰写、推断、决定、识别、发现、影响、选择、使用、评估、解决……
2	知识目标	明确对象： 确定行为： 明确条件： 衡量标准： 目标描述：	（1）根据 ABCD 编写方法来编写（明确对象、确定行为、明确条件、衡量标准）； （2）注意使用常用撰写词汇：阐述、解释、分析、综合、评价、列举、判断、比较、确认、指出……

小　结

本节的重点是运用 ABCD 法编写课程的任务目标和知识目标，使课程目标符合 SMART 原则。任务目标是学员能够在必要条件下完成具体的工作任务，知识目标是为了完成任务所需要的知识、原理等。课程目标的确定流程一般为：先确定任务目标，再确定知识目标。

SMART 原则是指目标行为的具体性（S）、行为标准的可衡量性（M）、目标的可接受性（A）、目标的实际性（R）、目标的时限性（T）。

ABCD 法从对象（A）、行为（B）、条件（C）和标准（D）四个层面来确定目标，其可描述为“谁在什么条件下按照什么标准做了什么”或“谁在什么条件下做了什么，做得怎么样”。

用 SMART 原则来检验经 ABCD 法则制定的课程目标的正确性。

第二节 主题内容确定

学习目标

任务目标：灵活运用知识点提炼技术确定符合课程目标的知识点；按照案例编写步骤正确撰写能印证知识点的案例。

知识目标：正确阐述主题内容确定的基本要求、知识点提炼的步骤和案例编写的步骤。

内容提要

本节主要介绍主题内容确定的要求、知识点的提炼和案例的编写三个方面的内容。

知识技能

一、主题内容确定的要求

主题内容是指培训师在撰写好课程目标后，根据课程目标对相关培训资料进行筛选、提炼形成的重点内容。主题内容是讲义的核心，准确把握好主题内容才能设计出优秀的、实用的讲义，主题内容包括知识点和案例。主题内容确定的要求如下：

（1）契合目标：明确课程目标，对课程主题体现的核心目标要清晰明朗，围绕目标明确课程要点。

（2）主次得当：要安排好主题内容的主次和详略。

（3）难易适中：考虑培训对象的年龄特点、技能技术水平，适度合理控制内容的难易程度。

主题内容是通过知识点提炼技术提炼和案例编写而来。

二、知识点的提炼

课程主要学习的要点、原理、释义等。知识点是课程中信息传递的基本单元，确定的主题内容是否合适取决于知识点提炼是否成功。知识点提炼技术是把优秀的专家经验背后隐藏的思维逻辑与工作方法所体现的规律进行理论升华，提炼成概括性、系统性、可复制、可传承的知识，并将理论融入其中形成知识点的一种技术。知识点提炼一般包括收集素材、挖掘提炼、验证审核三步。

（一）收集素材

按照素材的分类，素材可包括以下几种类型：

（1）实际案例：这是课程最重要的素材。实际案例可从公司案例库、事故报告等收集，也可以邀请具有权威性的专家或优秀员工分享经验。

（2）文字性的资料：比如国家相关政策、行业相关政策、公司内部相关政策、销售政策、人力资源政策、财务政策、IT 政策、供应商管理政策等。

（3）技术性的资料：比如技术文件、作业流程、设备操作说明、国家标准行业标准等。

（4）动态信息资料：即时刻都在改变的一些资料，比如员工信息（员工数量、增长率、学历构成等）、利润、市场占有率等。

（5）辅助工具：如图片资料（包括设备图片、位置图片、技术图片、高层领导图片等）、视频资料（高层管理者讲话、广告宣传片、产品介绍、电影录像资料等）、实物参观。

（6）其他资源：可以通过书本、网络等资源搜集到更多的培训资料。

（二）挖掘提炼

素材整理后，需进行知识点提炼。知识点提炼需从理论和实际案例两个维度去提炼升华，将实际案例的成功之处提炼成可复制、传承的知识，可以通过知识点挖掘“五问表”（见表 1-3）来进行知识点提炼。五问不必全部具备，越完善越好。

表 1-3 知识点挖掘“五问表”

序号	五问	内容
1	是否有相关理论	理论用于解释、验证知识点的正确性
2	是否有正反案例	案例有利于学习者学习，从而印证知识点的正确性
3	是否有流程步骤	完整的、有逻辑顺序的行为过程或动作集合，或者按顺序工作才能完成的业务行为
4	是否有工具	工作时所需的器具或完成某一任务的手段，如软件工具、测量仪表、机械工具、实验仪器等
5	是否有方法窍门	为获得某种东西或达到某种目的而采取的手段与行为方式，任务环节中使用的技巧，避免学习者走弯路

将提炼出来的成果汇总，填制知识点汇总表，如表 1-4。

表 1-4 知识点汇总表

知识点	五问	知识点“五问”描述
知识点 1	1. 相关理论	
	2. 流程步骤	
	3. 工具	
	4. 方法窍门	
	5. 案例	
知识点 2	1. 相关理论	
	2. 流程步骤	
	3. 工具	
	4. 方法窍门	
	5. 案例	
……	……	

（三）验证审核

知识点提炼出来后，由于信息不对称、操作失误等主观或客观因素的影响，暂不能保证知识点的正确性与质量，因此还需通过验证审核“六问表”来进一步验证知识点。

详细的验证流程可按照以下顺序开展：

判断知识点的正确性？判断所提炼的知识点是否具有针对性和概括性？判断

是否是课程的主要知识点？判断知识点是否是可复制的？最后判断知识点是否需要进一步挖掘？

在验证的全过程中，只要有任何一环没通过验证，所提炼的知识点均要重新挖掘，只有所有知识点通过所有验证步骤后，才能确定知识点是可用的和提炼完整的，如图 1-2 所示。

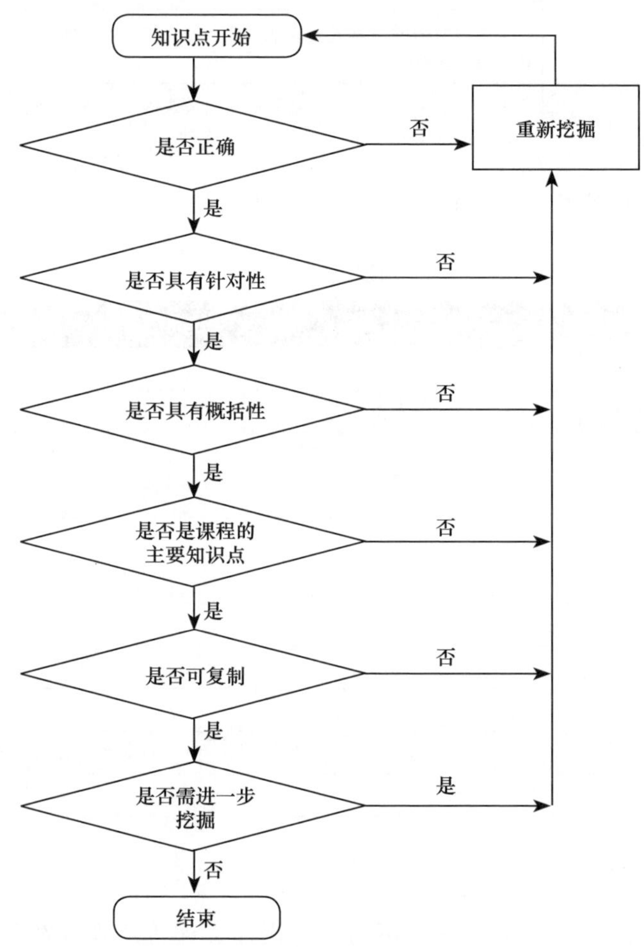

图 1-2　验证审核“六问表”

例子 1-2

《继电保护装置定值更改》课程知识点的提炼流程

知识点提炼	收集素材	××局 2015 年 1 月 21 日发生保护装置因定值整定不当造成的事故扩大案例	
	挖掘提炼	五问	是否有相关理论	否
			是否有流程步骤	继电保护装置定值更改流程
			是否有方法窍门	依据作业指导书流程按步骤操作
			是否有工具	作业指导书
			是否有正反案例	错误定值更改导致保护装置在故障时未正确动作，造成事故扩大
		提炼形成的知识点		继电保护定值更改的方法
	验证审核	六问	是否正确	是
			是否具有针对性	是
			是否具有概括性	是
			是否是课程的主要知识点	是
			是否可复制	是
			是否需进一步挖掘	否
		通过验证的知识点		继电保护定值更改的方法

三、案例的编写

案例的含义（特征）是事件，是包含有问题或疑难情景在内的事件，是真实发生的典型性事件。案例的作用在于佐证知识点的正确性，加强学习和应用的联系，启发学员的思考，加快学习的迁移。一个好的案例需符合真实性、典型性、完整性、冲突性的“四性”特征。案例的编写一般按确定目的、收集案例、撰写案例、审核案例四个步骤进行。

（一）确定目的

案例的编写是为了传递组织经验和印证课程目标以及知识点的正确性。组织经验是从专家的成功经验和失败经验中获得的，整理案例是为了传递组织经验，因此编写的案例要与组织经验保持内在的一致性；同时案例也是为课程目标和相关知识点服务的，因此编写的案例需契合课程目标和知识点。

（二）收集案例

收集案例一般有三个渠道：

（1）外部资源收集：通过书本网络等资源收集。

（2）内部资料收集：企业内专家在工作过程中的案例素材和经验，一般包括内部通报、事故快报、缺陷库、科技项目、施工方案、年度风险评估结果、月度技术总结等。

（3）专家访谈：通过访谈和挖掘专家个人经验。

（三）撰写案例

完整的案例一般包括案例基本信息、案例描述、案例分析、解决措施等内容。在撰写案例时应交代案例名称，写清楚案例的背景和原因、详尽过程、问题解决具体办法及初步效果或暴露的问题及防范的措施，还可以提出尚存在的其他问题以及解决问题时获得的启示等。撰写时注意隐去敏感信息。

（四）审核案例

案例整理撰写完毕后，需对案例进行审核。需要判断案例是否符合“四性”特征？是否与知识点相关？是否与课程目标相匹配？是否可以共享？

案例分享

（1）管理类、技术类案例。

<table>
<tr><th colspan="9">《时间管理》主题内容确定</th></tr>
<tr><td>序号</td><td colspan="7">内容</td><td>备注</td></tr>
<tr><td rowspan="16">1</td><td rowspan="16">知识点提炼</td><td>收集素材</td><td colspan="5">（1）实际案例：A君放弃原本的专业技术工作转做文秘的故事，是公司员工的亲身经历。
（2）辅助工具：时间管理二分表</td><td>通过常用的6种途径收集与课程内容相关的素材：实际案例、文字性的资料、技术性的资料、动态信息资料、辅助工具等</td></tr>
<tr><td rowspan="7">挖掘提炼</td><td colspan="2">初步形成的知识点</td><td>①时间管理的重要性</td><td>②时间管理的工具</td><td>③如何有效管理时间</td><td>通过收集素材初步形成的知识点</td></tr>
<tr><td rowspan="5">五问</td><td>是否有相关理论</td><td>（1）时间的不可再生性；
（2）时间供给无弹性</td><td>（1）优先性原则；
（2）二八原则；
（3）黄金时间原则</td><td>—</td><td rowspan="6">使用“五问表”来挖掘知识点（写出具体挖掘的内容）</td></tr>
<tr><td>是否有流程步骤</td><td>—</td><td>（1）考虑重要性；
（2）考虑紧迫性</td><td>—</td></tr>
<tr><td>是否有方法窍门</td><td>—</td><td>—</td><td>（1）合并活动；
（2）重复工作简化</td></tr>
<tr><td>是否有工具</td><td>—</td><td>优先性矩阵</td><td>（1）建立材料清单；
（2）ABC管理法</td></tr>
<tr><td>是否有正反案例</td><td>反面案例：A碌碌无为过了一生，在临终前只能感叹时间一旦流逝就不会再回来</td><td>正面案例：基建工程的项目经理发现20%的活动影响80%的项目进展</td><td>正面案例：B利用ABCD管理法合理高效安排自己的时间。
反面案例：C没有任何时间管理的概念和方法，工作效率低下</td></tr>
<tr><td colspan="2">提炼形成的知识点</td><td>①时间的内涵</td><td>②时间管理的原则</td><td>③时间管理的方法</td></tr>
<tr><td rowspan="7">验证审核</td><td rowspan="6">六问</td><td>是否正确</td><td>√</td><td>√</td><td>√</td><td rowspan="7">使用“六问表”来验证知识点（在对应处打钩√）</td></tr>
<tr><td>是否具有针对性</td><td>√</td><td>√</td><td>√</td></tr>
<tr><td>是否具有概括性</td><td>√</td><td>√</td><td>√</td></tr>
<tr><td>是否是课程的主要知识点</td><td>√</td><td>√</td><td>√</td></tr>
<tr><td>是否可复制</td><td>√</td><td>√</td><td>√</td></tr>
<tr><td>是否需进一步挖掘</td><td>×</td><td>×</td><td>×</td></tr>
<tr><td colspan="2">通过验证的知识点</td><td>①时间的内涵</td><td>②时间管理的原则</td><td>③时间管理的方法</td></tr>
</table>

续表

<table>
<tr><th colspan="6">《时间管理》主题内容确定</th></tr>
<tr><th colspan="3">序号</th><th colspan="2">内容</th><th>备注</th></tr>
<tr><td rowspan="8">2</td><td rowspan="8">案例编写</td><td>确定目的</td><td colspan="2">编写的案例是为了从实践的层面去印证提炼的知识点（时间管理的内涵、时间管理的原则、时间管理的方法）</td><td>说明案例需要印证课程目标和知识点</td></tr>
<tr><td>收集案例</td><td colspan="2">主要是通过网络、书籍等外部资源的方式搜索相关素材</td><td>通过常用的3个渠道收集案例（外部资源、内部资料、专家访谈）</td></tr>
<tr><td>撰写案例</td><td colspan="2">印证时间是不可再生的案例：
朱自清的时间观：《荷塘月色》的作者朱自清，八十多年前就曾如此慨叹："洗手的时候，日子从水盆里过去；吃饭的时候，日子从饭碗里过去；默默时，便从凝然的双眼前过去。我觉得他去的匆匆了，伸出手遮挽时，他又从遮挽着的手边过去。天黑时，我躺在床上，他便伶伶俐俐地从我身上跨过，从我脚边飞去了。"这段话告诫我们时间不像人力、财力、物力和技术那样可以被积蓄储藏，时间一瞬即逝，是不可再生的</td><td>（1）写出案例名称及关键要素（背景、过程、问题、原因、措施及启示等）。
（2）可以撰写多个与课程目的相关的案例</td></tr>
<tr><td rowspan="4">案例审核</td><td>是否符合"四性"特征</td><td>√</td><td rowspan="4">（1）"四性"特征：真实性、典型性、完整性、冲突性；
（2）按照"四问"逐个审核案例（在对应处打钩√）</td></tr>
<tr><td>是否与知识点有关</td><td>√</td></tr>
<tr><td>是否与课程目标相匹配</td><td>√</td></tr>
<tr><td>是否可以共享案例成果和经验</td><td>√</td></tr>
<tr><td>审核通过的案例</td><td colspan="2">朱自清的时间观</td><td>写出通过审核的案例名称</td></tr>
</table>

（2）技能类案例。

<table>
<tr><th colspan="9">《继电保护装置定值更改》主题内容确定</th></tr>
<tr><th colspan="3">序号</th><th colspan="5">内容</th><th>备注</th></tr>
<tr><td rowspan="15">1</td><td rowspan="15">知识点提炼</td><td>收集素材</td><td colspan="5">（1）公司文件：《继电保护装置定值更改》相关的文献。
（2）实际案例：× × 供电局 2015 年 1 月 21 日发生保护装置因定值整定不当造成的事故扩大案例，是从班组实际工作中摘取的</td><td>通过常用的6种途径收集与课程内容相关的素材：实际案例、文字性的资料、技术性的资料、动态信息资料、辅助工具等</td></tr>
<tr><td rowspan="7">挖掘提炼</td><td colspan="2">初步形成的知识点</td><td>继电保护装置定值更改基础知识介绍</td><td>继电保护装置定值更改基本的方法</td><td>继电保护装置定值更改的步骤</td><td>通过收集素材初步形成的知识点</td></tr>
<tr><td rowspan="5">五问</td><td>是否有相关理论</td><td>（1）继电保护装置原理。
（2）GB 26860—2011《电业安全工作规程》（发电厂和变电站电气部分）中的有关规定、继电保护装置定值更改操作要求</td><td>（1）继电保护装置定值更改基本的原则与方法。
（2）GB 26860—2011《电业安全工作规程》（发电厂和变电站电气部分）</td><td>继电保护装置定值更改作业指导书</td><td rowspan="6">使用“五问表”来挖掘知识点（写出具体挖掘的内容）</td></tr>
<tr><td>是否有流程步骤</td><td>—</td><td>—</td><td>（1）作业前准备；
（2）作业过程；
（3）作业终结</td></tr>
<tr><td>是否有方法窍门</td><td>—</td><td>—</td><td>依据作业指导书流程按步骤操作</td></tr>
<tr><td>是否有工具</td><td>—</td><td>—</td><td>作业表单</td></tr>
<tr><td>是否有正反案例</td><td>反面案例：× × 局 2015 年 1 月 21 日发生保护装置因定值整定不当造成的事故扩大案例</td><td>正面案例：工作者能高效、准确地进行定值更改。
反面案例：工作者定值更改作业时操作失误</td><td>—</td></tr>
<tr><td colspan="2">提炼形成的知识点</td><td>继电保护装置定值更改基础介绍</td><td>继电保护装置定值更改基本的原则与方法</td><td>继电保护装置定值更改的步骤</td></tr>
<tr><td rowspan="7">验证审核</td><td rowspan="7">六问</td><td>是否正确</td><td>√</td><td>√</td><td>√</td><td rowspan="7">使用“六问表”来验证知识点（在对应处打钩√）</td></tr>
<tr><td>是否具有针对性</td><td>√</td><td>√</td><td>√</td></tr>
<tr><td>是否具有概括性</td><td>√</td><td>√</td><td>√</td></tr>
<tr><td>是否是课程的主要知识点</td><td>√</td><td>√</td><td>√</td></tr>
<tr><td>是否可复制</td><td>√</td><td>√</td><td>√</td></tr>
<tr><td>是否需进一步挖掘</td><td>×</td><td>×</td><td>×</td></tr>
<tr><td>通过验证的知识点</td><td>继电保护装置定值更改基础介绍</td><td>继电保护装置定值更改基本的原则与方法</td><td>继电保护装置定值更改的步骤</td></tr>
</table>

续表

<table>
<tr><th colspan="6">《继电保护装置定值更改》主题内容确定</th></tr>
<tr><th colspan="3">序号</th><th colspan="2">内容</th><th>备注</th></tr>
<tr><td rowspan="9">2</td><td rowspan="9">案例编写</td><td>确定目的</td><td colspan="2">编写的案例是为了从实践的层面去印证提炼的知识点（继电保护装置定值更改基础介绍、继电保护装置定值更改基本的原则与方法、继电保护装置定值更改的步骤）</td><td>说明案例需要印证课程目标和知识点</td></tr>
<tr><td>收集案例</td><td colspan="2">主要是通过网络、书籍、公司的案例库等方式搜索相关素材</td><td>通过常用的3个渠道收集案例（外部资源、内部资料、专家访谈）</td></tr>
<tr><td>撰写案例</td><td colspan="2">印证继电保护装置定值更改正确操作步骤的案例：
保护装置因定值整定不当造成的事故扩大案例：××供电局2015年1月21日进行定值更改操作，是从班组实际工作中摘取的。因工作人员责任心不强，在定值更改过程中误将2.2定值整定为22，导致保护装置在外部故障时，故障量达不到定值而不动作，造成设备越级跳闸事故</td><td>（1）写出案例名称及关键要素（背景、过程、问题、原因；措施及启示等）。
（2）可以撰写多个与课程目的相关的案例</td></tr>
<tr><td rowspan="4">案例审核</td><td>是否符合“四性”特征</td><td>√</td><td rowspan="4">（1）“四性”特征：真实性、典型性、完整性、冲突性。
（2）按照“四问”逐个审核案例（在对应处打钩√）</td></tr>
<tr><td>是否与知识点有关</td><td>√</td></tr>
<tr><td>是否与课程目标相匹配</td><td>√</td></tr>
<tr><td>是否可以共享案例成果和经验</td><td>√</td></tr>
<tr><td>审核通过的案例</td><td colspan="2">保护装置因定值整定不当造成的事故扩大案例</td><td>写出通过审核的案例名称</td></tr>
</table>

融会贯通

应用本节所学知识，进行所讲授课题确定主题内容的练习。

<table>
<tr><th colspan="10">《　　》主题内容确定</th></tr>
<tr><th colspan="3">序号</th><th colspan="6">内容</th><th>备注</th></tr>
<tr><td rowspan="15">1</td><td rowspan="15">知识点提炼</td><td>收集素材</td><td colspan="6"></td><td>通过常用的6种途径收集与课程内容相关的素材：实际案例、文字性的资料、技术性的资料、动态信息资料、辅助工具等</td></tr>
<tr><td rowspan="7">挖掘提炼</td><td colspan="2">初步形成的知识点</td><td>①</td><td>②</td><td>③</td><td>…</td><td>通过收集素材初步形成的知识点</td></tr>
<tr><td rowspan="5">五问</td><td>是否有相关理论</td><td></td><td></td><td></td><td></td><td rowspan="6">使用“五问表”来挖掘知识点（写出具体挖掘的内容）</td></tr>
<tr><td>是否有流程步骤</td><td></td><td></td><td></td><td></td></tr>
<tr><td>是否有方法窍门</td><td></td><td></td><td></td><td></td></tr>
<tr><td>是否有工具</td><td></td><td></td><td></td><td></td></tr>
<tr><td>是否有正反案例</td><td></td><td></td><td></td><td></td></tr>
<tr><td colspan="2">提炼形成的知识点</td><td>①</td><td>②</td><td>③</td><td>…</td></tr>
<tr><td rowspan="7">验证审核</td><td rowspan="6">六问</td><td>是否正确</td><td></td><td></td><td></td><td></td><td rowspan="7">使用“六问表”来验证知识点（在对应处打钩√）</td></tr>
<tr><td>是否具有针对性</td><td></td><td></td><td></td><td></td></tr>
<tr><td>是否具有概括性</td><td></td><td></td><td></td><td></td></tr>
<tr><td>是否是课程的主要知识点</td><td></td><td></td><td></td><td></td></tr>
<tr><td>是否可复制</td><td></td><td></td><td></td><td></td></tr>
<tr><td>是否需进一步挖掘</td><td></td><td></td><td></td><td></td></tr>
<tr><td></td><td>通过验证的知识点</td><td>①</td><td>②</td><td>③</td><td>…</td></tr>
</table>

续表

<table>
<tr><th colspan="5">《　　》主题内容确定</th></tr>
<tr><th colspan="3">序号</th><th colspan="2">内容</th><th>备注</th></tr>
<tr><td rowspan="9">2</td><td rowspan="9">案例编写</td><td>确定目的</td><td colspan="2"></td><td>说明案例需要印证课程目标和知识点</td></tr>
<tr><td>收集案例</td><td colspan="2"></td><td>通过常用的3个渠道收集案例（外部资源、内部资料、专家访谈）</td></tr>
<tr><td>撰写案例</td><td colspan="2"></td><td>（1）写出案例名称及关键要素（背景、过程、问题、原因、措施及启示等）。
（2）可以撰写多个与课程目的相关的案例</td></tr>
<tr><td rowspan="4">案例审核</td><td>是否符合“四性”特征</td><td></td><td rowspan="4">（1）“四性”特征：真实性、典型性、完整性、冲突性。
（2）按照“四问”逐个审核案例（在对应处打钩√）</td></tr>
<tr><td>是否与知识点有关</td><td></td></tr>
<tr><td>是否与课程目标相匹配</td><td></td></tr>
<tr><td>是否可以共享案例成果和经验</td><td></td></tr>
<tr><td>审核通过案例</td><td colspan="2"></td><td>写出通过审核的案例名称</td></tr>
</table>

小　结

本节重点介绍了知识点提炼和案例编写的方法和步骤。知识点提炼包括三步：收集素材、挖掘提炼、验证审核，其中挖掘提炼采用五问法，验证采用六问法；编写案例包括四步：确定目的、收集素材、撰写案例、审核案例，编写出来的案例需与课程目标和知识点契合，需要具备“四性”。

第二章　讲义结构设计

第一节　讲义框架设计

学习目标

任务目标：正确撰写导入、主体、练习、结语，设计出完整的讲义框架。

知识目标：正确阐述讲义框架结构的构成以及各部分的设计要点。

内容提要

本节主要介绍导入、主体、练习和结语的编写及运用等内容。

知识技能

完成讲义主题内容确定后，需进一步完成讲义框架设计。

讲义框架设计是制作讲义的基础，是对课程或授课主题的框架设计，讲义框架的结构一般包括导入、主体、练习、结语，如表 1-5。

表 1-5　　讲义框架结构及其目的

讲义框架结构	目的
导入	设置情境、激发兴趣、回顾旧识、预告新知
主体	呈现课程讲解的逻辑结构、核心知识点、案例等关键要素
练习	新知识点的示范和应用活动，促进知识的迁移，并能实现行为的改进，最终达成课程目标
结语	回顾课程内容，强化理解，融会贯通

一、导入

导入是指培训师在课堂开始时，通过各种渠道和方法，引起学员的注意、兴趣或激发学员学习动力的一种教学技术。导入是课堂教学的主要环节之一，导入的成败直接影响着整堂课的效果，良好的导入可以起到吸引学员注意、激发学习兴趣、沟通师生情感、明确教学目的的作用。

常用的导入方法有 7 种，包括忆旧迎新、设疑导入、开门见山、讨论导入、游戏导入、影像导入和案例导入。

以下统一以《时间管理》的例子进行 7 种方法讲述。见表 1-6。

注意事项：导入设计时间不宜过长，一般不超过 5 分钟；7 种导入方法可自由组合使用。

表 1-6　　常用导入方法的定义及例子

导入方法	定义	《时间管理》例子说明
忆旧迎新	通过回忆过往的知识来带出现在的主题	上节课我们学习了《目标管理》这门课程，知道了如何设立科学合理的目标，今天我们学习《时间管理》，学习如何高效地管理个人时间，实现目标
设疑导入	通过提出令人感兴趣的疑问来引出主题	大家假设一下，如果时光倒流，让你们回到童年，你们会有什么感想？会有怎样的举措
开门见山	直截了当地提出主题	我们今天要跟大家分享的是《时间管理》这门课程
讨论导入	通过提出话题让大家讨论，在讨论中引出主题	请大家讨论一下：时间是什么

续表

导入方法	定义	《时间管理》例子说明
游戏导入	通过让学员参与游戏而引发学员的感受，进而引导思考，引出主题	假如现在你个人的生命处于 0 ~ 100 岁之间，接下来我们来玩一个游戏。 请准备一张长条纸用笔将它平均划出 10 份（中间部分刚好每两列一份代表生命中的 10 年，分别写上 10、20 等，最左边的空余部分写上“生”字，最右边的空余部分写上“死”字）……
影像导入	通过让学员观看影片、录像的方式引导学员思考，进而引出主题	《岁月神偷》
案例导入	通过引用案例来引出主题	陈丰毅毕业到公司以后，努力钻研、认真工作，进行了多项技术创新，并利用业余时间撰写了很多论文。然而目前陈丰毅工作基本处于满负荷的运转状态，他已很少和家人及朋友待在一起，部门内部的员工也反映由于缺乏计划和他的参与，几个项目一直处在停滞状态

二、主体

讲义主体内容主要包含知识点和案例两个主要元素，主体内容呈现形式包括讲义页面和讲义备注。

（一）讲义页面

讲义页面的展现对象为学员，目的在于帮助学员理解课堂讲解内容。页面内容主要展示提炼的核心知识点及关键词，案例及案例关键要素，主体元素需按照一定的逻辑顺序进行页面内容编排，详细介绍请见第二章第二节内容呈现思路。

（二）讲义备注

讲义备注的展现对象为培训师，目的在于帮助培训师做好备课。讲义备注主要包括：

讲解重点（讲什么）：介绍本页核心要点。

讲解参考（怎么讲）：介绍本页授课重点内容、授课方法、案例、练习、点评、时间安排。

衔接过渡参考（怎么接）：预告下页要讲的核心内容。

例子 1-3

课程目标制定要求的讲义页面和备注页面

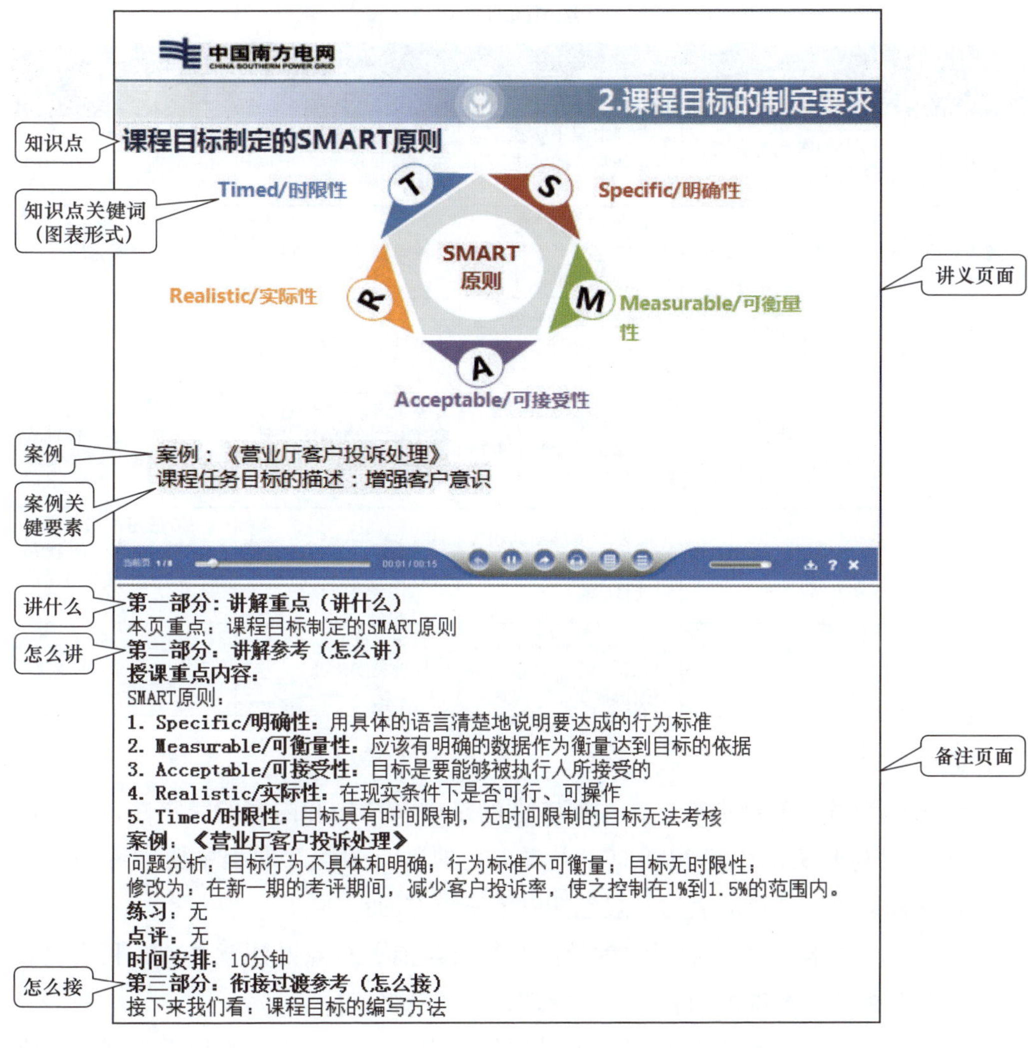

三、练习

练习是课堂教学的重要组成部分，是学习过程中不可缺少的重要环节，是学员掌握知识、形成技能、发展智能、挖掘创新潜能的重要手段，是提高学员运用知识解决实际问题的有效方法。练习是为课程目标和主题内容服务的，练习必须根据课程目标和主题内容及学员对象进行精心设计，选取合理的练习方式。练习包括案例研讨、现场演练、小组主题讨论、角色扮演、游戏、测试等，如表 1-7。

表 1-7　　练习的方式

练习方式	定义	优点	缺点	适用范围
案例研讨	以典型案例为素材，让学员研究分析	案例来源于实践，易引起共鸣；能解决实际问题	难以保障案例的适用性；需要较长时间准备案例	适用于法律法规规章制度培训、安全知识培训等
现场演练	培训现场进行实际操作的正确演示，演示后让学员练习和展示	形象直观，激发兴趣；快速提高学员观察和解决问题的能力	耗时，参与人数有限	适用于技能类培训
小组主题讨论	学员以小组的形式就某一主题进行讨论	讨论中取长补短，互相学习，有利于知识和经验的交流	易发生搭便车的现象	一般可与案例结合使用
角色扮演	学员在模拟的情境，扮演特定的角色	亲身参与，利于所学理论知识转化为实践应用；参与积极性高	模拟环境并不代表现实工作环境的多变性；扮演中的问题分析限于个人，不具有普遍性	适用于处理人与人之间关系的培训，比如沟通技巧培训、客户服务培训等
游戏	组织学员玩与所学知识相关的游戏	激发学员参加的积极性；寓教于乐，利于知识迁移	游戏设计难度高；耗费时间	一般适用于培训学员的团队精神、创新精神，以及开发学员潜能等方面的培训
测试	组织学员完成编制好的测试题目	能迅速了解学员对所学知识的掌握情况；利于知识强化	比较枯燥乏味	一般适用于所用培训

四、结语

结语作为讲义的结束部分，主要考虑的是讲义结构和内容的完整性，在结构上结语可以与开头的引言相呼应，主要表达的是有关整个课程主要内容的总结性、概括性话语。结语的表达一般包括以下三个方面：

（1）梳理内容。每一堂课的教学内容都有重点、难点及注意事项，利用授课结束前几分钟把一节课的内容作一番梳理，把“脉络”搞清。

（2）概括中心。培训师在课堂上讲授的知识，总是一个一个地逐步展示在学员面前，在结束时要把繁多的知识点串起来，以简驭繁，突出中心。

（3）提炼升华。结束语不只是把教授过的知识重复一下，而且要从更高的角度来提示知识间的纵横联系，达到深化认识，提炼升华的效果。以上三个方面根据实际需要选用，可以是一方面或多方面组合应用。

案例分享

（1）管理类、技术类案例。

<table>
<tr><th colspan="5">《时间管理》框架设计</th></tr>
<tr><th colspan="2">序号</th><th colspan="2">内容</th><th>备注</th></tr>
<tr><td>1</td><td>导入</td><td colspan="2">采用设疑导入的方法—时间是什么</td><td>采用常用的导入方法进行导入：忆旧迎新、开门见山、设疑导入、游戏导入、讨论导入、案例导入、影像导入，可自由结合使用（此处的导入是指整个课程的导入）</td></tr>
<tr><td rowspan="2">2</td><td rowspan="2">主体</td><td>讲义页面</td><td>知识点：时间的特性
时间的特性是：无法储蓄、供给无弹性、无法取代、无法失而复得。
案例：朱自清的时间观
日子从水盆里过去；日子从饭碗里过去；日子从凝然的双眼前过去；
时间不像人力、财力、物力和技术那样可以被积蓄储藏，时间一瞬即逝，无法失而复得</td><td>讲义页面包括核心知识点及关键词，案例及案例关键要素，按讲授的先后顺序展示</td></tr>
<tr><td>讲义备注</td><td>第一部分：讲解重点（讲什么）
本页重点是时间面前人人平等。
第二部分：讲解参考（怎么讲）
每一个人拥有生命的长短常常是不一样的。但对于每一个人，他生命中的每一天、每一年所拥有的时间又是一样的。关键是：我们怎样赋予相等的时间不一样的价值。
第三部分：衔接过渡参考（怎么接）
接下来我们看时间的另一个特性</td><td>以一页 PPT 为单元按照讲什么、怎么讲、怎么接的步骤撰写备注</td></tr>
<tr><td>3</td><td>练习</td><td colspan="2">（1）游戏：跨海大桥。
（2）小组主题讨论：吴文理在公司里负责员工的职称工作。最近公司刚颁布了新的职称评定政策。每天，吴文理都会接到十几个电话和好几封 EMAIL，另外还经常有员工到他的办公室来当面咨询，这项工作占据吴文理的大部分时间，他该采取或不采取以下哪种方法呢？为什么</td><td>根据课程类型选择练习方式：案例研讨、现场演练、小组主题讨论、角色扮演、游戏、测试</td></tr>
<tr><td>4</td><td>结语</td><td colspan="2">梳理内容：本课程主要讲解了时间的内涵、时间管理的原则、时间管理的方法三个方面的内容。
概括中心：其中需要重点掌握时间管理的三个原则和两种技巧。
提炼升华：要求学员分享节约时间的方法，在课下相互监督、帮助制定个人时间计划</td><td>结语表达一般包括梳理内容、概括中心、提炼升华三个方面</td></tr>
</table>

（2）技能类案例。

《继电保护装置定值更改》框架设计			
序号		内容	备注
1	导入	使用设疑导入和讨论导入相结合的方法—用一张现场更改定值作业的照片引出问题：大家讨论一下看完这张图片的第一想法？知道图片内容吗	采用常用的导入方法进行导入：忆旧迎新、开门见山、设疑导入、游戏导入、讨论导入、案例导入、影像导入，可自由结合使用（此处的导入是指整个课程的导入）
2	主体	讲义页面：知识点：继电保护装置定值更改原则 准确、按时。 案例：保护装置因定值整定不当造成的事故扩大案例 ××供电局2015年1月21日进行定值更改操作，是从班组实际工作中摘取的。因工作人员责任心不强，在定值更改过程中误将2.2定值整定为22，导致保护装置在外部故障时，故障量达不到定值而不动作，造成设备越级跳闸事故	讲义页面包括核心知识点及关键词，案例及案例关键要素，按讲授的先后顺序展示
		讲义备注：第一部分：讲解重点（讲什么） 本页重点是继电保护装置定值更改的原则。 第二部分：讲解参考（怎么讲） 在进行继电保护装置定值更改时要做到准确、按时。其中准确是第一要义，如果操作失误将会造成重大影响。 第三部分：衔接过渡参考（怎么接） 接下来我们看另一个原则—按时	以一页PPT为单元按照讲什么、怎么讲、怎么接的步骤撰写备注
3	练习	（1）小组主题讨论：事故案例操作错在何处？ （2）现场实操：请每小组派一名代表来做定值更改演练	根据课程类型选择练习方式：案例研讨、现场演练、小组主题讨论、角色扮演、游戏、测试
4	结语	梳理内容：本课程主要介绍了继电保护装置定值更改的相关理论知识、操作原则、方法。 概括中心：其中需要重点掌握定值更改的原则（具体分点概括提炼，省略）。 提炼升华：要求学员分享相关经验，相互学习研讨更高效安全的方法（具体内容省略）	结语表达一般包括梳理内容、概括中心、提炼升华三个方面

融会贯通

应用本节所学知识，进行所讲授课题讲义框架设计的练习。

<table>
<tr><th colspan="5">《　　　》框架设计</th></tr>
<tr><th colspan="2">序号</th><th colspan="2">内容</th><th>备注</th></tr>
<tr><td>1</td><td>导入</td><td colspan="2"></td><td>采用常用的导入方法进行导入：忆旧迎新、开门见山、设疑导入、游戏导入、讨论导入、案例导入、影像导入，可自由结合使用（此处的导入是指整个课程的导入）</td></tr>
<tr><td rowspan="2">2</td><td rowspan="2">主体</td><td>讲义页面</td><td></td><td>以一页 PPT 为单元按一定的逻辑顺序描述知识点和案例</td></tr>
<tr><td>讲义备注</td><td></td><td>以一页 PPT 为单元按照讲什么、怎么讲、怎么接的步骤撰写备注</td></tr>
<tr><td>3</td><td>练习</td><td colspan="2"></td><td>根据课程类型选择练习方式：案例研讨、现场演练、小组主题讨论、角色扮演、游戏、测试</td></tr>
<tr><td>4</td><td>结语</td><td colspan="2"></td><td>结语表达一般包括梳理内容、概括中心、提炼升华三个方面</td></tr>
</table>

小　结

本节重点介绍了讲义框架的构成。讲义框架一般包含导入、主体、练习和结语四部分。导入一般有忆旧迎新、设疑导入、开门见山、讨论导入、游戏导入、影像导入和案例导入 7 种常用的方法；主体主要元素是知识点和案例，其呈现形式为讲义页面和讲义备注，讲义页面呈现核心知识点和案例关键要素，讲义备注主要包括讲什么，怎么讲，怎么接三部分；常用的练习方式有案例研讨、现场演练、小组主题讨论、角色扮演、游戏、测试等；结语表达一般包括梳理内容、概括中心、提炼升华三个方面。

第二节　内容呈现思路

学习目标

任务目标： 根据课程内容适当地选择合理的呈现思路，使讲义结构层次更加分明，重点更加突出。

知识目标： 正确列举内容呈现思路的方式和含义。

内容提要

本节主要介绍时间轴、地点线、空间型、问题—解决型、案例研究型、矩阵图型6种内容呈现思路。

知识技能

清晰的逻辑结构可以使讲义的内容有层次、有重点地展现出来，既能帮助培训师保持清晰的思路，也能让学员快速了解课程的主要内容。

内容呈现思路主要通过时间轴、地点线、空间型、问题—解决型、案例研究型、矩阵图型等逻辑结构来进行内容的编排。

一、时间轴、地点线、空间型的内容呈现思路

（一）时间轴

时间轴是指按照时间的先后顺序来组织课程结构，一般适用于流程类、具有时间先后顺序类的课程内容，注意不是所有内容都能按时间顺序来呈现，否则会出现内容重点不突出，结构混乱的后果。时间轴常用“18世纪……，19世纪……，20世纪……”、“早上……，中午……，晚上……”等句式展现。

例子 1-4

将线路由热备用转为冷备用：按时间先后顺序组织

（二）地点线

地点线是指按照地点的迁移来组织课程结构，以地理位置的变换为主线，一般适用于和地理信息密切结合的课程内容。地点线常用“南方……，北……，”、“沿海……，内陆……，”等句式展现。

例子 1-5

公司概况介绍课程：按照不同地点分公司组织课程结构

（三）空间型

空间型是指以概念化的空间形式来组织课程结构，例如自上而下、由内到外、从左到右等逻辑思路都适合用空间型。

例子 1-6

电流互感器的结构

在介绍电流互感器的结构时，按照自下而上的空间顺序来讲解。

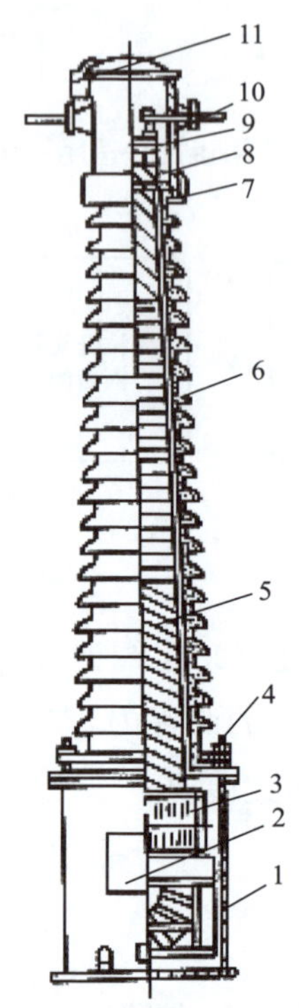

1—油箱；2—二次接线盒；3—环形铁芯及二次绕组；4—压圈式卡接装置；5—U 字型一次线圈；6—瓷套管；7—均压护罩；8—储油柜；9—一次绕组切换装置；10—一次出线端子；11—呼吸器

二、问题解决型的内容呈现思路

问题解决型是指以提出问题—解决问题为主线的形式来组织课程结构。如在事故问题解决课程中，通常是以具体的事故为载体，引出存在问题再给予相应的解决措施。问题解决型常用“问题是……，解决方法是……，”的句式展现。

例子 1-7

如何对 110kV 线路永久性故障跳闸后进行事故处理

问题	→	解决措施
110kV 线路永久性故障跳闸		1．处理前五准备 2．处理时两操作 3．处理后“检”和“记”

三、案例研究型的内容呈现思路

案例研究型是指以案例作为逻辑线索来组织课程内容，采用案例研究型呈现思路需特别注意案例的筛选与编写，否则很难引起学员的关注。案例的筛选和编写技巧可参考第三章第一节中案例的相关内容。

例子 1-8

某单位通信验收人员高处坠落人身死亡事故案例

事故案例描述	事故案例原因分析	事故案例防控措施
××局变电管理所信息通信班杨××在验收检查时从高空坠落，经抢救无效死亡	现场检查杨××未佩戴安全带，所佩戴安全帽的内衬及下颌带完好	1. 加强安全意识培养； 2. 加大工作监护人员的履职； 3. 细致排查和整治安全隐患

四、矩阵图表型内容呈现思路

矩阵图表型是指利用图表所表达的稳定关系作为线索来组织课程，一般以数据图表或关系图表作为载体，结构化程度比较高。

例子 1-9

公司发展状况课程可采用矩阵图表型逻辑类型来组织课程

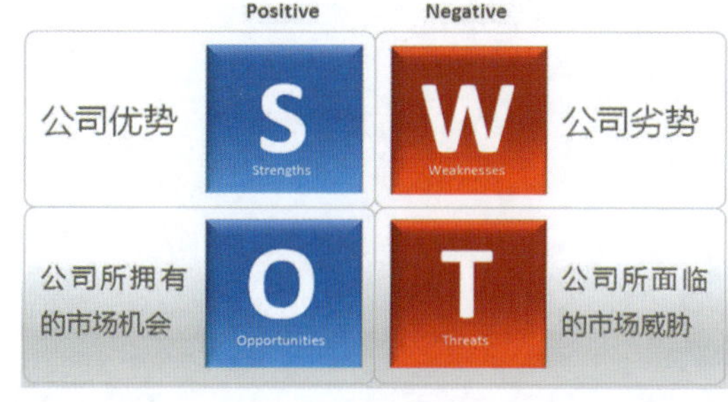

需要注意的是，以上提到的六种呈现思路在展示课程的整体框架时可以灵活使用，在具体到每个知识点的讲解时也可采用。

小 结

本节重点介绍6种内容呈现思路，通过综合考虑学员特性、课程内容特性等基本要求，灵活选择相应的呈现思路，使得讲义的逻辑结构清晰地展现出来。时间轴一般适用于以时间先后顺序为主体的课程内容；地点线一般适用于地理位置变换为主线的课程内容；空间型一般适用于以空间结构为主线的课程内容；问题解决型一般适用于以提出问题—解决问题的思路为主线的课程内容；案例研究型一般适用于以案例作为逻辑线索来组织的课程内容；矩阵图表型一般适用于以纵横坐标表达稳定关系为主线的课程内容。

第三章　讲义制作技巧

第一节　页面设计

学习目标

任务目标：合理应用母版设置、字体字号设计、颜色搭配等美化页面的技巧使讲义页面更加美观。

知识目标：正确阐述 PPT 版面的设计原则和技巧要点。

内容提要

本节主要介绍常用讲义模板、PPT 版面设计两个内容。

知识技能

美观的 PPT 能快速吸引学员的注意力，引导学员进入学习的状态，因此，制作一个美观、简洁的 PPT 相当重要。其中页面是构成 PPT 的重要元素，所以设计整洁美观、风格标准统一的页面是制作 PPT 的基础。

一、常用讲义模板介绍

为规范南方电网公司标准讲义的风格及结构，公司组织设计了标准讲义指导模板，以指导各单位标准讲义的开发。标准讲义指导性模板在设计风格上遵循《公司培训教材指导模版说明》Ⅵ规定，在课件结构上遵循教学设计原则，在此以蓝色调技能类模板为例来介绍讲义模板的结构设计。

公司标准讲义指导模板主要包括以下八个内容，如表 1-8 所示。

表 1-8　　公司标准讲义指导模板内容

公司标准讲义指导模板内容	具体说明
讲义封面页面	企业 VI、课程名称、相关信息及背景图片等
制作人员介绍页面	课件制作人照片、个人简介、电话等信息
课程目标页面	课程目标的概述、知识点的具体描述等内容
课程内容目录页面	课程内容各章节标题
课程内容页面	课程章节标题、具体课程内容或图片、图表、视频等内容
课程回顾页面	课程回顾的知识要点、技能要点等
课程测试页面	课程测试的具体题目及答案
课程结束页面	感谢语、对学员的祝愿等内容

详细内容请查看公司标准讲义指导模板。

二、PPT 版面设计

一个成功的 PPT 演示，除了内容要精彩之外，漂亮的页面设计也很重要，这样就能在第一时间吸引观众，带给他们好感。

设计出美观、吸引人眼球的 PPT，首先要遵循以下 5 个原则：

统一设计风格，设计服务于主体；

统一设计模板，体现企业识别（Corporate Identity System，CI）；

统一标题文字字体、字号、色彩；

统一正文文字字体、字号、色彩；

统一整套 PPT 主色调。

本节以 PowerPoint 2007 这个版本为例，从母版、字体字号、配色等角度讲述如何使 PPT 版面更美观。

（一）母版设置

母版是指演示文稿中所有幻灯片或页面格式的幻灯片视图或页面，每个演示文稿的每个关键组件都有一个母版。使用母版不用逐个地给每张幻灯片插入背景或版式，可以达到事半功倍的效果。而且，给 PPT 设置母版，整个版面看起来会更整洁。

1．母版的类型

PowerPoint 2007 包含三个母版，它们是幻灯片母版、讲义母版和备注母版。当需要设置幻灯片风格时，可以在幻灯片母版视图中进行设置；当需要将演示文稿以讲义形式打印输出时，可以在讲义母版中进行设置；当需要在演示文稿中插入备注内容时，则可以在备注母版中进行设置。

（1）幻灯片母版。幻灯片母版是存储模板信息的设计模板的一个元素。幻灯片母版中的信息包括字形、占位符大小和位置、背景设计和配色方案。用户通过更改这些信息，可以更改整个演示文稿中幻灯片的外观，见图 1-3。

图 1-3　幻灯片母版

（2）讲义母版。讲义母版是为制作讲义而准备的，通常需要打印输出，如图 1-4 所示。

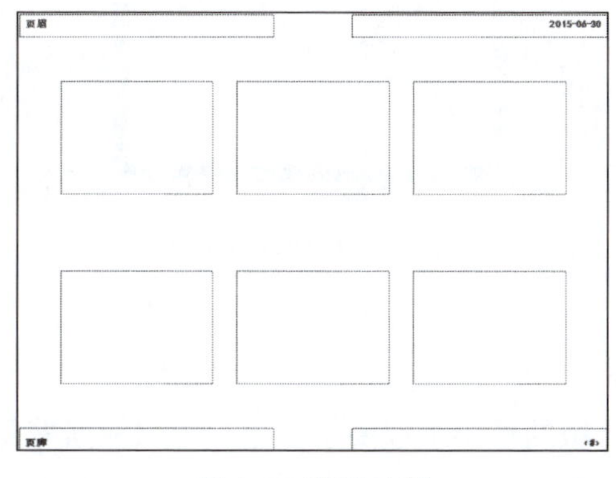

图 1-4　讲义母版

（3）备注母版。备注母版主要用来设置幻灯片的备注格式，一般也是用来打印输出，如图 1-5 所示。

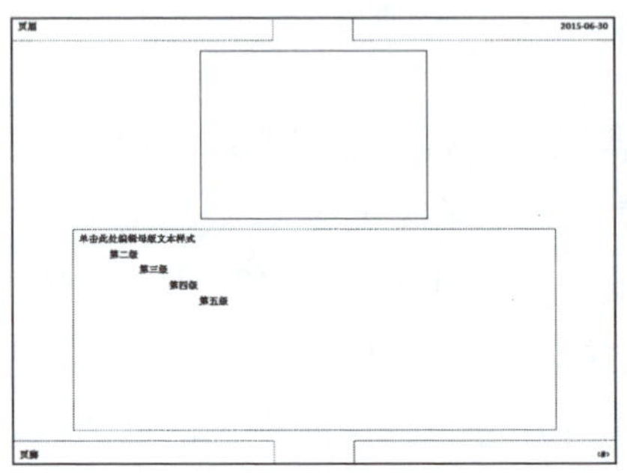

图 1-5　备注母版

2. 母版设置步骤（如图 1-6 所示）

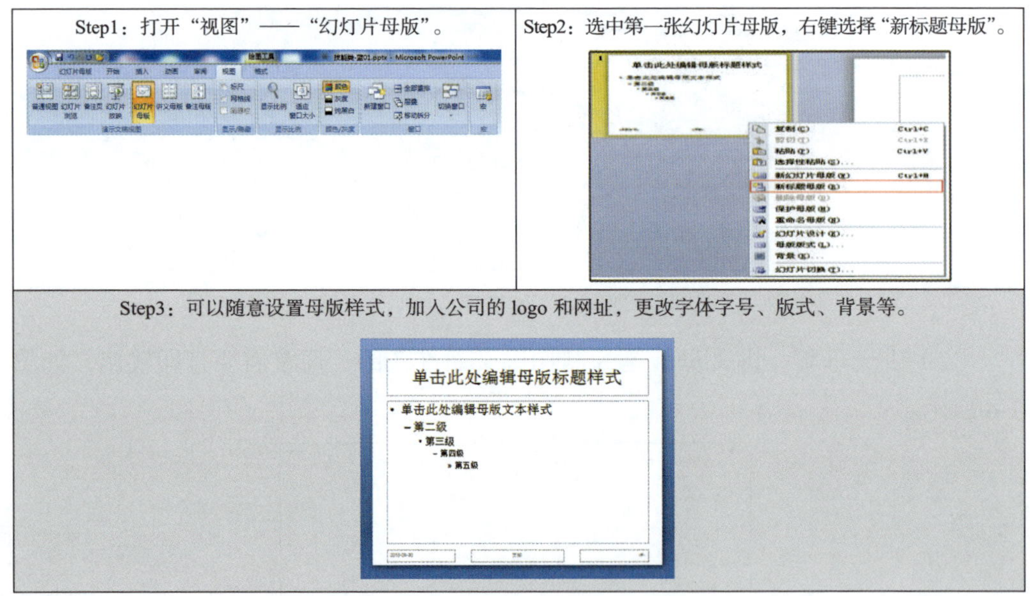

图 1-6　母版设置步骤

3. 占位符设置

占位符是幻灯片母版的重要组成要素，用户可以根据需要直接在这些具有预设格式的占位符中添加内容，如图片、文字和表格等，这些占位符的格式以及在幻灯片中的位置可以通过幻灯片母版来进行设置。以插入图片占用符为例，见图 1-7。

Step1：在“幻灯片母版”选项卡的“母版版式”中单击“插入占位符”按钮上的下三角按钮，在打开的下拉列表中选择需要插入的占位符类型，这里选择“图片”选项。	Step2：在幻灯片母版中拖动鼠标即可创建图片占位符。
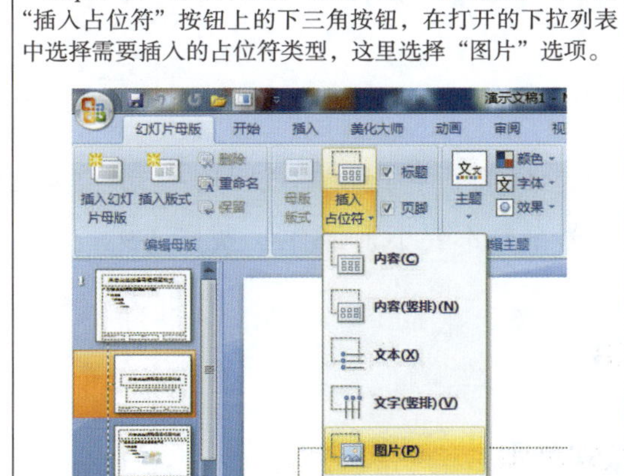	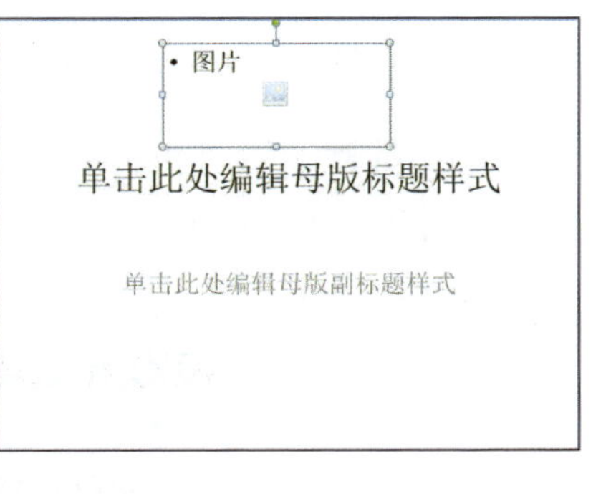

图 1-7　插入占用符

（二）字体字号设计

在 PPT 中创建文字是很容易的，但是想要使文字能够清晰明了地表达教学的内容，视觉上有舒适的效果，并能突出重点，还需要对 PPT 中的文字进行精心设计和编排。

1．字体设计

字体可分为衬线字体和非衬线字体。衬线字体是指有些偏向艺术设计的字体，在每笔的起点和终点总会有很多修饰效果，不太容易辨认，一般只适合做 PPT 的标题，如宋体、魏碑、行楷、舒体等；非衬线字体指粗细相等、没有修饰的字体，容易辨认，适合做 PPT 的正文，如微软雅黑、黑体、幼圆等，见图 1-8。

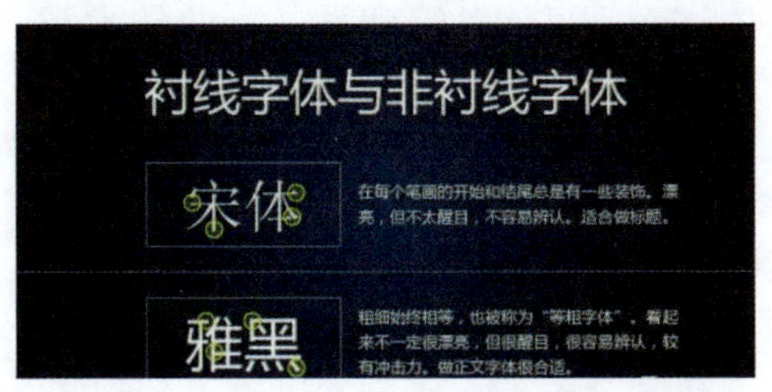

图 1-8　衬线字体和非衬线字体的区别

一个 PPT 页面的字体搭配最多使用 3 种不同的字体，因为如果在 PPT 课件中大量使用丰富且充满变化的字体，会给人不确定性和文字间的硬性拼接感，导致框架散乱，层级不明确，影响 PPT 课件的专业程度。

2. 字号设计

在 PPT 的默认设置里面，标题字号是 44 号，一级文本 32 号，二级文本 28 号，共有五级文本。PPT 投影时，最小字号最好不要小于 28 号，见图 1-9。

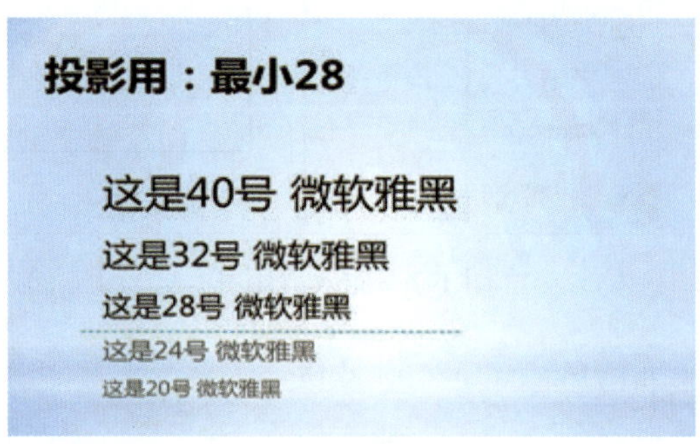

图 1-9　PPT 字号的要求

（三）颜色设计

精彩的 PPT，色彩是关键，学员对 PPT 最直观的感受就是色彩的搭配、呈现，因此，学会正确使用颜色、搭配颜色至关重要。

1. 确定颜色基调

在 PPT 颜色设计时，第一步就要确定一种色调，如果 PPT 设计过程没有一个统一的色调，就会显得杂乱无章。为了区分各序列讲义的不同，据公司 VI 中对主色和辅助色设计的要求，通过颜色对管理类、专业技术类、技能类、辅助类及通用类五类讲义进行区分，见图 1-10。

图 1-10　公司各类型讲义主色调的要求

介绍常用的 3 种讲义模板样例：管理类、专业技术类和技能类，如图 1-11 所示。关于讲义模板详细介绍请查看《南方电网公司培训教材指导模版说明》。

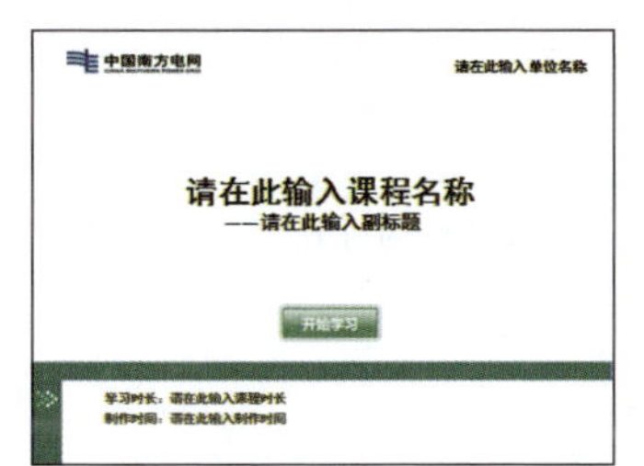

（a）管理类讲义模板为浅棕色系

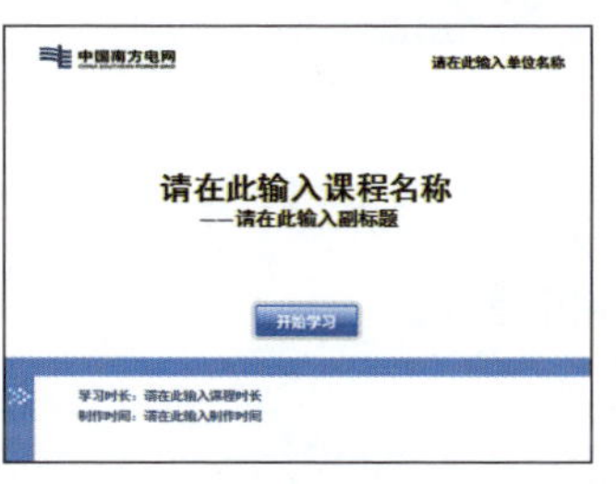

（b）专业技术类讲义模板为绿色系

（c）技能类讲义模板为蓝色系

图 1-11　公司标准讲义模板

2．颜色设计原则

颜色的设计、搭配遵循一定的原则，遵循原则可以快速设计出和谐的、美观的颜色。如表 1-9 所示。

表 1-9　　颜色设计的原则

颜色设计原则	含义	技巧	色数
同一性原则	将色调相同的搭配在一起，形成统一的色调群	同一色调的 PPT 搭配，可以利用渐变填充来使 PPT 效果不那么呆板	整套 PPT 的颜色一般不超过 2 个
类似性原则	颜色在色调与色调之间有微小的差异，较同一色调有变化	固定同一色相，调整亮度或者饱和度	整套 PPT 的颜色一般不超过 3～4 个

续表

颜色设计原则	含义	技巧	色数
对比性原则	将相隔较远的两个或两个以上的色调搭配在一起进行 PPT 的配色，造成视觉上鲜明的对比，产生一种对比的协调感	进行对比色调的 PPT 搭配时，要考虑对比色块的面积大小，饱和度和亮度	整套 PPT 的颜色一般不超过 3 个
添加辅助色的原则	通过添加辅助色，使整个 PPT 版面平稳地过渡	在 PPT 配色中，出现大块的、连续的色块时，添加辅助色	整套 PPT 的颜色一般不超过 3 个

案例分享

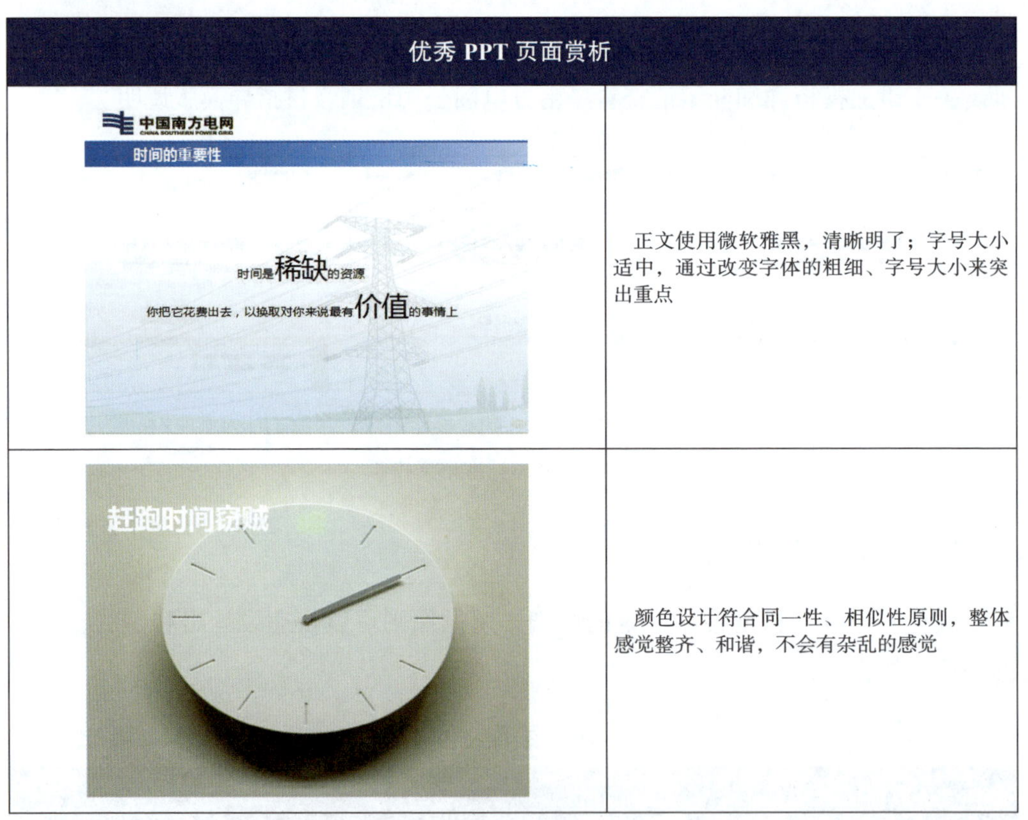

优秀 PPT 页面赏析	
	正文使用微软雅黑，清晰明了；字号大小适中，通过改变字体的粗细、字号大小来突出重点
	颜色设计符合同一性、相似性原则，整体感觉整齐、和谐，不会有杂乱的感觉

对不美观 PPT 页面进行美化	
修改前： 中国南方电网 CHINA SOUTHERN POWER GRID A君的案例：要芝麻还是要西瓜 A君，毕业于某所985的工科大学。名校又专业对口，自然少不了许多人的青睐。毕业那年正好局有一500kV变电站投产，他被安排到该站当值班员。不到一年，办公室的领导看上了他，要他到办公室做文秘工作。在光鲜和体面的吸引下，A君选择放弃了自己原本的专业技术工作。随后，在企业的一些大会小会的场合，都能看到他手拿相机忙碌的身影。在企业的门户网站上时而也能看到他编写的一些图文并茂的报道。时光荏苒，一晃就是四年，由于领导岗位交流，新领导觉得工科生毕竟差了点文艺范，再说又有了新的985毕业的文科生，渐渐地在大会小会上也就鲜见了A君的身影。半年后，痛定思痛的A君主动报名下去县级子公司锻炼，当了一名供电所的副所长。	文字太多，排版过于紧密，给人一种堆砌的感觉
美化后： 中国南方电网 CHINA SOUTHERN POWER GRID A君的案例：要芝麻还是要西瓜 • A君，毕业后到500kV变电站投产当**值班员** • 不到一年，A君转到办公室做**文秘工作** • 四年后，公司招进专业的文秘人员，A君处于**进退两难**的局面 • 半年后，A君主动报名下去县级子公司锻炼，当了一名供电所的**副所长**	先明确案例的时间顺序，按时间节点进行分段；然后找出关键词，通过改变字体的粗细、字号大小来突出重点，案例的呈现一目了然

融会贯通

应用本节所学知识，进行所讲授课题 PPT 页面设计的练习，最后提交 PPT 成果。

小　结

本节重点介绍了公司标准讲义指导模板和 PPT 页面设计，其中公司标准讲义指导模板包括讲义封面页面、制作人员介绍页面、课程目标页面、课程内容目录页面、课程内容页面、课程回顾页面、课程结束页面等内容；PPT 页面设计包括母版设置、字体字号设计与配色，通过灵活运用设计技巧制作出美观的 PPT 页面。

第二节 讲义美化技巧应用

学习目标

任务目标：综合比较各项美化工具的使用特点，运用图表来表达内容、使用多媒体工具来使讲义更清晰美观地呈现出来。

知识目标：正确阐述各项美化工具的使用特点和运用技巧。

内容提要

本节主要介绍图表的使用技巧和多媒体工具的使用技巧。

知识技能

人类是视觉动物，看过一眼就可以形成对事物的印象，所以吸引眼球很重要。PPT 的制作除了要内容充实、逻辑清晰之外，如何呈现在学员面前也是至关重要。

本节以 PowerPoint 2007 这个版本为例，着重讨论 PPT 制作中图表的使用技巧以及制作滚动文本框、插入超链接、flash 等多媒体工具的使用技巧，使得制作出来的 PPT 能吸引学员关注。

一、图表的使用技巧

制作课件时往往会遇到需要展示大量数据，或者是需要表达比较复杂的逻辑关系的情况。若单单采用文字表达的方式，会很枯燥和繁琐，这时可以将数据内容图表化，用图表来阐释。见图 1-12。

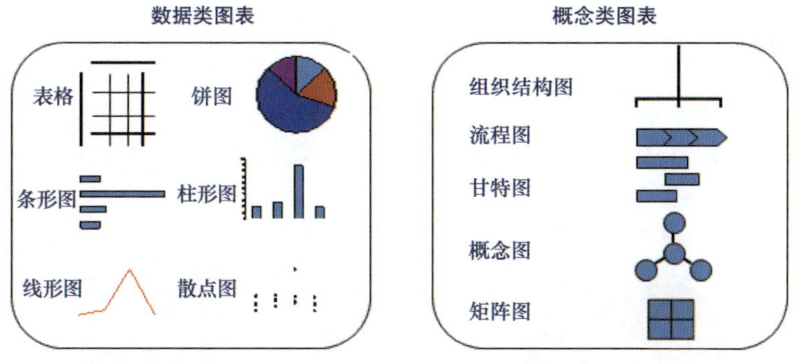

图 1-12　图表的类型

（一）数据型图表

数据型图表侧重于数据的展示与对比，是一种用于展示数据的视觉化工具。运用数据型图表，一方面能让承载的信息变得简洁，另一方面可以通过图表的外观吸引学员关注数据背后隐藏的信息。

数据型图表以图形的方式展示数据的规律、关系或趋势。不同类型的图表能表达不同类型的数据，常见的饼形图、条形图、柱形图和线形图所表达的逻辑关系可参见图 1-13。

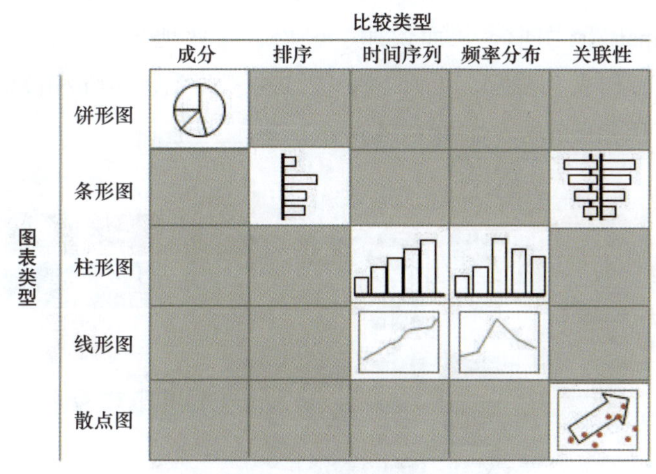

图 1-13　数据型图表逻辑关系图

例子 1-10

将下面这句话改成数据图表：

超过 80% 的白领听众在家里收听电台，还有近 20% 的白领会在单位 / 场所收听。

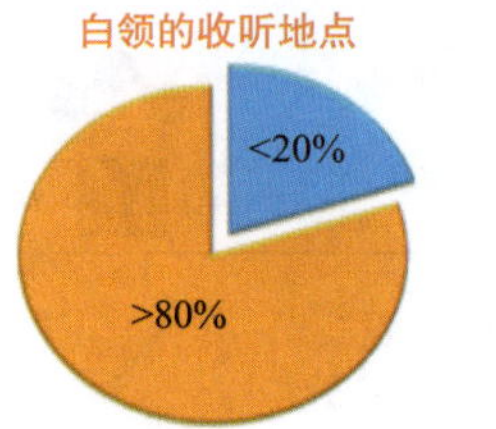

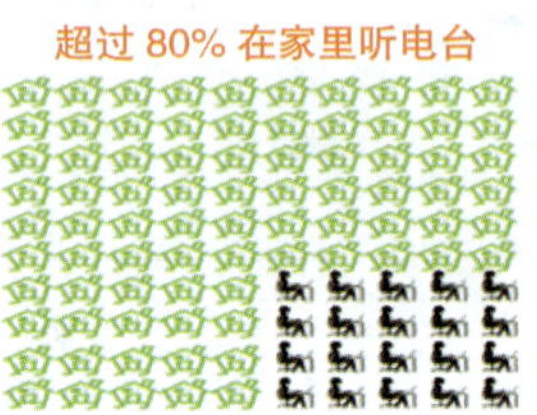

（二）概念型图表

概念型图表能够将对象之间的逻辑关系图形化，使文字背后包含的信息一目了然，让课件更加有吸引力。制作概念型图表的关键在于提取文字中蕴含的逻辑关系，并设计出合理的图表。这里我们着重介绍 SmartArt 的制作。

1. SmartArt 简介

SmartArt 图形是信息和观点的视觉表示形式，可以通过从多种不同布局进行选择来创建 SmartArt 图形，从而快速、轻松、有效地传达信息。SmartArt 中有 7 种图形类型，有列表、流程、循环、层次结构、关系、矩阵和棱锥图，而且每种类型包含几个不同的布局。如图 1-14 所示。

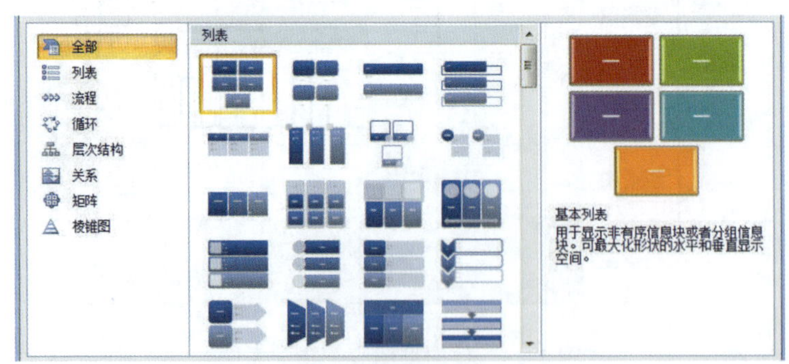

图 1-14 SmartArt 简介

2. SmartArt 制作流程

下面我们以白领收听电台习惯来展示 Smart 图表的制作流程。如图 1-15 所示。

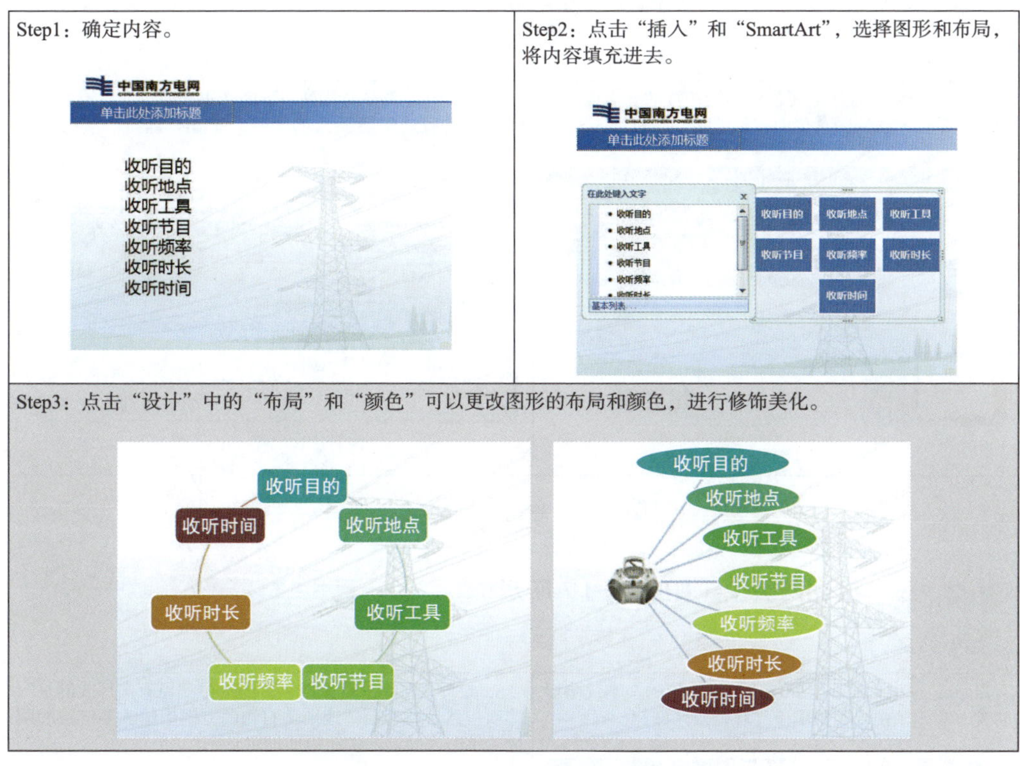

图 1-15 SmartArt 图表制作流程

二、多媒体工具的使用技巧

随着多媒体技术的发展，课件制作技术也逐渐提高，单一的图表和文字已经无法满足课件辅助教学的需求，要求课件中使用声音、动画和交互等工具，使课件更加生动、富有表现力。本节主要讲述插入超链接、PPT 高级动画、滚动文本框制作、Flash 插入、备注投影的播放等技巧。

（一）插入超链接

超级链接是一种内容转跳技术，使用超链接可以方便地实现从课件中的任意一个内容转跳到另一个内容。在授课时，经常需要打开外部资料来辅助，如外部网页、文档或邮箱等，这时使用超链接可以快速地转跳到所需的内容，一般常用方法是利用“插入超级链接”创建超级链接。

1. 超链接到文档上（如图 1-16 所示）

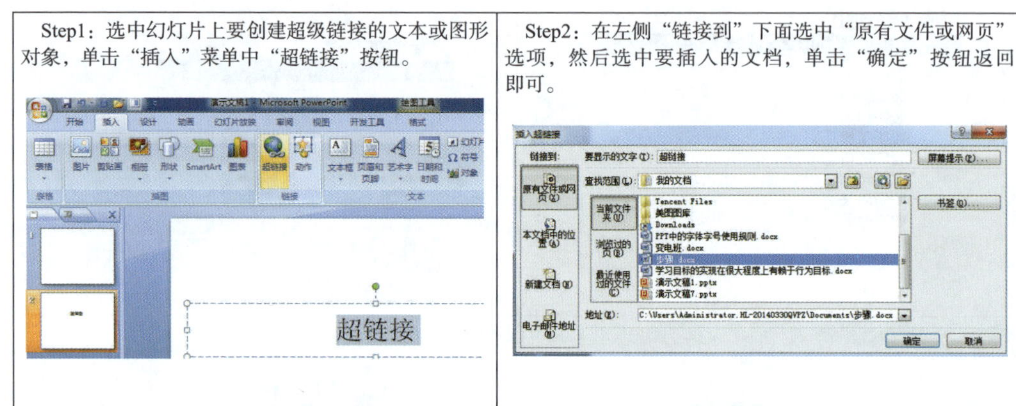

图 1-16　超链接到文档上

2. 超链接到网页上（如图 1-17 所示）

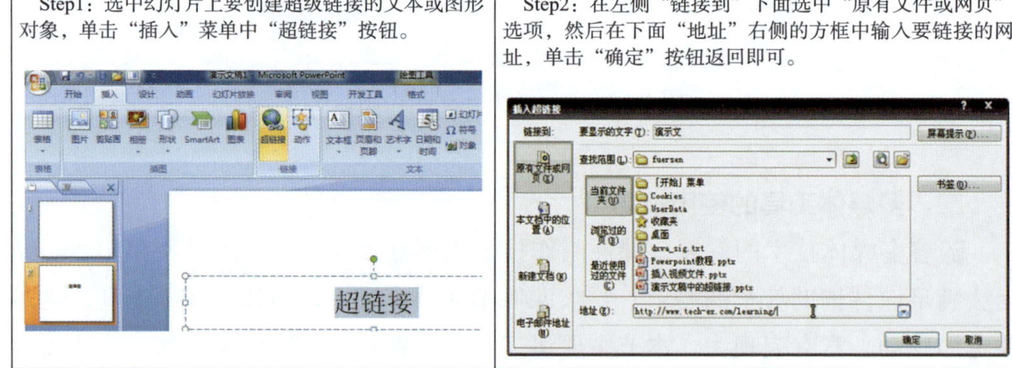

图 1-17　超链接到网页上

3. 超链接到同一个 PPT 上（如图 1-18 所示）

Step1：选中幻灯片上要创建超级链接的文本或图形对象，单击“插入”菜单中“超链接”按钮。	Step2：在左侧“链接到”文字的下面，选中“本文档中的位置”选项，然后在中间“请选择文档中的位置”下面，展开“幻灯片标题”列表，选中需要连接到的幻灯片，单击“确定”按钮返回即可。
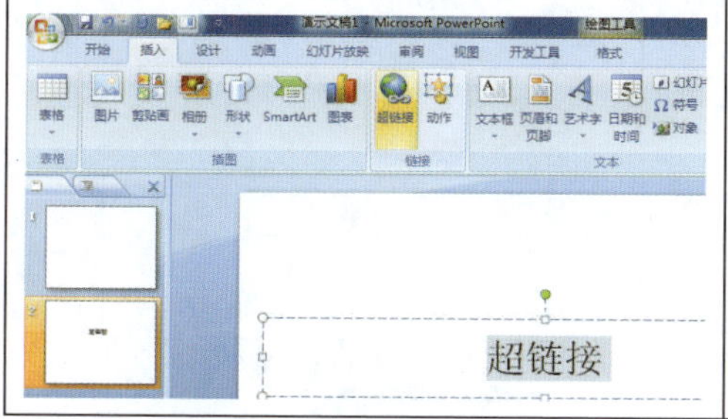	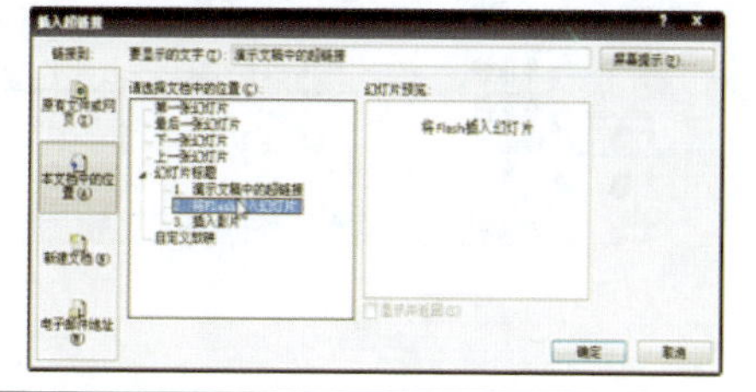

图 1-18　超链接到同一个 PPT 上

（二）PPT 动画制作

在制作 PPT 课件时，动画的设计包括两个方面：一是在幻灯片之间添加动画切换效果，这是比较普通的动画；二是为幻灯片上的元素添加动画效果，这是比较高级的动画。

1. 自定义动画

自定义动画是指根据自己的喜好设置出来的动画效果，一般包括进入动画、强调动画、退出动画和路径动画，通过这四种方式可以实现幻灯片内容以及幻灯片之间的切换。这里主要介绍设计进入动画和路径动画的操作方法。

（1）进入动画的操作方法，如图 1-19 所示。

Step1：打开需要添加动画的幻灯片，然后点击菜单中的“动画”，点击自定义动画。	Step2：然后单击中右侧“自定义动画”中的“添加效果”右侧的“小三角”，会出现“进入、强调、退出及动作路径”四种基本功能，选择“进入”。

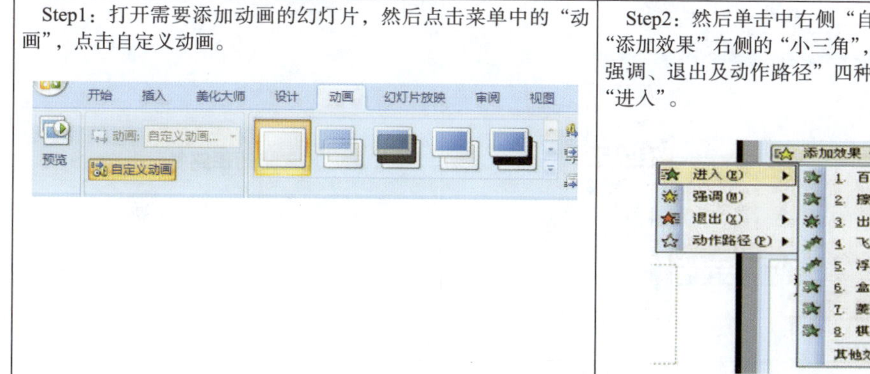

图 1-19　进入动画设置（一）

Step3：同时可以对动画开始的方式、幻灯片进入的方向和速度等进行修改。	Step4：最后点击“播放”即可观看设置的效果。

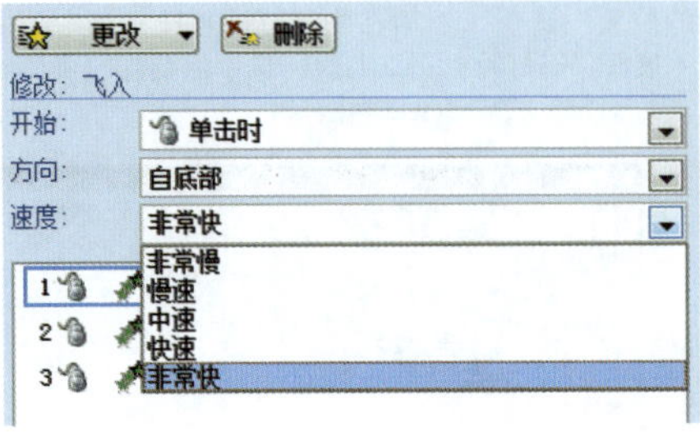

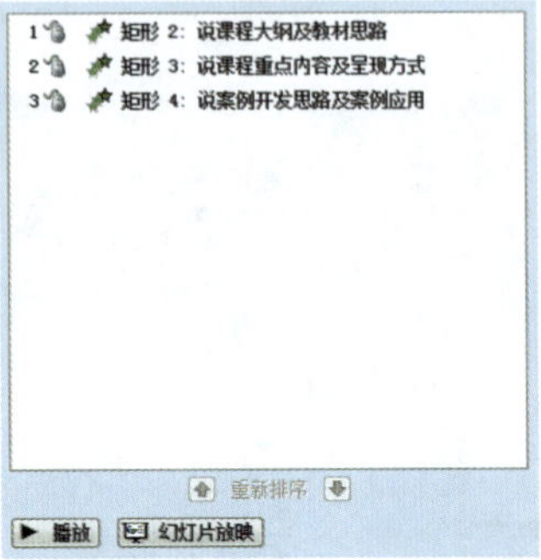

图 1-19　进入动画设置（二）

（2）路径动画的操作方法，如图 1-20 所示。

Step1：打开需要添加动画的幻灯片，然后点击菜单中的“动画”，点击自定义动画。	Step2：然后单击中右侧“自定义动画”中的“添加效果”右侧的“小三角”，会出现“进入、强调、退出及动作路径”四种基本功能，选择“动作路径”。
Step3：可以根据需要选择各种路径，也可选择“绘制自定义路径”的“自由曲线”来设计自己独特的路径。	Step4：最后在幻灯片中绘制出想要的路径即可。

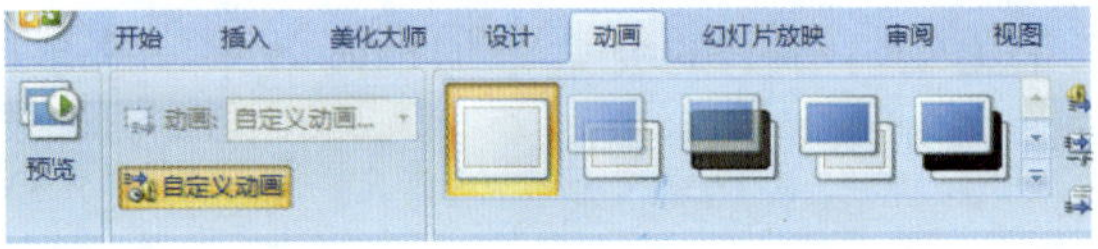

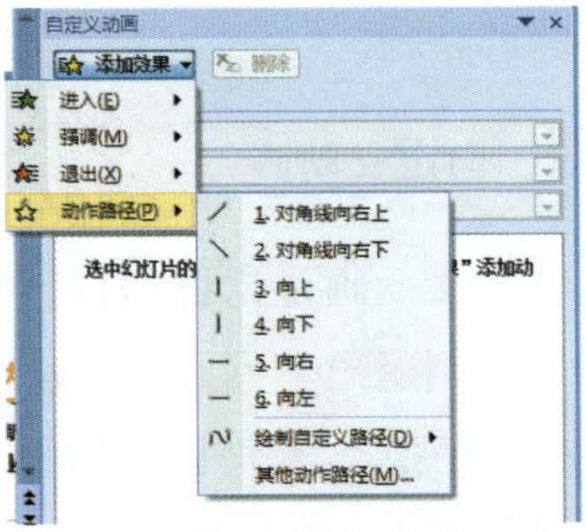

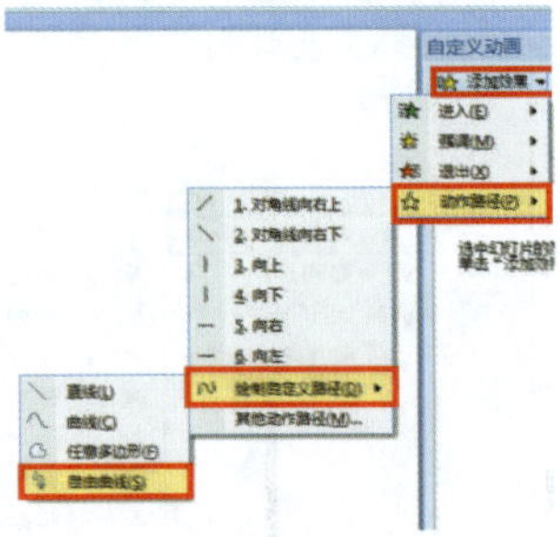

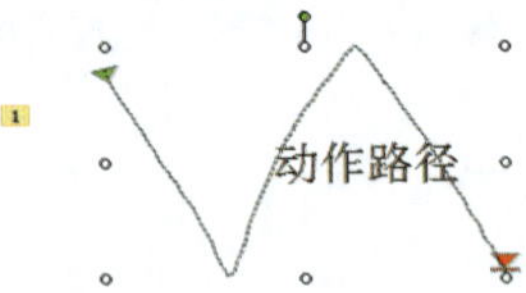

图 1-20　动作路径设置

2. PPT 高级动画

高级动画能使得多媒体课件更加生动、富于表现力，一般包括片头动画、逻辑动画、强调动画、片尾动画等。这里着重介绍片头动画的制作，以课件片头倒数效果制作的流程为例，如图 1-21 所示。

<table>
<tr>
<td>Step1：点击“插入”—“文本框”，绘制一个空白的文本框；写上“7”（代表秒数），右击选择菜单“复制幻灯片”复制 7 张，依次从大到小改为数字“6”到数字“0”。
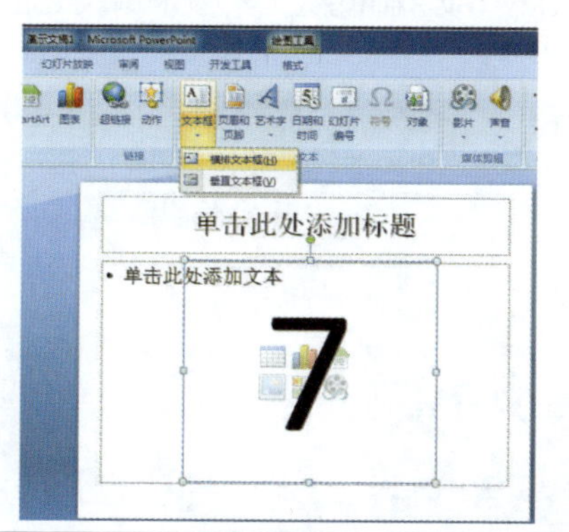
</td>
<td>Step2：点击任意一张幻灯片，右击幻灯片选择“设置背景格式”，在弹出窗口中选择“填充”，点击“全部应用”。

</td>
</tr>
<tr>
<td>Step3：点击“7”的那张幻灯片，选择菜单功能的“动画”，选择“擦除”中“楔入型”设置换片方式的“设置自动换片时间”为 0 秒；同样的方法设置 6 到 0 的幻灯片。

</td>
<td>Step4：点击功能菜单“幻灯片放映”，选择“开始放映幻灯片”组中的“从头开始”，片头动画倒计时效果就显示出来了。
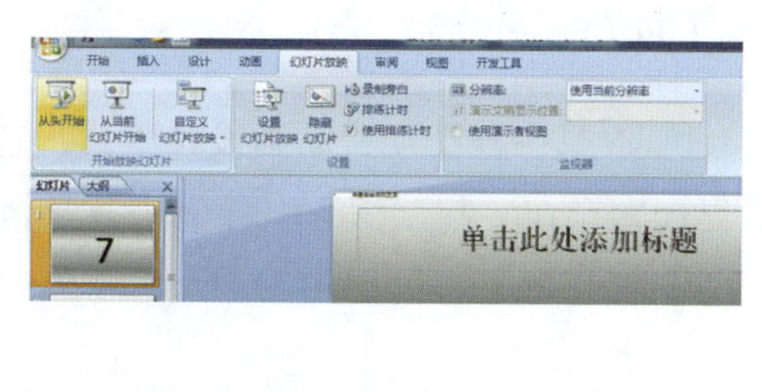
</td>
</tr>
</table>

图 1-21　片头倒数效果制作

（三）滚动文本框制作

滚动文本框是指可以自动滚动的文本框，滚动文本框可以在固定的文本框内显示大量的文字，使内容连贯，同时也可以减少 PPT 的页数。当要展示大量或者不可分割的内容时，可以创建滚动文本框，如图 1-22 所示。

Step1：在工具栏上单击“开发工具”，选择“文本框”按钮。	Step2：此时鼠标变成一个十字形，在编辑区拖拽出一个文本框。
Step3：在文本框中按鼠标右键，弹出快捷菜单，选择“文字框对象”→“编辑”。	Step4：在文本框中输入文字，文本编辑完之后，退出编辑状态就可以了。

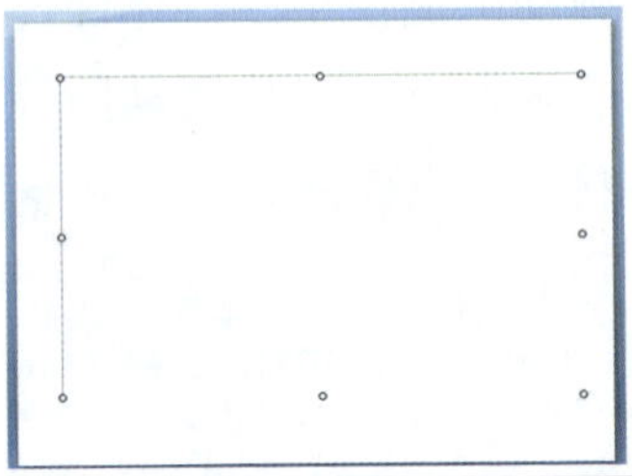

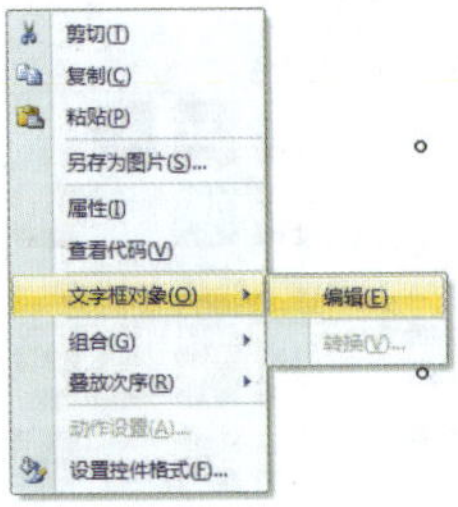

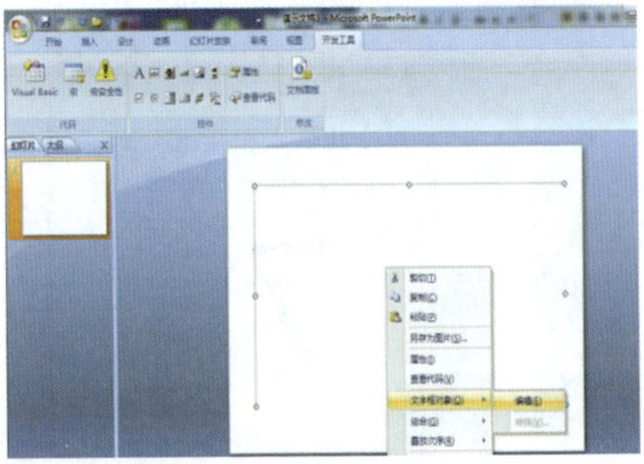

图 1-22　滚动文本框的制作

（四）Flash 插入

Flash 是一种交互式动画设计工具，它可以将音乐、声效、动画以及富有新意的界面融合在一起。为了引导促进教学情境的发展、渲染教学气氛，可以在 PPT 课件中插入 Flash，如图 1-23 所示。

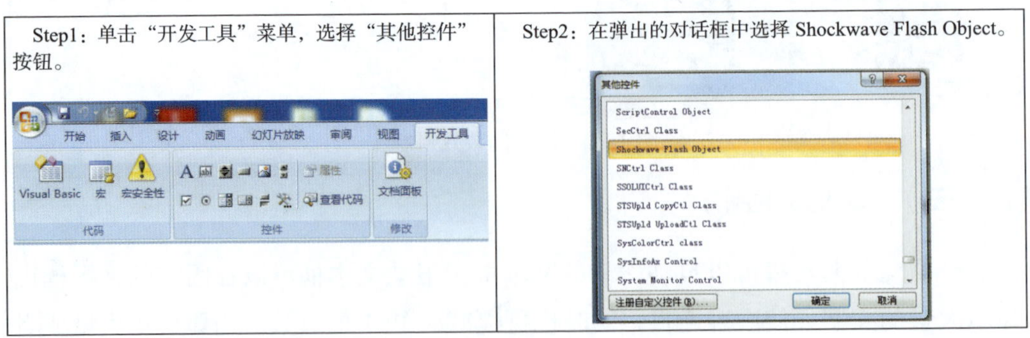

Step1：单击“开发工具”菜单，选择“其他控件”按钮。	Step2：在弹出的对话框中选择 Shockwave Flash Object。

图 1-23　Flash 插入（一）

Step3：单击“确定”后，鼠标指针会变成十字形状，在幻灯片编辑区拖动绘制一个矩形。

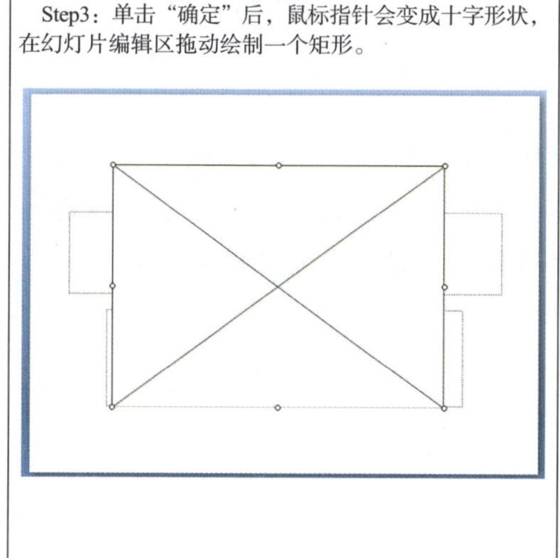

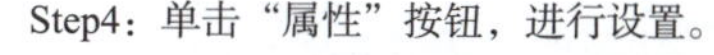

Step4：单击“属性”按钮，进行设置。

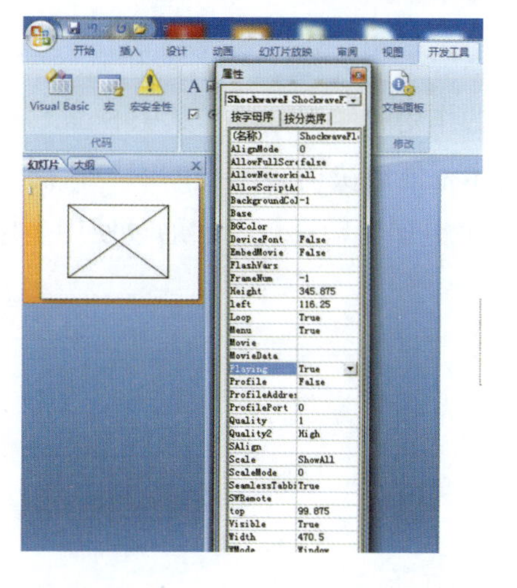

图 1-23　Flash 插入（二）

（五）备注投影的播放

培训时，为了让培训师更好地教授知识、流畅表达，往往会使用备注，学员看到的幻灯片是全屏的，而培训师电脑上的幻灯片是显示备注的。注意只有在链接投影仪播放情况下才能使用此功能，如图 1-24 所示。

Step1：设置多屏显示：显示“属性”—“设置”—选择“显示器 2”—勾选上“桌面扩展到该监视器上（E）”。

Step2：打开要播放的 PPT，在菜单上选择：“将 windows 幻灯片放映—设置放映方式，在多监视器处选择“监视器 2”，并勾选上“显示演示者视图（W），单击“确定”。

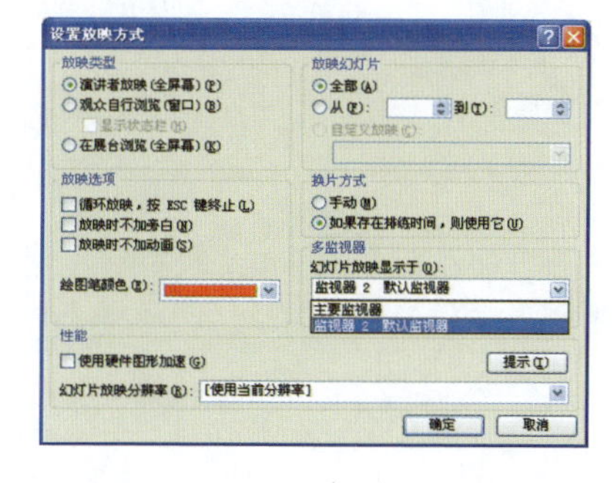

图 1-24　备注投影的设置

小 结

本节重点介绍了数据型和概念型的图表、动画、滚动文本框、超链接等美化技巧的作用和使用方法，其中 Smart 图表能有效表达复杂的数据或关系；制作滚动的文本框能解决内容繁多的困境；插入超链接能实现内容的转跳；插入 Flash 能使得 PPT 更加生动直观等。通过使用多样的美化技巧，设计出优秀美观的讲义。

DIERPIAN
KECHENGJIANGSHOU

第二篇 课程讲授

培训的质量很大程度上取决于培训师的课堂授课质量，因此高质量的课程讲授是培训质量的重要保障。课程讲授是指培训师按照授课计划，做好课前准备的前提下，在课堂现场以面对面的方式向学员传递知识的过程。

课程讲授的目的和意义主要体现在两个方面：一是通过营造良好的课程讲授环境，灵活运用各种授课方式和技巧，提高学员的学习兴趣和学习主动性；二是通过向学员直接传授知识，让学员快速理解掌握课程的理论知识，并将所学知识运用到实际工作中，提高工作技能和工作能力，以实现培训项目开发和课程开发设定的目标。

培训师的课程讲授能力主要包括讲授内容的把握能力、讲授过程控制能力、讲授表演能力和技能实训培训能力，具体的能力要求见公司培训师通用能力评价标准（见附录 1）。培训授课结束后，学员从讲师能力、授课情况和培训收获三方面对讲师的授课质量进行培训满意度评估。

本篇共分四章，第一章为讲授内容确定，主要阐述讲授内容准备、讲授主题控制、讲授思路呈现等内容；第二章为讲授过程控制，主要阐述授课方法与技巧应用、讲授时间分配、特殊情况应对技巧等内容；第三章为讲授呈现技巧，主要阐述语言表达技巧、台风展示技巧、辅助教具使用技巧等内容；第四章为技能实训培训技巧，主要阐述技能实训培训全过程管理和技能实训讲解、演示与辅导技巧等内容。

第一章　讲授内容确定

第一节　讲授内容准备

学习目标

任务目标：在授课前，准备好符合课程目标要求的讲授内容，准备好符合授课要求的教具，调整至自信的心态和饱满的情绪。

知识目标：准确阐述讲授内容准备、教具准备和授课状态的调整的具体内容和基本要求。

内容提要

本节主要介绍讲授内容的准备、教具的准备及授课状态的调整。

知识技能

“台上一分钟，台下十年功。”课程讲授整个过程分为课前、课中和课后三个阶段。课中的现场讲授是核心部分。培训师要想在有限的时间里实现课程讲授目标和任务，就需培训师必须在课前进行授课要件的精心准备。讲授内容准备主要从授课内容、教具、状态三方面进行。

一、授课内容的准备

课程讲授是一项以培训师为主导，且计划性很强的系统性活动。培训师要想控制整个讲授过程的节奏，顺利地完成课程讲授任务，就必须做好备课工作。备课工作一般包括确定讲授内容，设计讲授方法，分配讲授时间等。这当中，确定讲授内容是极其重要的第一步，它既包括课程目标的设定和课程知识点的选择，还包括课程讲授思路的设计。

培训师如果在授课前已经完成了讲义制作，则按照讲义的内容进行授课即可；培训师如果在授课前没有讲义，则可以参照以下的思路进行讲授内容的准备。

（一）明确目标——“为什么学”

课程准备的第一步是站在学员的角度明确课程目标：为什么要学习这个课程？学完这个课程能解决什么问题？（即弄清楚课程的任务目标）。学完这个课程能获得什么知识？（即弄清楚课程的知识目标）。只有明确了课程的任务目标和知识目标，即“为什么要学”，才能够让学员心中有数并引发学员的学习兴趣。详细请参考第一篇讲义制作第一章第一节目标确定的内容。

（二）确定内容——“学什么”

课程准备的第二步是围绕目标选择并确定课程知识点，一般步骤如下：首先围绕目标收集相关素材，接着结合工作经验分析素材，提炼关键知识点和经验点，最终形成课程内容，明确“学什么”。具体见第一篇讲义制作第一章第二节中的知识点提炼技术部分。

（三）结构设计——“怎么学”

课程准备的第三步是针对知识点的特点进行逻辑结构设计，使知识的讲解更符合学员学习的过程，从而解决“如何更好更快地学”这个问题。

一般的逻辑结构包含：时间型、空间型、地点型、问题—解决型、案例研究型、矩阵型，设计时应根据知识点的特点选择适宜的逻辑结构。具体的逻辑结构介绍请参考第一篇讲义制作第二章讲义结构设计部分。

二、教具的准备

教具是指教学时用来讲解说明某事物的模型、实物、图表、幻灯片等。为了让学员更直观形象地理解教学内容，培训师可以借助教具进行课堂讲授。

教具的选择应首先考虑采用实物，若实物难以获取则采用模拟实物，若模拟实物难以获取则以图片的形式来提高课程效率。

教具与辅助教具的区别在于：教具主要指与课程内容相关的用具，而辅助教具是指与课程内容无关的用具。辅助教具的使用请参考第三章第三节辅助教具使用技巧的内容。

三、授课状态的调整

美国一项旨在调查人们“最害怕的事情”的心理实验发现，排在第一位的是演讲，比例高达35%，而受访者最害怕死亡的比例只有30%，可见，演讲给人们带来的心理压力不容小觑。对培训师而言，课程讲授过程中所承受的压力可能比演讲还要大，因为培训师的授课状态，不仅会直接影响课堂氛围，还会影响学员的学习效果，如图2-1所示。

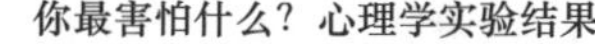

图2-1　人们“最害怕的事情”的调查数据表

数据来源：美国心理测实验

（一）授课状态不良的表现

由于经验不足、心理素质欠缺、准备不够充分等方面的原因，培训师在上课时会出现各种不良的症状或是表现。例如心跳加速、头脑空白、两手发软、两腿发软、心神不安、不敢正视、口干舌燥、脑出虚汗、词不达意等。

一旦出现不良状态时，培训师要及时采取措施，调整好自己的状态。

（二）授课状态调整的途径

英国的心理学者哈德菲尔德发现：人在自信的情况下，可以把自己的能力发挥到500%以上；相对于没有自信且自卑的人，只能发挥出自己能力的30%，可见自信心对于授课来讲及其重要。

培训师只有不断提高自己的专业水平与授课能力，积极调整自己的状态，增强自信心，才能在课程讲授时讲出自己的风格与特色，赢得学员的青睐。培训师可以通过以下途径进行状态调整以增强自信心：

1．熟悉教材，烂熟于胸

紧张与不安往往来自于准备不足。因此，培训师在课前必须仔细地研读教材，不断提高自己对教材的熟悉程度，将教材内容烂熟于胸，争取能够脱稿讲课，这样才能建立和增强上课的自信心。

2．多练习，拿出最佳状态

在充分熟悉教材内容的基础上，培训师可以通过各种方式进行模拟上课的练习，以便熟悉讲课的整个过程，不断改进自己的讲课方式。

常见讲课练习有几种方法：

（1）面对镜：面对镜子进行讲课，观察自己的动作、神情等是否得体。

（2）录音讲：用录音机将自己讲课的过程录下来，纠正讲课的语音、语调等。

（3）他人讲：请几个人来听自己讲课，让他们提出意见与建议。

3．提前到场，寻找感觉

在讲课之前，培训师可以提前15分钟到达讲课现场，熟悉讲课现场的情况，检查教学用具等设备是否已经准备就绪；同时可以用几分钟时间与学员进行简单的交流，了解学员课前的准备状况，也可以拉近培训师与学员之间的关系，从而减轻培训师的心理压力。

4．放松神经，深呼吸

即将开始上课前，如果培训师觉得心里紧张，出现心跳加快、呼吸急促、心神不安等不良情绪，可以静静地坐在椅子上，双手自然下垂，让肌肉和神经尽量放松，同时通过深呼吸法缓解紧张的情绪，也可到教室外走动放松。

5．亲和、有趣的自我介绍

自我介绍是上课的前奏，也是培训师向学员展示自己讲课风格的一种手段。亲和、有趣、富有感染力的自我介绍能够有效地拉近培训师与学员之间的距离，同时也能够帮助培训师尽快地融入课堂氛围当中，降低培训师的心理压力。

关于“自我介绍”的详细内容请参见本篇第一章“讲授内容确定”中第三节“授课思路呈现”。

6．漂亮的开场

好的开始是成功的一半。一个漂亮的开场能够激发学员的学习兴趣，让学员迅速把精力集中到课堂上来，营造良好的课堂氛围，同时也能够增强培训师的自信心，为讲课的顺利进行打下坚实的基础。

关于培训师导入的详细内容请参见本篇第一章“讲授内容确定”中第三节“授课思路呈现”。

案例分享

（1）管理类案例。

<table>
<tr><th colspan="5">《时间管理》课程授课要件准备检查表</th></tr>
<tr><th colspan="2">序号</th><th colspan="2">内容</th><th>备注</th></tr>
<tr><td rowspan="4">1</td><td rowspan="4">讲授内容的熟悉及准备</td><td>内容</td><td>准备情况（完成请打√，没完成打 ×）</td><td rowspan="4">参考讲义</td></tr>
<tr><td>明确目的</td><td>√</td></tr>
<tr><td>确定内容</td><td>√</td></tr>
<tr><td>设计结构</td><td>√</td></tr>
<tr><td>2</td><td>教具的准备</td><td colspan="2">PPT 和讲义、教具准备、《时间管理课前测试》测试卷、跨海大桥游戏道具等</td><td>准备教具和学习资料</td></tr>
</table>

续表

<table>
<tr><th colspan="4">《时间管理》课程授课要件准备检查表</th></tr>
<tr><th colspan="2">序号</th><th colspan="2">内容</th><th>备注</th></tr>
<tr><td rowspan="6">3</td><td rowspan="6">授课状态的调整</td><td>内容</td><td>准备情况（完成请打√，没完成打 ×）</td><td rowspan="6">（1）熟悉教材：看教材至少 3 遍以上。
（2）多练习：对照镜子练习、录音回放练习、讲给他人听。
（3）提前到场：提前 15 分钟到场与学员先熟悉，降低紧张感。
（4）放松神经，深呼吸：上课前 5 分钟做深呼吸、或到课室外走走，放松。
（5）亲和、有趣的自我介绍：把自我介绍背熟、引入有趣的案例或故事。
（6）漂亮的开场：可通过播放视频或现场做一次急救示范开展，吸引学员</td></tr>
<tr><td>熟悉教材</td><td>√</td></tr>
<tr><td>提前到场</td><td>√</td></tr>
<tr><td>放松神经，深呼吸</td><td>√</td></tr>
<tr><td>亲和、有趣的自我介绍</td><td>√</td></tr>
<tr><td>漂亮的开场</td><td>√</td></tr>
</table>

（2）技能类案例。

<table>
<tr><th colspan="5">《继电保护装置定值更改》授课内容准备</th></tr>
<tr><th>序号</th><th>任务</th><th colspan="2">内容</th><th>备注</th></tr>
<tr><td rowspan="4">1</td><td rowspan="4">讲授内容的熟悉及准备</td><td>内容</td><td>准备情况（完成请打√，没完成打 ×）</td><td rowspan="4">参考讲义</td></tr>
<tr><td>明确目的</td><td>√</td></tr>
<tr><td>确定内容</td><td>√</td></tr>
<tr><td>结构设计</td><td>√</td></tr>
<tr><td>2</td><td>教具的准备</td><td colspan="2">电脑、PPT 和讲义、继电保护装置、作业指导书等</td><td>准备教具和学习资料</td></tr>
<tr><td>3</td><td>授课心态及情绪预备</td><td>内容</td><td>准备情况（完成请打√，没完成打 ×）</td><td>（1）熟悉教材：看教材至少 3 遍以上，多练习讲。
（2）提前到场：降低紧张感。
（3）放松神经，深呼吸：上课前 5 分钟做深呼吸或到课室外走走，放松。
（4）亲和、有趣的自我介绍：把自我介绍背熟、引入有趣的案例或故事。
（5）漂亮的开场：可通过播放视频或做一次示范吸引学员</td></tr>
</table>

融会贯通

应用本节所学知识，进行所讲授课题课程讲授要件准备的练习。

<table>
<tr><th colspan="5">《　　　》课程讲授要件准备检查表</th></tr>
<tr><td colspan="2">序号</td><td colspan="2">内容</td><td>备注</td></tr>
<tr><td rowspan="4">1</td><td rowspan="4">讲授内容的熟悉及准备</td><td>内容</td><td>准备情况（完成请打√，没完成打 ×）</td><td rowspan="4">参考讲义</td></tr>
<tr><td>明确目的</td><td></td></tr>
<tr><td>确定内容</td><td></td></tr>
<tr><td>设计结构</td><td></td></tr>
<tr><td>2</td><td>教具的准备</td><td colspan="2"></td><td>准备教具和学习资料</td></tr>
<tr><td rowspan="7">3</td><td rowspan="7">授课状态的调整</td><td>准备项目</td><td>准备情况（完成请打√，没完成打 ×）</td><td rowspan="7">（1）熟悉教材：看教材至少 3 遍以上。
（2）多练习：对照镜子练习、录音回放练习、讲给他人听。
（3）提前到场：提前 15 分钟到场，与学员先熟悉，降低紧张感。
（4）放松神经，深呼吸：上课前 5 分钟做深呼吸、或到课室外走走，放松。
（5）亲和、有趣的自我介绍：把自我介绍背熟、引入有趣的案例或故事。
（6）漂亮的开场：可通过播放视频或现场做一次急救示范开展，吸引学员</td></tr>
<tr><td>熟悉教材</td><td></td></tr>
<tr><td>提前到场</td><td></td></tr>
<tr><td>放松神经，深呼吸</td><td></td></tr>
<tr><td>亲和、有趣的自我介绍</td><td></td></tr>
<tr><td>漂亮的开场</td><td></td></tr>
</table>

小　结

本节的主要内容是阐述讲授前授课要件的准备，其包括课程内容的准备、教具的准备、心态和情绪的准备。课程内容的准备主要从明确目标、确定内容、设计结构三方面去准备，教具的准备主要是指与课程内容相关的教具准备，心态及情绪的准备主要从克服害怕心理和增强自信心方面着手准备。

第二节　讲授主题控制

学习目标

任务目标：在授课过程中，灵活运用目标交代、框架展示、适时回归的技巧，时时控制讲授内容不偏离主题。

知识目标：正确阐述目标交代、框架展示、适时回归技巧的内容和要领。

内容提要

本节主要介绍目标交代、框架展示、适时回归三种授课主题控制的技巧。

知识技能

在培训的过程中，有时候会出现学员不明白培训师所讲授内容主题是什么，不清楚讲课的进度到了哪儿，培训结束后学员不知小结与课程有何关系等现象，这严重影响了学员的学习效率和培训效果。究其原因，很大程度是由于培训师讲授过程中偏题所致。

一、讲授内容偏离主题的现象及原因

培训师授课过程中，发生讲授内容偏离主题的现象及原因，主要表现在以下几种情况：

（1）授课开始时偏离主题。许多培训师都会设置导入环节来吸引学员的注意力，但是有时候导入太长或是与主题之间的关系不明显，从而导致讲授内容偏离主题；由于受到心态及情绪的影响、记忆力的限制或外部干扰的影响，培训师往往在一开始授课时就思路不清、东拉西扯、内容跑题。

（2）授课过程中偏离主题。培训师在授课过程中，授课思路偏离主题，比如：记忆力瞬间丢失，授课思路断裂，讲完一个知识点后不知接下来讲哪个知识点；授课思路不连续或混乱，中间遗漏知识点或未按顺序逐个讲授知识点；授课

内容偏离主题，比如讲授时展开面过大、展开过深而偏离课程主题方向，或引用素材、引用案例偏离课程主题方向，或练习互动活动、游戏等把控不好而偏离课程主题方向，或某个知识点讲解时发生跑题，偏离该知识点的目标方向等。

（3）授课结束时偏离主题。授课结束时，培训师往往需要对所授课程进行小结，小结时容易没有回应课程目标或者核心内容提炼不到位、学习延展方向偏离目标等问题。

二、讲授主题控制技巧

讲授主题控制要求培训师在培训授课时把握“讲授前明确目标或主题，讲授时紧扣主题，讲授后知识回归主题”的原则。按照以上原则，讲授主题控制的常用技巧有“目标交代、框架展示和适时回归”等技巧。

（一）目标交代——做到“目标心中有数”

为了更好地控制讲授主题，培训师应该在授课开始时就向学员交代课程总目标，奠定好课程的总基调；课程中间每讲解一个知识点、引用案例或布置练习活动时都须先向学员交代当前所授内容的小目标，这样时刻使培训师和学员“目标心中有数”，提醒培训师自己要讲的主题，同时给学员提供调整学习状态的机会。目标交代时应注意以下三点：

（1）课前明确交代课程大目标。在培训正式开始之前，培训师要告诉学员培训课程的目标和自己将帮助大家解决的问题，让学员对此次培训的目标有一个明确的认知，并对培训结果抱有一定的预期。

（2）课中明确交代小目标。每次开始展开讲解新的知识点前，对新知识点的学习目标进行交代，让培训师和学员对当前知识点的目标“心中有数”，以便提醒培训师讲授本知识点时要把握好主题，不跑偏，让学员清楚学习本知识点的目的，以便带着目的去学习本知识点；练习活动时，以课程目标或知识点小目标为指导开展练习活动，活动前明确交代活动目标。注意小目标从属于课程目标，小目标不能偏离大目标。

（3）目标交代尽量突出重点，简洁口语化，贴近现实和需要。培训师在介绍目标时，不宜陈述过多或过细的条目，应简洁、突出重点。培训师在培训过程中要注意用语，不要采用过多的专业术语。特别是在培训前期，为了激发学员的学习兴趣，培训师在阐述任务目标和知识目标时，一定要做到浅显易懂，措辞尽量口语化，贴近学员的工作和生活实际。

（二）课程主题框架展示——做到“授课思路不乱”

为了控制好课程主题，培训师在明确课程目标后，应该向学员展示一个清晰的框架和学习思路，这样既能够提醒培训师明确课程的核心内容和讲授思路，还能够帮助学员从宏观上形成一个清晰的整体知识脉络。进行框架展示时主要注意以下两点：

（1）展示课程主题框架（目录）。在整个培训开始之前，要对学习内容的宏观架构及学习思路进行展示，提醒培训师明确课程的核心内容，让学员对学习内容有一个初步的感性认识，形成一个清晰的整体脉络。在目录展示的过程中培训师需要对目录进行简单的介绍，并说明重要知识点及目标。一般用一到两句话，使学员对整体架构中主题内容（知识点）以及重要性有初步的认识。

（2）课程主题框架重复出现，凸显下一知识点。培训师在讲完一个知识点后，须对当前讲完的知识点进行小结回顾，此时采用主题框架页重复出现的方式，通过变换字体颜色、大小、背景色等凸显接下来要讲的知识点在架构中的位置，以便提醒培训师在须对凸显知识点的上一知识点进行小结，同时提示接下来应讲的知识点。也让学员清晰认识到当前所处的学习阶段处在课程整体架构中的位置。

例子 2-1

《时间管理》的课程架构展示及介绍

（1）展示课程整体架构（目录）。

说明：介绍框架结构，说明思路及重点。

《时间管理》这门课程，主要讲述了三部分内容。我们将依次来分享学习打开时间魔盒、堆好时间积木、赶跑时间窃贼。

首先是让大家了解时间和时间管理的概念，对时间的基本特性和为什么要进行时间管理做一个简单的介绍，也就是“将时间这个魔盒打开”。

接着针对如何管理好自己的时间给出一些原则和方法，让你能够更好地整合自己的时间，就是“堆好这个时间积木”。

堆积时间积木中，可能会存在时间浪费情况，我们该怎么避免这些浪费，最后一部分“谁动了我的时间”将会分析这些内容，也就是要“赶跑时间窃贼”。

我们将深入学习的打开时间魔盒、堆好时间积木、赶跑时间窃贼三部分内容中，第二部分堆好时间积木是本课程的重点。

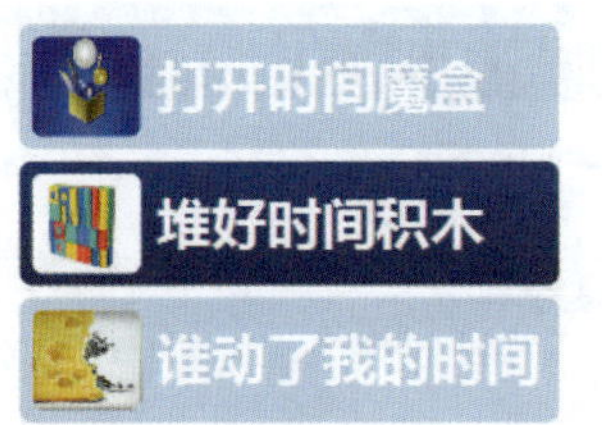

（2）课程架构重复出现，凸显下一知识点。

说明：在框架中凸显下一个知识点，对上一知识点回顾小结后，讲解下一知识点。

在讲授完“打开时间魔盒”这个知识点时，框架页重复出现，并凸显了接下来要讲的知识点“堆好时间积木”。培训师要对凸显知识点的上一个知识点“打开时间魔盒”进行小结，小结完后再讲凸显的知识点“堆好时间积木”。

（三）适时回归——做到“讲授知识不断回归主题”

每一讲授环节结束后，培训师要及时对前面讲授的内容围绕目标或主题进行提炼总结，将所学知识归纳到原有主题框架中，这就是“适时回归”。这种方式可以使培训师讲授的内容紧紧围绕培训主题，也可以让学员对每一阶段的学习有清晰的认识和把握。“知识适时回归主题”就要求培训师在授课过程中做到以下几点：

（1）适时说明当前的学习阶段，在讲授过程中，培训师要结合课程目标和课程框架，反复说明和强调当前所处的学习阶段及其在整体框架中的地位，不断加深学员对整体课程的认识和重要知识点的记忆。

（2）单个知识点讲授结束后，要围绕知识点小目标或知识点主题对知识点内所讲的核心内容进行提炼小结，让讲授知识回归主题。

（3）练习活动结束后，要围绕练习活动的目标进行练习活动关键环节及活动成果进行点评小结，让练习活动回归主题。

（4）每个讲授环节结束后的总结须回应目标，先重述目标，再根据目标进行总结。

（5）课程结束后，要围绕课程目标或课程主题或讲授内容核心知识点进行回归总结，让所讲核心知识点回归主题。

案例分享

（1）管理类、技能类案例。

<table>
<tr><th colspan="5">《时间管理》课程讲授主题控制</th></tr>
<tr><td colspan="2">（一）目标交代
（做到目标心中有数）</td><td colspan="2">（二）课程主题框架展示
（做到授课思路不乱）</td><td>（三）适时回归
（做到知识不断回归主题）</td></tr>
<tr><td>课程大目标</td><td>任务目标：正确使用工作日程二分表制定出可实现的个人时间管理计划。
知识目标：在规定时间内100%正确并完整地列举出时间管理的三大原则</td><td colspan="2">课程主题框架介绍：
（1）打开时间魔盒：时间的内涵。
（2）堆好时间积木：时间管理时间的原则。
（3）赶跑时间窃贼：时间管理的方法。
打开时间魔盒
堆好时间积木
赶跑时间窃贼</td><td>—</td></tr>
<tr><td rowspan="2">任一知识点小目标</td><td rowspan="2">任务目标：灵活运用ABC时间管理法将任务的重要性进行正确分类。
知识目标：正确阐述ABC时间管理法的要点</td><td>知识点框架展示</td><td>一、区分任务的紧急性
二、区分任务的重要性
三、不同类型任务的对策</td><td>知识点回归主题【对凸显的知识点的上一个知识点进行回归主题总结，并过渡衔接到凸显的知识点】：
（1）先回顾上一个知识点：刚刚我们已经讲解了第二部分区分任务的重要性。
（2）再说明当前的学习阶段：现在我们开始讲解如何处理不同类型的任务</td></tr>
<tr><td>凸显下一个知识点框架展示</td><td>一、区分任务的紧急性
二、区分任务的重要性
三、不同类型任务的对策</td><td>—</td></tr>
<tr><td>任一练习活动小目标</td><td>引导学员理解时间管理的技能并学会结合工作实际进行事件分析与判断</td><td>练习活动内容框架展示</td><td><table><tr><th>任务</th><th>黄金状态</th><th>平均状态</th><th>低谷状态</th></tr><tr><td>1、向上级汇报近期工作中的一些问题和处理方法</td><td></td><td></td><td></td></tr><tr><td>2、就项目进展作演示汇报</td><td></td><td></td><td></td></tr><tr><td>3、阅读期刊文献</td><td></td><td></td><td></td></tr><tr><td>4、处理信件</td><td></td><td></td><td></td></tr><tr><td>5、编制个人下季度的工作计划</td><td></td><td></td><td></td></tr></table></td><td>练习活动回归主题：
通过刚才的练习，我们懂得了根据自身以及他人的黄金工作状态，合理安排开展任务的时间。这就是时间管理的黄金原则</td></tr>
</table>

续表

<table>
<tr><th colspan="3">《时间管理》课程讲授主题控制</th></tr>
<tr><th>（一）目标交代
（做到目标心中有数）</th><th>（二）课程主题框架展示
（做到授课思路不乱）</th><th>（三）适时回归
（做到知识不断回归主题）</th></tr>
<tr><td>—</td><td>—</td><td>课程结束回归主题：在《时间管理》这门课程中，我们主要学习了三章，打开时间的魔盒、堆好时间积木、赶跑时间窃贼，也就是时间的内涵、时间管理的原则、时间管理的方法</td></tr>
<tr><td>备注：
（1）每一个讲授环节开始时先明确交代目标（课程讲授开始时交代课程目标；新知识点开始时交代知识点小目标；练习活动前交代练习活动小目标）。
（2）目标交代尽量突出重点，简洁口语化，贴近现实和需要</td><td>备注：
（1）课程目标交代后，按讲课顺序展示课程主题框架（目录），简单介绍各知识点包含主要内容及知识点小目标，说明重点。
（2）每讲完一个知识点后，重复出现课程主题框架，凸显下一个知识点</td><td>备注：
每一讲授环节结束后，结合框架重复出现，及时对前面讲授的内容围绕目标或主题进行提炼总结回归主题（写出核心关键词）</td></tr>
</table>

（2）技能类案例。

<table>
<tr><th colspan="5">《继电保护装置定值更改》课程讲授主题控制</th></tr>
<tr><th colspan="2">（一）目标交代
（做到目标心中有数）</th><th colspan="2">（二）课程主题框架展示
（做到授课思路不乱）</th><th>（三）适时回归
（做到知识不断回归主题）</th></tr>
<tr><td>课程大目标</td><td>任务目标：在仿真环境下符合定值更改规范100%正确完成装置定值更改操作知识目标：在规定时间内100%正确并完整地阐述继电保护装置定值更改的操作步骤</td><td colspan="2">课程主题框架介绍：
（1）继电保护装置定值更改基础介绍。
（2）继电保护装置定值更改的原则与方法。
（3）继电保护装置定值更改的步骤</td><td>—</td></tr>
<tr><td rowspan="2">任一知识点小目标</td><td rowspan="2">任务目标：正确演示继电保护装置定值更改的几个步骤。
知识目标：正确阐述定值更改过程中的操作注意事项</td><td>知识点框架展示</td><td>继电保护装置定值更改的步骤：
（1）作业前准备。
（2）作业过程。
（3）作业终结</td><td>知识点回归主题【对凸显的知识点的上一个知识点进行回归主题总结，并过渡衔接到凸显的知识点】：
（1）先回顾上一个知识点：刚刚我们已经讲解了作业前的准备。
（2）再说明当前的学习阶段：现在我们开始讲解作业过程</td></tr>
<tr><td>凸显下一个知识点框架展示</td><td>继电保护装置定值更改的步骤：
（1）作业前准备。
（2）作业过程。
（3）作业终结</td><td>—</td></tr>
</table>

续表

<table>
<tr><th colspan="5">《继电保护装置定值更改》课程讲授主题控制</th></tr>
<tr><td colspan="2">（一）目标交代
（做到目标心中有数）</td><td colspan="2">（二）课程主题框架展示
（做到授课思路不乱）</td><td>（三）适时回归
（做到知识不断回归主题）</td></tr>
<tr><td>任一练习活动小目标</td><td>引导学员理解继电保护装置定值更改的步骤并学会结合工作实际进行演练</td><td>练习活动内容框架展示</td><td>（1）理论练习：继电保护定值更改的步骤有哪些。
（2）实际操练：每组派成员进行演练</td><td>练习活动回归主题：
通过练习，我们知道了继电保护定值更改的步骤</td></tr>
<tr><td colspan="2">—</td><td colspan="2">—</td><td>课程结束回归主题：
在《继电保护装置定值更改》这门课程中，我们主要学习了继电保护装置定值更改的相关理论知识、操作方法和相关流程步骤等内容</td></tr>
<tr><td colspan="2">备注：
（1）每一个讲授环节开始时先明确交代目标（课程讲授开始时交代课程目标；新知识点开始时交代知识点小目标；练习活动前交代练习活动小目标）。
（2）目标交代尽量突出重点，简洁口语化，贴近现实和需要</td><td colspan="2">备注：
（1）课程目标交代后，按讲课顺序展示课程主题框架（目录），简单介绍各知识点包含主要内容及知识点小目标，说明重点。
（2）每讲完一个知识点后，重复出现课程主题框架，凸显下一个知识点</td><td>备注：
每一讲授环节结束后，结合框架重复出现，及时对前面讲授的内容围绕目标或主题进行提炼总结回归主题（写出核心关键词）</td></tr>
</table>

融会贯通

应用本节所学知识，进行所讲授课题讲授主题控制的练习。

<table>
<tr><th colspan="5">《　　　》课程讲授主题控制</th></tr>
<tr><td colspan="2">（一）目标交代
（做到目标心中有数）</td><td colspan="2">（二）课程主题框架展示
（做到授课思路不乱）</td><td>（三）适时回归
（做到知识不断回归主题）</td></tr>
<tr><td>课程大目标</td><td></td><td colspan="2">课程主题框架介绍：</td><td></td></tr>
<tr><td rowspan="2">任一知识点小目标</td><td rowspan="2"></td><td>知识点框架展示</td><td></td><td>知识点回归主题【对凸显的知识点的上一个知识点进行回归主题总结，并过渡衔接到凸显的知识点】：</td></tr>
<tr><td>凸显下一个知识点框架展示</td><td></td><td></td></tr>
<tr><td>任一练习活动小目标</td><td></td><td>练习活动内容框架展示</td><td></td><td>练习活动回归主题：</td></tr>
<tr><td colspan="2">—</td><td colspan="2">—</td><td>课程结束回归主题：</td></tr>
</table>

续表

《　　　》课程讲授主题控制		
（一）目标交代 （做到目标心中有数）	（二）课程主题框架展示 （做到授课思路不乱）	（三）适时回归 （做到知识不断回归主题）
备注： （1）每一个讲授环节开始时先明确交代目标（课程讲授开始时交代课程目标；新知识点开始时交代知识点小目标；练习活动前交代练习活动小目标）。 （2）目标交代尽量突出重点，简洁口语化，贴近现实和需要	备注： （1）课程目标交代后，按讲课顺序展示课程主题框架（目录），简单介绍各知识点包含主要内容及知识点小目标，说明重点。 （2）每讲完一个知识点后，重复出现课程主题框架，凸显下一个知识点	备注： 每一讲授环节结束后，结合框架重复出现，及时对前面讲授的内容围绕目标或主题进行提炼总结回归主题（写出核心关键词）

小　结

本节重点阐述讲授内容偏离主题的现象及讲授主题控制的技巧。

讲授内容偏离主题主要表现为开场导入偏离主题、讲授过程中思路和内容偏离主题、讲授结束总结偏离主题。针对上述现象，要求培训师在培训授课时把握"讲授前明确目标或主题，讲授时紧扣主题，讲授后知识回归主题"的主题控制原则。讲授主题控制的技巧常用的有目标交代、框架展示和适时回归三个技巧。

（1）目标交代，做到"目标心中有数"：每一个讲授环节开始时先明确交代目标（课程讲授开始时交代课程目标；新知识点开始时交代知识点小目标；练习活动前交代练习活动小目标）；目标交代尽量突出重点，简洁口语化，贴近现实和需要。

（2）框架展示，做到"授课思路不乱"：课程目标交代后，按讲课顺序展示课程整体架构（目录），简单介绍各知识点包含主要内容及知识点小目标，说明重点；每讲完一个知识点后，重复出现课程框架，凸显下一个知识点，对上一个知识点总结回归，介绍下一知识点，再次说明当前所处的学习阶段。

（3）适时回归，做到"讲授知识不断回归主题"：每一讲授环节结束后，结合框架重复出现，及时对前面讲授的内容围绕目标或主题进行提炼总结回归主题。

第三节 授课思路呈现

学习目标

任务目标：灵活运用课程讲授思路呈现技巧清晰完整地进行授课。

知识目标：正确阐述导入、主体、练习、结语呈现技巧包括的内容和方法。

内容提要

本节主要介绍导入、主体、练习、结语呈现技巧的内容和方法。

知识技能

一堂完整的授课是由开头、中间内容和结尾构成的，不同的内容之间联系紧密，环环相扣。对于培训师而言，掌握讲授思路呈现技巧，有利于激发学员学习兴趣，集中学员学习的注意力，有助于实现课程目标。一般来说授课可按导入、主体、练习、结语四步来呈现整个授课过程，如图 2-2 所示。

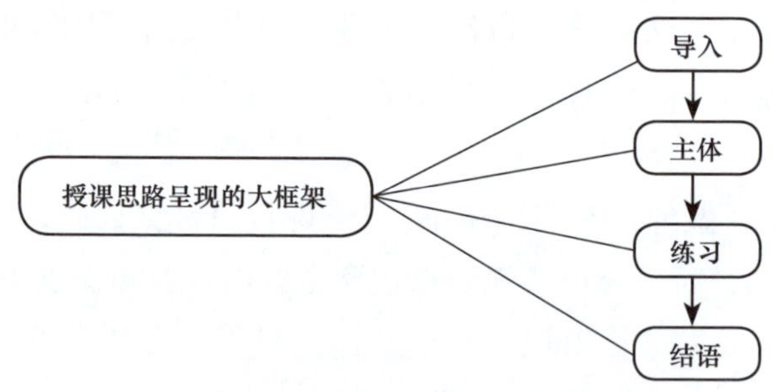

图 2-2 授课思路呈现的大框架

一、导入

我们常说“好的开始是成功的一半”。学员往往带着兴趣和期待走进培训课堂，因此一个好的开场对培训师来说可达到事半功倍的效果。为了激发学员的学习兴趣，培训师需要掌握良好的开场技巧。

课程讲授的导入是指一堂课或知识点讲授的开场白。课程讲授的导入包括自我介绍、话题的引入和开场预告等环节。每一个环节对学员课堂的学习兴趣和效果都起着至关重要的作用。

（一）自我介绍

自我介绍是培训师向学员介绍自己个人信息、专业背景和经历，让学员对自己有一个基本了解。自我介绍可以展示培训师个人魅力，快速与学员建立联系。值得注意的是自我介绍只出现在课程开始的第一节课。

（二）话题引入

自我介绍之后就要设置情景，引入话题，激发兴趣。引入话题是为了引发学员对知识的好奇心和求知欲，从而融入要讲解的主题，让学员有一种“随风潜入夜，润物细无声”的感觉。

培训中，有些培训师习惯在学员没有任何准备的情况下就直接进入讲授主题，让学员从一开始就被动地学习，而没有产生“我想知道”的状态。为了避免这一情况的发生，培训师可以提前了解参加培训的学员的基本情况、背景，存在的问题或是感兴趣的话题等，从而在话题引入这一环节激发学员的学习兴趣。

引入话题就是为了讲授主题做铺垫。下面详细介绍常用的引入话题的三种方法：自我经历法、类比比喻法、提问思考法。值得一提的是，引入话题的三种方法不仅仅适用在开头，在每一个独立的新内容需要引入时也可以结合使用。

1．自我经历法

一句话技巧：用自己亲身经历过的或看到过的现象和事件，像讲故事一样把课程相关的内容讲完后引入正题，让学员不知不觉进入状态。

典型句式：我曾经（曾经我）……

例子 2-2

自我经历法案例

我刚参加工作的时候，经常都会觉得一天都很忙，时间不够用。但一天下来，或者一段时间过后，却发现自己也没有做什么事，相反，该做的事还堆了一大堆，不知道大家是否有相同的感受呢？后来慢慢地却发现，是自己对时间的安排和分配没有把握得当，《时间管理》这个课程将和大家探讨如何让你的时间变得更有效率。

2. 类比比喻法

一句话技巧：讲一个生活中更容易理解的现象，或大家熟知的故事或事迹，然后再把相似之处联系到所要讲授的课程中，通过由浅入深的方式降低学员进入的难度。

典型句式：× 就像 × × ×……

例子 2-3

类比比喻法

大家都有过吃自助餐的经历吧，有没有发现经常都是觉得自己能吃很多，结果拿了一堆东西没吃多少就饱了，觉得好亏。但转头一看，旁边那家伙好像你还没开始他就在吃，你吃完了他还在吃，而且吃的好香，身材也很瘦，怎么回事呢？可能是吃的顺序和节奏不对！时间管理就好像自助餐，顺序和节奏没控制好，就会把握不了时间，《时间管理》这个课程就教大家怎么吃下时间这盘自助餐。

3. 提问思考法

一句话技巧：把想要告诉大家的内容，设计成大家都能有感而发的实际问题，通过提问和回答让学员自己思考，然后通过这些回答总结并引出课程主题。这种互动的方式增加了学员的参与度，使学员的学习更深刻。

典型句式：您是否……？

例子 2-4

提问思考法——以《时间管理》为例

（1）今天的你是不是觉得比十年前压力大？

（2）压力大是因为觉得时间越来越不够用吗？

（3）大家有没有发现经常忙了很长时间却什么事都没有做？

（4）当出现这种现象时，请问大家觉得原因是什么？

（5）如果需要改善，你觉得最需要解决的问题是什么呢？

（三）开场预告

1．课程第一节课的开场预告

开始的第一节课，除了自我介绍、引入话题之外，在导入阶段培训师预告如下内容：预告课程目标、预告课程主题框架（授课重点内容及思路）、预告方法（特别是需要学员互动参与的，须预告参与规则和方式）、预告课程时间安排等课程关键信息，让学员“心中有数”。

2．讲授一个新知识点的开场预告

如果不是课程的第一节课，而是课程中一个知识点的讲授，则预告的内容则一般包括：回顾旧识（回顾上一个知识点或者回顾与新知所关联的知识）、预告新知（对即将要讲的下一个知识点的目标、核心内容及要求等做预告）。

二、主体

在良好开场的基础上，培训师需进行内容展开，这是培训的核心部分，对培训效果起决定作用。因此，主体部分需要培训师按照一定的知识展开逻辑，掌握一定的知识展开技巧，才能实现培训目的，保证学习效果。

内容讲解一般遵循“总（预告主题）——分（知识点）——总（回应主题）”的基本定律。在“分”的讲解中，对同一主题下的多个并列关系的知识点的讲解，一般采用“讲三点”的技巧；而“讲三点”中的单个知识点需要层层递进深入展开讲解时，则可以采用“剥洋葱”的三层递进方式进行讲解，保证内容层层深入，并紧扣主题。

（一）主题展开的技巧——“讲三点”

据研究表明，人的短时记忆容量为 7 ± 2 个组块，而在课程讲授上一般更倾向

于“三个方面”这样的逻辑结构。因此，在“分”的讲解中，一般推荐采用“讲三点”的技巧，每一点的关系都是并列的。需要注意的是，“三点”只是参考，培训师可根据实际情况设定相应的展开结构，如图 2-3 所示。

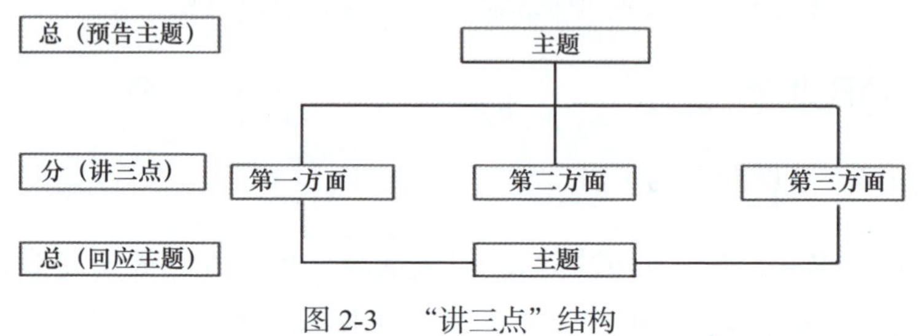

图 2-3 “讲三点”结构

例子 2-5

需要增加工资的主题展开技巧

总（预告主题）	我的看法是我们需要增加工资，我有三个方面的原因
分（讲三点）	首先，从工作内容上方面，我们的工作内容比以前更为繁重了
	其次，从能力方面看，我们的技能比以前有了提高
	最后，从环境方面看，物价上涨很厉害
总（回应主题）	因此，我们希望能够涨工资

“讲三点”技巧一般适用于时间、空间、层次等类型的逻辑，具体可参照表 2-1。

表 2-1　5 种常用的“讲三点”

序号	类型	说明	常见句式
1	时间	按时间顺序来展开	过去、现在、未来
2	空间	按地理或空间位置来展开	北京、上海、广州或者现场、单位、总部
3	层次	由低到高或由高到低的层次来展开	个人、班组、企业或者班组、部门、企业
4	钟摆	对立的两个方面，再综合一下	从好的一方面来说，……；从坏的一方面来说，……；因此，整体来看，…… 亮点是……；暗点是……；整体是……
5	问题解决	按事情解决的顺序来展开	解决这个问题主要是从以下几个方面着手：首先……；其次……；最后……

（二）知识点的深入展开讲解技巧——“剥洋葱”

培训师在对单个知识点进行深入讲解时，可以遵循三层递进“剥洋葱”的讲解方式，见表 2-2。

表 2-2　　三层递进讲解方式

三层递进讲解示意图	含义	句式
第一层 说明意思 第二层 说明理由 第三层 说明意义	第一层：说明意思 告诉学员“是什么”	（1）通过口语用“行话”（比喻、缩略语、专业概念）将知识变得易懂；句式：它的意思是…… （2）通过举例把抽象变成具体；句式：比如说…… （3）通过分类把复合变为元素；句式：它包含…… 注：上述句式在意思显而易见时，可以省略
	第二层：说明理由 告诉学员“为什么”	（1）它可能是科学的原理。 （2）它可能是事实的依据。 （3）它也可能仅仅是意思的进一步解释。 句式：为什么这么说呢
	第三层：说明意义 告诉学员“有什么用”	说明讲解内容的目的和意义时，往往体现为给学员的一些建议和指导。 句式：这就意味着……（实际的指导意义） 注：这一句式在目的显而易见时，可以省略。但是大多数时候，都不应当省略

例子 2-6

三层递进案例：时间就是“你的基本属性”

时间就是“你的基本属性”。【知识点】

这句话的意思是“花时间的方式决定了你是一个什么样的人”。【第一层：说明意思】

为什么这么说呢？花费时间的方式决定了你的生命轨迹，花费时间的方式还决定着你未来的生命状态。【第二层：说明理由】

因此，如何花费时间就决定了“你是一个什么样的人”。

这就意味着“我们应该在考虑如何花费时间之前，首先思考一下，我们希望自己是一个什么样的人？未来成为一个什么样的人”。【第三层：说明意义】

（三）内容衔接转换

为了保证培训内容的整体性和连贯性，培训师要掌握好内容转换的技巧，采用自然流畅的衔接，防止内容的脱节而让学员跟不上讲解节奏。

在培训时，每当讲一个新页面或者新内容，学员一般会觉得当前所讲内容与之前所讲内容断裂，造成学员思路断节，影响效果。

若是同一内容分几个页面讲授时，直接采用内容的自然过渡衔接；若不是同一内容或不同知识点要分页讲授时，一般采用承上启下的方法衔接转换。

（1）承上：回顾旧识。提前理清前后两个内容之间的逻辑关系，选用适当的转折词或关联词进行内容的转接。

关键句式：“刚才，我们讲了时间的第一个特点……”

（2）启下：翻页前预告。每个内容小结完成之后，都要在末尾对新内容进行预告，让学员有接触新内容的心理准备，而不至于太唐突。

关键句式：“接下来，我们讲一下时间的第二个特点……”

篇章与篇章之间的转换，如果没有特别紧密的联系，可以加一些“口语润滑剂”，例如“上一章我们讲了……，下一章我们将来看另外一个问题……”；“这一章我们从……的方面看待了……的问题，下一章我们将从另外一个方面来看待”。

三、练习

课堂教学中，练习的方式包括案例分析、现场实操、小组讨论、角色扮演、游戏、测试等。在课堂中做练习的注意事项：

（1）练习前，培训师要交代清楚练习目的、规则、时间、活动范围等。

（2）练习中，培训师练习示范以后，要给学员练习的机会，允许尝试，允许犯错，才是最有效的；学员练的时候，要注意观察，以保证安全为前提，事先做好安全措施；尽可能不打断学员的演练，尽量让每位学员都积极参与；学员练习时，培训师要适当引导，做到控场不乱。

（3）练习结束后，一定要围绕主题目标进行点评，点评的目的是将发散的练习成果，归纳提炼成为主题服务的关键结论和操作要领等。

四、结语

结语是对整个课程精华内容的总结和理论提升。好的结尾能画龙点睛，不仅能让学员对所学知识有一个整体回顾和把握，而且能够引发学员的深入整合与思考，让学员对课程的学习更加认可。结语可按以下步骤开展：

（一）知识回顾

课程结束后如果不对所学知识进行及时的回顾与总结，学员的知识很有可能无法形成整体框架，形同散沙，不利于知识的消化与总结。知识回顾一般从梳理内容、概括中心、提炼升华三方面进行总结回顾，主要针对核心知识点和练习关键点进行回顾总结，具体可用解决方法有两种：

（1）核心知识点回顾：核心知识回顾的步骤一般如下：课程结构—关键知识点—核心内容—回应课程目标。

（2）练习关键点回顾：回顾练习关键步骤、活动要领—关键体会—联系核心知识点—回应练习目标。

例子 2-7

《触电急救》知识回顾

（1）核心知识点回顾。

《触电急救》主要讲述了触电急救的原则、触电的几种方式和触电急救的方法三个内容：其中触电急救的原则包括迅速、就地、准确、坚持，迅速是指……，要注意……；就是指……，要注意……；触电的方式有高压触电和低压触电，高压触电……；低压触电……。

（2）练习关键点回顾。

刚刚我们请学员现场演示了如何做心肺复苏，可以看到关键步骤和要点大家都基本掌握了，如通畅气道、人工呼吸和胸外按压等，但是很多学员都忽略了判断呼吸和放好体位两个要点。请大家注意，心肺复苏法的正确步骤是：判断意识、心跳和呼吸；放好体位；实施救援。

（二）学习延展

对于求知欲较强的学员，不知道如何能够拓展相关知识。其实培训应该是一扇门，为学员指引学习的道路，让学员培训结束后仍去思考内容如何更好地对接工作、对接生活。可用解决方法有两种：

（1）知识应用升华。首先向学员说明今天所学的知识会在工作中哪些环节运用，运用之后起到什么样的效果或带来哪些改善；其次说明运用的方法，这里的方法主要强调工具：如表单、模型等。具体的流程步骤如果在知识回顾环节已回顾则不必再重复。

（2）推荐新知识途径。向学员推荐相关的一些书籍、电视节目、学习网站，做知识延展；告知学员掌握当前所学知识之后将利于哪些新知识的学习，推荐学员培训结束后可以选择学习相关的新内容；其他解决问题的方法，如一些相同或类似的其他社会主流的方案和技术。

（三）答谢鼓励

在课堂最后结束的时候，需要一句温暖的结束语，以完美收官。但实际情况却经常是草草结束，让人觉得整个培训不够完整。因此，答谢鼓励需要结合学习目标及学员身份。可用解决方法有三种：

（1）感谢：真诚感谢各位学员参与课程，并感谢学员给予老师的支持。

（2）鼓励：鼓励学员未来在相关领域上一定会越来越好。

（3）祝福：表达自己对学员在生活、工作、家庭上的祝愿。

例子 2-8

《时间管理》课程的结尾

在《时间管理》这门课程中，我们主要学习了三章。其中第一章主要……，那么问一下大家，时间的三个特性是什么？（等众人回答后）第二章……，第三章……。（知识回顾）

学习完《时间管理》这门课程并不意味着我们就拥有了很高的时间管理的能力，还需要大家在回到生活、工作岗位上之后，把其中你觉得最有用的那些方法反复运用熟练，才能不断提高你的时间管理能力。当然，如果想让自己的工作效率变得更高，也可以学习另外的相关课程，比如《目标管理与工作分配》，有兴趣的学员也可以去读一些书籍，比如《尽管去做》、《高效能人士的七个习惯》等。（学习延展）

最后祝愿大家在未来的工作中对时间越来越得心应手，工作顺利，也感谢大家对我培训工作的支持！谢谢！（答谢鼓励）

案例分享

（1）管理类、技术类案例。

<table>
<tr><th colspan="6">《时间管理》课程讲授思路呈现</th></tr>
<tr><th colspan="2">序号</th><th colspan="3">内容</th><th>备注</th></tr>
<tr><td rowspan="7">1</td><td rowspan="7">导入</td><td colspan="2">课程开始第一节课导入</td><td>讲授单个知识点导入</td><td rowspan="7">（1）预告目标、预告框架、回顾旧识、预告新知、知识点等与第一章第二节讲授主题控制中“案例分享”相关内容一致。
（2）预告方法（特别是需要学员互动参与的，须预告参与规则和方式）；预告时间（课程时间安排）。
（3）设置情景，引入话题：设置与主题内容关系密切的场景、情景，灵活运用导入方法，引入主题</td></tr>
<tr><td colspan="2">（1）自我介绍：各位同学，大家上午好！我是今天《时间管理》的授课老师，非常感谢各位同学今天来参加我的课程，欢迎大家</td><td rowspan="2">（1）设置情景，引入话题：
每个月，甚至每天，你都会盘算你花掉的什么？如果浪费掉，你会心痛吗？那么，时间呢</td></tr>
<tr><td colspan="2">（2）设置情景，引入话题：被誉为“改革试管”的蛇口工业区创始人的袁庚先生曾说过：“时间就是金钱，效率就是生命”。小平同志考察深圳时肯定了它，随后推广全国。时至今天，改革开放的成果我们有目共睹，而深圳今天能成为中国的一线城市，与深圳速度有关、与深圳效率有关，与“时间就是金钱，效率就是生命”这个理念有关。那么对于您来说，时间是什么呢</td></tr>
<tr><td rowspan="4">（3）开场预告</td><td>预告目标：
任务目标：使用工作日程二分表制定出可实现的个人时间管理计划。
知识目标：在规定时间内 100% 正确并完整地列举出时间管理的三大原则</td><td rowspan="2">（2）回顾旧识：
我们刚刚讲述了时间是无法储蓄的</td></tr>
<tr><td>预告框架：
本课程主要讲解①打开时间魔盒：时间的内涵；②堆好时间积木：时间管理时间的原则；③赶跑时间窃贼：时间管理的方法三方面的内容</td></tr>
<tr><td>预告方法：本课程讲解主要使用讲授法、案例分析法、练习法等</td><td rowspan="2">（3）预告新知：
接下来我们看时间的另一个特性：供给无弹性</td></tr>
<tr><td>预告时间：本课程将会用 3 个小时的来系统地讲解时间管理</td></tr>
</table>

续表

<table>
<tr><th colspan="5">《时间管理》课程讲授思路呈现</th></tr>
<tr><th colspan="2">序号</th><th colspan="2">内容</th><th>备注</th></tr>
<tr><td rowspan="6">2</td><td rowspan="6">主体</td><td>课程主题展开（“讲三点”法）</td><td>单个知识点展开（“剥洋葱”法）（任选 1 个知识点）</td><td rowspan="6">（1）按讲授先后顺序列出知识点。主题展开一般采用“讲三点”法；单个知识点采用三层递进“剥洋葱”法，第一层说明意思，第二层说明理由，第三层说明意义。
（2）内容衔接转换：不同内容或知识点间的衔接转换一般采用承上启下法，承上回顾旧识，启下翻页前预告新知。
（3）知识点过渡采用框架重复出现凸显新知识点的技巧</td></tr>
<tr><td>知识点 1：打开时间魔盒：时间的内涵</td><td>（1）说明意思—时间的第一个特点是，时间就是“你的基本属性”。它的意思是“花费时间的方式决定了你是一个什么样的人。”
（2）说明理由—为什么这么说呢？花费时间的方式决定了你的生命轨迹；花费时间的方式还决定着你未来的生命状态；因此，如何花费时间就决定了“你是一个什么样的人。”
（3）说明意义—这就意味着“我们应该在考虑如何花费时间之前，首先思考一下，我们希望自己是一个什么样的人？未来成为一个什么样的人”</td></tr>
<tr><td>知识点 2：堆好时间积木：时间管理时间的原则</td><td></td></tr>
<tr><td>知识点 3：赶跑时间窃贼：时间管理的方法</td><td></td></tr>
<tr><td>……</td><td>内容衔接转换：
回顾旧识：“刚才，我们讲了时间的第一个特点：时间就是你的基础属性”。
翻页前预告：“接下来，我们看几个企业员工入职五年历程”</td></tr>
<tr></tr>
<tr><td rowspan="3">3</td><td rowspan="3">练习</td><td colspan="2">练习名称：黄金时间如何分布</td><td rowspan="3">（1）练习前关键要素交代：交代练习目标、参与方式、活动规则、时限等。
（2）练习后点评总结：围绕主题目标对练习活动关键点、操作要领、注意事项、练习成果等进行点评，归纳提炼成为关键结论和操作要领等</td></tr>
<tr><td colspan="2">练习前关键交代：在 10 分钟内根据自身的特性填制黄金时间分配的表格，10 分钟后请学员上台分享</td></tr>
<tr><td colspan="2">练习后点评总结（关键点）：该练习没有标准答案，重点是合理分配自己的黄金时间：在黄金状态时比较适合做计划性、解决性和创造性的工作，比如编制计划，分析结果，以及困难的工作；在平均状态时比较适合做人事性任务，如一般的沟通、参加会议、审阅等工作；在低谷状态时一般适合做维持性任务，如数据录入、整理办公室、打电话等</td></tr>
<tr><td rowspan="3">4</td><td rowspan="3">结语</td><td colspan="2">知识回顾：在《时间管理》这门课程中，我们主要学习了三章，打开时间的魔盒、堆好时间积木、赶跑时间窃贼，也就是时间的内涵、时间管理的原则、时间管理的方法</td><td rowspan="3">（1）知识回顾：对核心知识点回顾；对练习关键点回顾。
（2）学习延展：知识应用升华；推荐新知识。
（3）答谢鼓励：切合学习目标及学员身份的答谢鼓励</td></tr>
<tr><td colspan="2">学习延展：学习完时间管理这门课程并不意味着我们就拥有了很高的时间管理的能力，还需要大家在回到生活、工作岗位上之后，把其中你觉得最有用的那些方法反复运用熟练才能不断提高你的时间管理能力，当然，如果想让自己的工作效率变得更高，也可以学习另外的相关课程，比如《目标管理与工作分配》，有兴趣的学员也可以去读一些书籍，比如《尽管去做》、《高效能人士的七个习惯》等</td></tr>
<tr><td colspan="2">答谢鼓励：最后祝愿大家在未来的工作中能有效管理自己的时间，工作顺利，也感谢大家对我培训工作的支持！谢谢</td></tr>
</table>

（2）技能类案例。

<table>
<tr><th colspan="6">《继电保护装置定值更改》课程讲授思路呈现</th></tr>
<tr><th>序号</th><th></th><th colspan="3">内容</th><th>备注</th></tr>
<tr><td rowspan="7">1</td><td rowspan="7">导入</td><td colspan="2">课程开始第一节课导入</td><td>讲授单个知识点导入</td><td rowspan="7">（1）预告目标、预告框架、回顾旧识、预告新知、知识点等与第一章第二节讲授主题控制中“案例分享”相关内容一致。
（2）预告方法（特别是需要学员互动参与的，须预告参与规则和方式）；预告时间（课程时间安排）。
（3）设置情景，引入话题：设置与主题内容关系密切的场景、情景，灵活运用导入方法，引入主题</td></tr>
<tr><td colspan="2">（1）自我介绍：各位同学，大家上午好！我是本课程的授课老师，来自××单位、是公司继保自动化专业知识的主讲老师</td><td rowspan="2">（1）设置情景，引入话题：
（开门见山）定值更改的原则主要有……</td></tr>
<tr><td colspan="2">（2）设置情景，引入话题：继电保护装置定值更改工作对于从事继保专业的我们而言，是否需要知道？如果要的话，重点需要了解什么内容？（提问思考法）</td></tr>
<tr><td rowspan="4">（3）开场预告</td><td>预告目标：
任务目标：在仿真环境下符合定值更改规范100%正确完成装置定值更改操作。
知识目标：在规定时间内100%正确并完整地阐述继电保护装置定值更改的操作步骤</td><td rowspan="2">（2）回顾旧识：
我们刚刚讲述了定值更改要准备</td></tr>
<tr><td>预告框架：
本课程一共分为3部分，继电保护定值更改的基础介绍、装置定值更改的原则与方法、定值更改的步骤，重点讲解的是第三部分，将会占用大部分时间。本课程有很多实操的技巧，欢迎大家积极举手上台参与实践和展示</td></tr>
<tr><td>预告方法：本课程讲解主要使用讲授法、案例分析法、练习法等</td><td rowspan="2">（3）预告新知：
接下来我们看定值更改的另一个原则：按时</td></tr>
<tr><td>预告时间：本课程将会用3个小时来系统地讲解继电保护装置定值更改</td></tr>
</table>

续表

<table>
<tr><th colspan="5">《继电保护装置定值更改》课程讲授思路呈现</th></tr>
<tr><th colspan="2">序号</th><th colspan="2">内容</th><th>备注</th></tr>
<tr><td rowspan="6">2</td><td rowspan="6">主体</td><td>课程主题展开（“讲三点”法）</td><td>单个知识点展开（“剥洋葱”法）（任选 1 个知识点）</td><td rowspan="6">（1）按讲授先后顺序列出知识点。主题展开一般采用“讲三点”法；单个知识点采用三层递进“剥洋葱”法，第一层说明意思，第二层说明理由，第三层说明意义。
（2）内容衔接转换：不同内容或知识点间的衔接转换一般采用承上启下法，承上回顾旧识，启下翻页前预告新知。
（3）知识点过渡采用框架重复出现凸显新知识点的技巧</td></tr>
<tr><td>知识点 1：继电保护定值更改的基础介绍</td><td>（1）说明意思—它的意思是：继电保护装置定值更改是从事继电保护工作的最基本技能
（2）说明理由—为什么这么说呢？因为继电保护的其他专业技能均建立在此基础之上，如保护定检、事故分析等。
（3）说明意义—这就意味着要掌握好继电保护专业技能，前提是要首先掌握好继电保护定值更改这些最基本的继保技能。继电保护装置定值更改的工作是从事继电保护专业工作的最基本技能</td></tr>
<tr><td>知识点 2：继电保护定值更改的原则与方法</td><td></td></tr>
<tr><td>知识点 3：继电保护定值更改的步骤</td><td></td></tr>
<tr><td>……</td><td>内容衔接转换：
回顾旧识：“刚才，我们讲了定值更改的第一个原则：准备”。
翻页前预告：“接下来，我们看第二个原则”</td></tr>
<tr></tr>
<tr><td rowspan="3">3</td><td rowspan="3">练习</td><td colspan="2">练习名称：继电保护装置定值更改演练</td><td rowspan="3">（1）练习前关键要素交代：交代练习目标、参与方式、活动规则、时限等。
（2）练习后点评总结：围绕主题目标对练习活动关键点、操作要领、注意事项、练习成果等进行点评，归纳提炼成为关键结论和操作要领等</td></tr>
<tr><td colspan="2">练习前关键交代：
注意核对装置名称，防止改错装置；注意修改后的及时保存；更改后要打印并核对全部定值</td></tr>
<tr><td colspan="2">练习后点评总结（关键点）：
（1）打印方法正确。
（2）定值更改操作细致、动作安全。
（3）定值打印核对细心</td></tr>
<tr><td rowspan="3">4</td><td rowspan="3">结语</td><td colspan="2">知识回顾：在《继电保护装置定值更改》这门课程中，我们主要学习了继电保护装置定值更改的相关理论知识、操作方法和相关流程步骤等内容</td><td rowspan="3">（1）知识回顾：对核心知识点回顾；对练习关键点回顾。
（2）学习延展：知识应用升华；推荐新知识。
（3）答谢鼓励：切合学习目标及学员身份的答谢鼓励</td></tr>
<tr><td colspan="2">学习延展：学习完这些技巧后，还需要大家多加练习，熟练掌握。我给大家推荐一本《十个规定动作》的教材，有利于进一步知识的验证与巩固</td></tr>
<tr><td colspan="2">答谢鼓励：最后祝愿大家在未来的工作中对时间越来越得心应手，工作顺利，也感谢大家对我培训工作的支持！谢谢</td></tr>
</table>

融会贯通

应用本节所学知识，进行所讲授课题授课思路呈现的练习。

<table>
<tr><th colspan="6">《　　　》课程讲授思路呈现</th></tr>
<tr><th colspan="2">序号</th><th colspan="3">内容</th><th>备注</th></tr>
<tr><td rowspan="7">1</td><td rowspan="7">导入</td><td colspan="2">课程开始第一节课导入</td><td>讲授单个知识点导入</td><td rowspan="7">（1）预告目标、预告框架、回顾旧识、预告新知、知识点等与第一章第二节讲授主题控制中“案例分享”相关内容一致。
（2）预告方法（特别是需要学员互动参与的，须预告参与规则和方式）；预告时间（课程时间安排）。
（3）设置情景，引入话题：设置与主题内容关系密切的场景、情景，灵活运用导入方法，引入主题</td></tr>
<tr><td colspan="2">（1）自我介绍：</td><td rowspan="2">（1）设置情景，引入话题：</td></tr>
<tr><td colspan="2">（2）设置情景，引入话题：</td></tr>
<tr><td rowspan="4">（3）开场预告</td><td>预告目标：</td><td rowspan="2">（2）回顾旧识：</td></tr>
<tr><td>预告框架：</td></tr>
<tr><td>预告方法：</td><td rowspan="2">（3）预告新知：</td></tr>
<tr><td>预告时间：</td></tr>
<tr><td rowspan="5">2</td><td rowspan="5">主体</td><td colspan="2">课程主题展开（讲三点法）</td><td>单个知识点展开（剥洋葱法）（任选 1 个知识点）</td><td rowspan="5">（1）按讲授先后顺序列出知识点。主题展开一般采用“讲三点”法；单个知识点采用三层递进“剥洋葱”法，第一层说明意思，第二层说明理由，第三层说明意义。
（2）内容衔接转换：不同内容或知识点间的衔接转换一般采用承上启下法，承上回顾旧识，启下翻页前预告新知。
（3）知识点过渡采用框架重复出现凸显新知识点的技巧</td></tr>
<tr><td colspan="2">知识点 1：</td><td></td></tr>
<tr><td colspan="2">知识点 2：</td><td></td></tr>
<tr><td colspan="2">知识点 3：</td><td></td></tr>
<tr><td colspan="2">……</td><td>内容衔接转换：</td></tr>
<tr><td rowspan="3">3</td><td rowspan="3">练习</td><td colspan="3">练习名称：</td><td rowspan="3">（1）练习前关键要素交代：交代练习目标、参与方式、活动规则、时限等。
（2）练习后点评总结：围绕主题目标对练习活动关键点、操作要领、注意事项、练习成果等进行点评，归纳提炼成为关键结论和操作要领等</td></tr>
<tr><td colspan="3">练习前关键交代：</td></tr>
<tr><td colspan="3">练习后点评总结（关键点）：</td></tr>
<tr><td rowspan="3">4</td><td rowspan="3">结语</td><td colspan="3">知识回顾：</td><td rowspan="3">（1）知识回顾：对核心知识点回顾；对练习关键点回顾。
（2）学习延展：知识应用升华；推荐新知识。
（3）答谢鼓励：切合学习目标及学员身份的答谢鼓励</td></tr>
<tr><td colspan="3">学习延展：</td></tr>
<tr><td colspan="3">答谢鼓励：</td></tr>
</table>

小 结

本节重点阐述授课思路呈现的步骤及导入、主体、练习和结语的技巧。

导入一般包括自我介绍、话题引入、开场预告三部分。常用的引入话题方法有自我经历法、类比比喻法、提问思考法；开场预告分课程第一节课的开场预告和单个知识点讲授的开场预告，预告内容有所不同。

主体内容讲解一般遵循“总（预告主题）——分（知识点）——总（回应主题）”的基本定律。在“分”的讲解中，对同一主题下的多个并列关系的知识点的讲解，一般采用“讲三点”的技巧；而“讲三点”中的单个知识点需要层层递进深入展开讲解时，则可以采用“剥洋葱”的三层递进方式进行讲解，保证内容层层深入，并紧扣主题。

练习的方式包括案例研讨、现场演练、小组主题讨论、角色扮演、游戏、测试等。练习前交代练习目标、参与方式、活动规则、时限等关键要素交代；练习后围绕主题目标对练习活动关键点、操作要领、注意事项、练习成果等进行点评，归纳提炼成为关键结论和操作要领等。

结语部分包括知识回顾、学习延展、答谢鼓励。知识回顾主要对核心知识点回顾、对练习关键点回顾；学习延展主要包括知识应用升华和推荐新知识；答谢鼓励要切合学习目标及学员身份。

第二章　讲授过程控制

第一节　授课方法与技巧应用

学习目标

任务目标：灵活选择并运用九种授课方法进行课程讲授。

知识目标：正确阐述九种常用授课方法的特点、利弊和使用范围。

内容提要

本节主要介绍讲授法、练习法、案例分析法、演练法、研讨法、游戏法、提问法、行动学习法、演示法九种授课方法的定义、适用内容、特点和实操步骤。

知识技能

授课方法一般包括讲授法、案例分析法、练习法、演练法、研讨法、游戏法、提问法和行动学习法。由于不同的方法具有不同的特点和适用条件，因此培训师需要根据课程内容选择合适的授课方法，才能让学员对授课内容的理解更加深入，记忆更加深刻，有助于所学知识和技能的灵活运用，如图 2-4 所示。

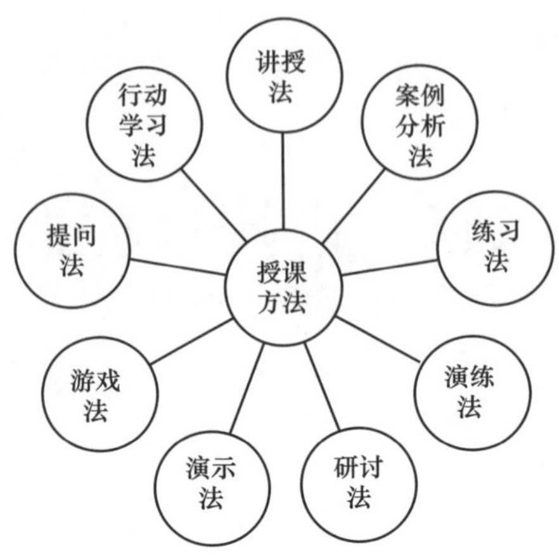

图 2-4　授课方法

一、讲授法

讲授法见表 2-3。

表 2-3　　讲授法

<table>
<tr><td rowspan="3">1</td><td rowspan="3">定义</td><td colspan="2">培训师通过语言表达，系统地向受训者传授知识的教学方法</td></tr>
<tr><td rowspan="2">注意点</td><td>1. 讲授法是课堂讲授的基础，其他讲授方法都是为了辅助讲授法的完成</td></tr>
<tr><td>2. 讲授法不是机械简单地传授知识，有设计的讲授法才是好的讲授法</td></tr>
<tr><td>2</td><td>适用内容</td><td colspan="2">适用于理念、定义、规章制度等陈述性知识的介绍</td></tr>
<tr><td rowspan="7">3</td><td rowspan="7">特点</td><td rowspan="3">优点</td><td>1. 有利于培训师系统地讲授知识点</td></tr>
<tr><td>2. 有利于培训师掌握学习进度</td></tr>
<tr><td>3. 有利于加深学员对内容的理解</td></tr>
<tr><td rowspan="4">缺点</td><td>1. 讲授内容具有强制性的约束，培训师不能改变制定好的内容</td></tr>
<tr><td>2. 学习效果易受培训师讲授水平影响</td></tr>
<tr><td>3. 只是培训师讲授，反馈较少</td></tr>
<tr><td>4. 讲授过程互动少，学员主动学习的机会也较少</td></tr>
<tr><td rowspan="4">4</td><td rowspan="4">实操步骤</td><td>开始阶段</td><td>1. 阐明课程的大致内容和重点</td></tr>
<tr><td>重点阶段</td><td>2. 强调课程的主旨和要点</td></tr>
<tr><td>阐述阶段</td><td>3. 举实例印证主旨</td></tr>
<tr><td>重复阶段</td><td>4. 复习课程内容，并于总结时提示重点，加强印象</td></tr>
</table>

二、练习法

练习法见表 2-4。

表 2-4　　练习法

1	定义	学员在培训师的指导下，依靠自觉的控制和校正，反复地完成一定动作或活动方式，借以形成技能、技巧或行为习惯的教学方法	
2	适用内容	适用于心智技能、文明行为、动作技能等直接感知为主的课程内容	
3	特点	优点	1. 有利于学员有效地发展各种技能技巧
			2. 有利于培训师更好地针对学习目标，控制课堂教学
			3. 有利于培养学员的自学能力、合作精神，以及学习的探索精神
		缺点	1. 需要培训师精心选择和设计练习项目，耗费时间和精力较多
			2. 学员因个人的认识情况不一样，在练习上则明显地表现出个别差异，因此会出现培训师有较强的计划和步骤地进行练习设计
4	实操步骤	引起兴趣	指导学员练习之前，要使学员感到某种知识技能或讲义有练习的必要性
		培训师示范	在示范时进行必要的说明，使学员明辨正误，易于学习
		学员模仿	学员按照示范的要领，模仿体验
		反复练习	要求技能熟练，或者至少让学员熟记并掌握该知识点

三、演练法

演练法见表 2-5。

表 2-5　　演练法

1	定义	根据学员可能用到的技能，编制一套与该技能实际情况相似的情境，将学员安排在模拟的、逼真的情境中，要求学员处理可能出现的各种问题的方法	
2	适用内容	适用于沟通合作等人际关系、领导行为等需要两个以上不同角色参与才能完成的技能类课程内容	
3	特点	优点	1. 有利于训练学员的基本动作和技能
			2. 有利于快速提高学员的观察能力和问题解决能力
			3. 有利于培训学员的专项技能
			4. 有利于培训学员的仪容仪表和言谈举止
		缺点	1. 参与的人数有限
			2. 耗费时间长，适用范围有限
			3. 角色设计不好，效果不佳
			4. 实施不到位，达不到预期效果
4	实操步骤	1	设定主题并提供素材
		2	详解扮演角色，选定扮演者，分配角色
		3	讲解演练步骤及要求
		4	准备道具并进行表演
		5	实施、观察、评估及反馈

四、研讨法

研讨法见表2-6。

表2-6　研讨法

序号	项目		内容
1	定义		培训师与学员之间，或学员互相之间通过讨论来解决疑难问题的方法
2	适用内容		适用于有多种答案或多种角度看待问题的知识
3	特点	优点	1. 有利于激发学员的学习兴趣
			2. 有利于开发学员的能力
			3. 有利于知识和经验的交流
		缺点	1. 讨论课题选择的好坏将直接影响培训效果
			2. 学员自身水平会影响培训效果
			3. 不利于学员系统地掌握知识和技能
4	实操步骤	1	确定讨论的目标与内容
		2	培训师制订讨论计划和准备讨论材料，并安排讨论时间、布置会场
		3	讨论实施阶段
		4	讨论成果总结

五、游戏法

游戏法见表2-7。

表2-7　游戏法

序号	项目		内容
1	定义		由两个或更多的学员在遵守一定规则的前提下，相互竞争并达到预期目标的方法
2	适用内容		适用于能够通过游戏形式或改编成游戏形式的课程内容，一般是理念和意识型的知识和内容
3	特点	优点	1. 有利于学员注意力的集中
			2. 有利于活跃课堂气氛，提高培训效果
			3. 有利于激发学员的竞争意识
		缺点	1. 理论研究尚浅
			2. 受讲义局限，本身缺乏趣味性的讲义不适用这种方法
			3. 培训师容易运用不当，比较难控制使用效果
4	实操步骤	1	选定游戏主题与类别
		2	划分游戏群体
		3	实施游戏
		4	评判游戏结果
		5	总结游戏成果

六、提问法

提问法见表 2-8。

表 2-8　　提问法

序号	项目		内容
1	定义		对拟改进的事物进行分析、展开、综合，以明确问题的性质、程度、目的、理由、场所、责任等项，从而由问题的明确化来缩小需要探索和创新的范围的方法
2	适用内容		适用所有课程内容
3	特点	优点	1. 有利于激发学员兴趣
			2. 有利于促进学员的思维发展
			3. 有利于加深学员对知识的理解
		缺点	比较强调发挥心理因素的作用，忽视解决问题的技术措施
4	实操步骤 提问五步法	提出问题	一般式提问—开放式、封闭式
			点名式提问—开放式、封闭式
		等待回答	一定要给学员留出思考的时间，否则他们没法做出回应
		聆听回答	注视对方（保持目光交流）
			不要打断对方
			不要转换主题
			控制情绪
		确认选择	确认你的理解正确； 选择回答中需要回应的部分
		回应	如果你向学员提问，就必须用某种方式对学员的回答做出回应

七、行动学习法

行动学习法见表 2-9。

表 2-9　　行动学习法

序号	项目		内容
1	定义		组织学员对实际工作中的问题、任务、项目等具体事项进行处理的培训方法
2	适用内容		适用于问题解决类的课程内容
3	特点	优点	1. 有利于激发学员的潜能
			2. 有利于学员创造性地研究并解决问题
			3. 有利于培养学员的质疑精神
			4. 有利于学员之间分享经验
		缺点	1. 学员需要具备一定的工作经验
			2. 学员无法系统学习知识
			3. 需要一个知识丰富，有组织能力的督导员协助
			4. 项目设计及内容难度高
			5. 耗时长、成本高

续表

4	实操步骤	开宗明义	向全体小组成员说明所面临的困难、所要执行的任务
		成立小组	学习小组成员包括志愿者或指派人员，他们既可以致力于同一个组织问题，也可以协同解决各自部门所独有的难题
		分析问题	学习小组分析面临的各项问题，思考解决问题的行动计划
		说明问题	问题提供者向小组其他成员介绍他的问题
		问题重组	在行动学习法督导员的指导下，学习小组逐项分析难题，并就亟待解决的关键问题、核心问题达成共识
		确立目标	学习小组根据已经确定的关键问题确立目标
		制定战略	学习小组在互相交流和深思熟虑之后制定行动战略
		采取行动	学习小组经过收集相关信息，搜寻支持要素之后，执行经由小组议定的行动战略
		工作循环	小组成员反复聚会、研讨、学习、行动，直到认定的困难、问题被解决，或者又有新的指导方案被提出为止
		见缝插针	在小组举行研讨会期间，行动学习法督导员被允许在任何可能的情况下，打断小组会议，向小组成员提出问题，借以帮助他们澄清问题，寻找更佳的途径，使得团队行动表现得更好

八、案例分析法

案例分析法见表 2-10。

表 2-10　　案例分析法

1	定义		把实际工作中出现的问题作为案例，交给学员研究分析，培养学员的分析能力、判断能力、解决问题能力的培训方法	
2	适用内容		适用于需要对知识点进行深度解读或联系实际的课程内容	
3	特点	优点	1. 有利于激发学员学习兴趣	
			2. 有利于培养学员的思考能力、信息解读能力及判断能力	
			3. 有利于帮助学员建立知识与运用之间的联系，有助于知识向行动的迁移	
		缺点	1. 选择好的案例非常困难	
			2. 学员自身水平和积极性有限	
4	实操步骤		案例背景介绍	介绍案例分析有关的背景
			案例内容介绍	介绍案例的具体内容
			提出问题	指出需要学员进行分析的案例问题
			引导分析	引导和鼓励学员充分参与，积极讨论
			鼓励回答	鼓励学员公开发表自己的见解
			点评回归	对学员的回答进行点评，并说明案例的核心要义，回归联系案例所指知识点

九、演示法

演示法见表 2-11。

表 2-11　　演示法

<table>
<tr><td>1</td><td>定义</td><td colspan="2">通过展示各种实物、教具，进行示范性实验，或通过现代化教学手段演示实验过程，使学员获取知识的教学方法</td></tr>
<tr><td>2</td><td>适用内容</td><td colspan="2">适用于操作性强，能用直观形式表示的知识内容，如技能类课程内容</td></tr>
<tr><td rowspan="6">3</td><td rowspan="6">特点</td><td rowspan="3">优点</td><td>1. 有利于学员获取丰富的感性材料，加深印象</td></tr>
<tr><td>2. 有利于学员把抽象的技术操作形象化</td></tr>
<tr><td>3. 有利于学员掌握文字描述中无法体现的操作技巧</td></tr>
<tr><td rowspan="3">缺点</td><td>1. 以培训师为主单向传授，不利于差异化教学</td></tr>
<tr><td>2. 通常只停留在表象认识，需配合其他方法说明深层次的经验技巧</td></tr>
<tr><td>3. 受限于教学设施</td></tr>
<tr><td rowspan="3">4</td><td rowspan="3">实操步骤</td><td>准备阶段</td><td>做好演示环境、演示工具等准备工作</td></tr>
<tr><td>实施阶段</td><td>进行演示，一般进行 3 次左右演示，从慢动作到正常速度。演示过程中重要动作环节进行要点解说</td></tr>
<tr><td>结束阶段</td><td>回归知识点，重述整个流程步骤和关键工具及方法</td></tr>
</table>

以上九种授课方式，在进行授课时，可以混合搭配使用。

案例分享

<table>
<tr><th colspan="4">《时间管理》的授课方法应用</th></tr>
<tr><td colspan="4">授课方法选择（请根据课程需求，用打勾或标红的方式选择相应的授课方法）：</td></tr>
<tr><td colspan="4">☐ 讲授法　☐ 案例分析法　☐ 练习法　☐ 演练法</td></tr>
<tr><td colspan="4">☐ 研讨法　☐ 游戏法　☐ 提问法　☐ 行动学习法　☐ 演示法</td></tr>
<tr><td colspan="2">序号</td><td>内容</td><td>备注</td></tr>
<tr><td>1</td><td>案例分析法</td><td>用《几个员工的五年入职经历》案例引入课程</td><td rowspan="6">授课方法可混合使用</td></tr>
<tr><td>2</td><td>提问法</td><td>看完以上三个案例，你觉得你希望或者有可能会成为他们其中的谁呢</td></tr>
<tr><td>3</td><td>讲授法</td><td>时间管理就是把时间当成一种资源，通过对这种资源的使用进行规划和安排（计划），并按照计划实施的活动。
时间管理的原则：①优先性原则；②二八原则；③黄金时间原则</td></tr>
<tr><td>4</td><td>游戏法</td><td>游戏 1：你有多少时间？
游戏 2：《跨海大桥》制作比赛</td></tr>
<tr><td>5</td><td>研讨法</td><td>如何帮助陈丰毅</td></tr>
<tr><td>6</td><td>练习法</td><td>1. 给出五个任务，让学员给出应该在哪种时间状态下去处理。
2.《吴文理的时间去哪儿了》练习</td></tr>
</table>

小　结

本节重点介绍九种授课方法：讲授法、案例分析法、练习法、演练法、研讨法、游戏法、提问法、行动学习法和演示法的定义、适用内容、特点和实操步骤。

由于不同的方法具有不同的特点和适用内容，因此培训师在授课时，需要根据课程内容选择合适的授课方法，九种授课方式可以灵活搭配使用。

第二节　讲授时间分配

学习目标

任务目标：运用讲授时间分配的技巧，合理进行讲授时间控制。

知识目标：正确解释讲授时间分配的原则，列举讲授时间控制失误的现象与原因。

内容提要

本节主要介绍讲授时间分配原则、讲授时间控制失误的现象与原因，以及讲授时间控制对策等方面的内容。

知识技能

讲授时间的控制是培训师有效利用课堂时间的关键，是培训师提升课堂把控能力的必要条件。为了更好地控制讲授时间，培训师需要掌握讲授时间分配原则，分析讲授时间控制失误现象并找到相应的对策。

一、讲授时间分配原则

王仁浦在《教学体验探路》一书中指出：在45分钟之内，学员的生理、心理状态呈波谷—波峰—波谷—波峰—波谷的起伏发展规律，将此心理状态发展的时间规律可划分为5个时区，即起始时区5分钟（第一波谷点）、兴奋时区15分钟（从兴奋刚开始至兴奋刚结束时段）、调试时区5分钟（第二波谷点）、回归时区15分钟（再次兴奋刚开始至兴奋刚结束时段）、终极时区5分钟（第三波谷点）。培训师应根据这种规律，设计不同的讲授时段的课堂教学任务，如图2-5所示。

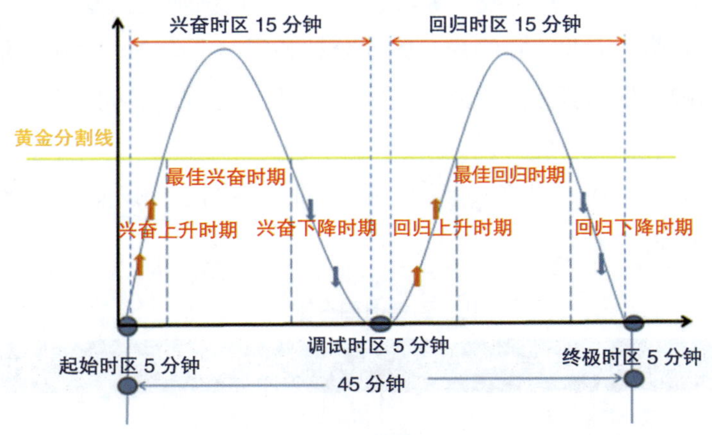

图2-5　45分钟学员状态变化示意图

为了寻找最恰当的讲授时间分配，抓住重点时间段，突破关键时间段，以调动学员的学习积极性，劳逸结合，从而达到最理想的教学状态。

由此利用“黄金分割”原理对兴奋时区和回归时区进行时间分割得到：兴奋时区15分钟利用黄金分割得到最佳兴奋时段为约10分钟、兴奋上升时段2.5分钟、兴奋下降时段2.5分钟；同样回归时区15分钟，利用黄金分割得到最佳回归时段为约10分钟、回归上升时段2.5分钟、回归下降时段2.5分钟；由此得出适合讲授的黄金时间为最佳兴奋时段和最佳回归时段之和为20分钟。另兴奋下降时段和回归下降时段不适合讲授，兴奋上升时段和回归上升时段适合讲授或引入话题。从而找到最有利于学员学习的时间规律。

基于此，我们将一节课45分钟划分为以下几个关键时段：

（1）导入占时：从学员的角度考虑，在起始时区5分钟阶段，学员正处于情绪的酝酿期，因此，需要培训师做好导入，以引起学员的兴趣；在兴奋上升期2.5

分钟也可作为导入时间。因此，导入时长大致为 5 ~ 7.5 分钟之间为合适。

（2）主体占时：最佳兴奋时段和最佳回归时段之和为 20 分钟最适合讲授，另兴奋上升时段和回归上升时段也适合讲授。因此，讲授时长推荐为 20 ~ 25 分钟较合适。

（3）练习占时：在兴奋时区、回归时区外的波谷调试时区最适合做练习，在兴奋下降区 2.5 分钟和回归下降区 2.5 分钟不适合讲授，适合做练习。因此，学员练习活动时间建议为 5 ~ 10 分钟左右。

（4）结语占时：除课堂讲授、练习、导入外，培训师应在授课中对问题答解、对知识点复习回顾。因此，在终极时区 5 分钟和回归下降 2.5 分钟，培训师需进行答解、知识回顾，以增强复习和练习效果。因此，建议结语部分时长为 5 ~ 7.5 分钟较合适。

基于以上分析，我们以将一节课（45 分钟）为例子，按照上述原理进行授课时间分配，如图 2-12 所示：

表 2-12　　讲授时间分配

内容	目的	建议时间分配	建议时间占比
导入	激发学员的兴趣、回顾旧知	5 ~ 7.5 分钟	10% ~ 15%
主体	对授课主题内容讲解	20 ~ 25 分钟	45% ~ 55%
练习	学员参与思考、练习、讨论等	5 ~ 10 分钟	10% ~ 20%
结语	知识回顾与延展	5 ~ 7.5 分钟	10% ~ 15%

注意：不同课程需要根据具体课程内容和特点来分配授课时间。

二、讲授时间控制失误的现象与原因

严格地进行讲授时间的控制，是保证授课效果的重要前提。但在培训中由于准备不充分或者一些其他突发事件的影响，难免会出现讲授时间控制失误的情况。

1．讲授时间过多

距离培训结束还有一段时间，培训师的培训内容已经讲授完毕，剩余大量时间无法充分利用。造成此结果的原因可能是：内容讲解过快、授课内容准备不够、学员参与互动练习不积极等。

2．讲授时间不够

讲授时间结束的时候，培训师的培训内容还没有讲完，不得不拖堂或者将连贯的知识放到下次讲解。造成此结果的原因可能是：讲授内容准备过多、讲授速度过慢、学员分享或练习的时间过长、培训师控场能力不强，处理突发事件不够老道以致于耽误时间等。一般地，培训过程中出现的突发事件包括设备出现故障、领导中途插入讲话、午休息时间临时延长等。

三、讲授时间控制的对策

（一）授课前时间预控的对策

1．备课详细，精确到分钟

培训前做好时间的演练。以分钟的计时确定每一个知识点的讲解时间。

2．准备培训资料的补充及删减

一方面，针对时间剩余过多的现象，培训前多补充一些练习、案例或分享活动，以备时间有剩余的情况做练习等活动，填充课堂时间。另一方面，针对时间不够用的现象，培训前对授课内容进行主次划分，明确可压缩的内容，以备课堂时间不够的情况下，做内容的删减。此外，还可以准备一些突发事件的预案，如授课时长压缩、设备故障的解决方案等。

（二）讲授中时间控制失误的对策（见表 2-13）

1．讲授时间不够的对策

（1）隐藏部分非重点内容。

首先保证在有限的时间内将重点内容讲解透彻，如果还有多余的时间再对非重点内容进行补充和拓展。

（2）压缩练习环节。

如果讲授时间不足，可以采取压缩内容的方式，一般不宜压缩知识讲解的部分，可以压缩练习环节的时间。

（3）讲重点时少扩展。

如果讲授时间不足，即使在讲解重点内容，也要尽量避免扩展，可以将需要扩展的知识变成课后作业。

2．讲授时间多余的对策

（1）复习与回顾。

如果讲授内容提前讲解完毕，最好的处理方式就是对本节所讲知识进行回顾与总结，这不但可以填补授课剩余时间，还能够加深学员对所学内容的记忆和理解。

（2）问答时间。

如果讲授时间有剩余，可以让学员进行提问。

（3）学员总结与心得分享。

让学员总结分享本课程的学习心得与体会，不但可以增强学员对课程内容的认识，还可以让培训师进一步了解学员的学习效果。

表 2-13　　讲授中处理时间控制失误的对策

1	讲授时间不够的对策	隐藏部分非重点内容
		压缩练习环节
		讲重点时少扩展
2	讲授时间多余的对策	复习与回顾
		问答时间
		学员总结与心得分享

小　结

本节的主要内容是讲授时间的控制，主要包括讲授时间分配原则、讲授时间控制失误的现象与原因，以及讲授时间多余和讲授时间不够的对策。其中讲授时间分配需要按照波峰波谷理论和黄金分割理论，详细的讲授时间安排如下所示：

内容	目的	建议时间分配	建议时间占比
导入	激发学员的兴趣、回顾旧知	5 ~ 7.5 分钟	10% ~ 15%
主体	对授课主题内容讲解	20 ~ 25 分钟	45% ~ 55%
练习	学员参与思考、练习、讨论等	5 ~ 10 分钟	10% ~ 20%
结语	知识回顾与延展	5 ~ 7.5 分钟	10% ~ 15%

针对讲授时间控制的对策，需关注讲授时间多余和讲授时间不够的两种情况的控制对策，详细的对策安排如下所示：

讲授中处理时间控制失误的对策		
1	讲授时间不够的对策	隐藏部分非重点内容
		压缩练习环节
		讲重点时少扩展
2	讲授时间多余的对策	复习与回顾
		问答时间
		学员总结与心得分享

第三节　特殊情况应对技巧

学习目标

任务目标：合理运用特殊情况应对技巧，处理突发状况及棘手状况。

知识目标：正确列举讲授过程中出现的特殊情况和处理方法。

内容提要

本节主要介绍 3 种特殊情况：培训师特殊情况处理、学员特殊情况处理和其他特殊情况的应对方法和注意事项。

知识技能

一个合格的培训师，不仅要完成计划内的培训内容，还要做好准备解决突然发生的特殊情况。突发事件的妥善处理可以为培训教学增加亮点，激发学员兴趣，成为调节课堂气氛的有效方式，甚至可以成为培训师展示个人魅力、建立良好师生关系的途径。

一、培训师特殊情况处理

对于培训师而言，在经验不足或准备不充分时容易产生紧张的情绪，其实紧张是完全可以通过技巧降低的。培训师的紧张在一定程度上并不会影响课程的发挥，甚至不易被察觉，因此需要培训师通过课前充分准备和反复练习，在紧张时稍作停顿或深呼吸，并时刻相信自己会成功等技巧来减少自己给自己带来的压力。

二、学员特殊情况处理

（一）学员异议的应对

“一千个读者就有一千个哈姆雷特。”人们对同一个观点的认识和理解是不同的。因此在培训过程中往往会出现学员对培训师的观点不认同，甚至持相反意见的情况。在这种情况下，培训师应尊重学员想法，接受不同的观点，本着尊重学员的原则妥善处理。以下是处理过程中需要注意的要点：

（1）不与争论：当学员提出不同或者相反的意见时，不与之争论，鼓励他们表达自己的观点，认可他们的行为。

（2）观点评析：认可他们的行为并不意味着就同意他们的观点，而是对学员提出的观点进行评析，或者对自己的观点进行进一步的解释和理由陈述。注意：出现不同观点后，除非有充分的证据，否则不要直接说对方就是错的。

（3）如果培训师发现自己确实是错了或不知道答案，要向学员坦诚承认，而不要不懂装懂。

（4）有些学员提出异议的动机是寻求关注，因此不能对他们完全置之不理。

（二）学员走神的应对

培训过程中，学员很容易注意力不集中，主要表现为思想开小差、发呆或者做其他的事情。面对这种情况，培训师可以采取轻敲桌子、走近学员、问是否有什么问题等直接方式引起学员注意；或通过短暂停顿、提高音量、提问他身边的人、做游戏、给任务等间接引起学员注意。

（三）学员抱怨的应对

众口难调，培训师的授课内容或授课风格很难满足所有学员的需要，因此有些学员发现培训效果达不到自己的预期时，难免会产生抱怨的情绪或言语。

遇到学员有抱怨情绪时，我们可以表示理解学员的抱怨，保持中立；或问学员有什么好的解决方法，如果学员能够解决这个问题，授权他 / 她去解决；如果不能解决，找到合适的人去解决这个问题等。

（四）学员不配合的应对

培训过程中有时会遇到学员不积极配合的情况，如不停地讲话，滔滔不绝；大声喧哗，故意引起大家注意；长篇大论地议论某事，试图取代培训师掌控全场；试图破坏课堂秩序，表现出嘲笑攻击行为；保持沉默或不发表自己的反面意见等。这些行为都表现出学员的不配合，但学员的动机可能不一样。

因此，培训师应该提高分辨学员不配合情况的不同动机，针对具体情况各个击破。一般来说，学员不配合可能有以下 4 种动机，如图 2-6 和表 2-14 所示。

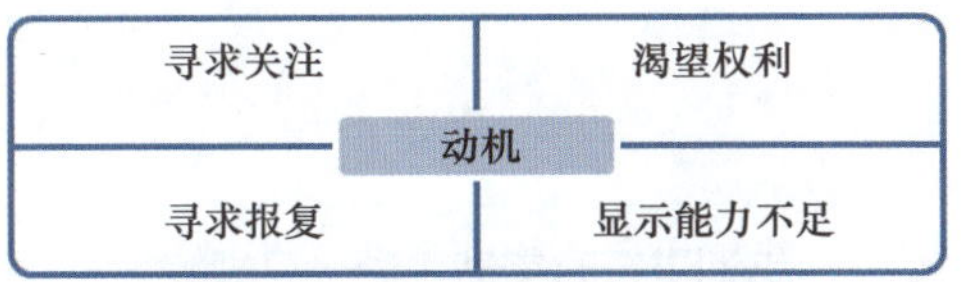

图 2-6　学员不配合的动机类型

表 2-14　不配合的表现形式及应对策略

动机	表现形式	可能的对策
动机一：寻求关注	（1）滔滔不绝者：对讲师的任何观点都会提出意见； （2）油腔滑调者：经常大声喧哗，喜欢哗众取宠，每件事情都能拿来开玩笑	（1）在他们言之有理时，肯定其正确性； （2）忽略那些不恰当的言论或建议； （3）利用他们的专长，让他们更多参与教学。通常在角色扮演、情景模拟、案例分析等活动中都需要这些学员的热情
动机二：渴望权利	（1）无所不知者：常希望通过长篇大论的演讲来控制局面； （2）私自充当助教角色：负责帮助讲师控制班级，但常会发起对新课题的讨论，就像他自己在上课一样	（1）不要与他们进行争论； （2）肯定他们的重要性，即使他们并不是班级的领导者； （3）不要每次都让他们回答问题，应该听听其他学员的意见
动机三：寻求报复	（1）阴谋破坏者：蓄意做出破坏或严重影响其他学员进步的行为； （2）吹毛求疵者：出言不逊，嘲笑或攻击别人的缺点（无论对方在不在场）	（1）保持冷静； （2）当他们发现自己无法惹恼你时，通常会发泄不满，等发泄好之后就会积极配合你； （3）保持耐心和信心，他们一般只是试探一下你的反应

续表

动机	表现形式	可能的对策
动机四：显示能力不足	（1）沉默者：从不主动回答问题或做出任何评价。当被提问时，他/她的回答通常也很简短； （2）老好人：处世谨慎，不愿与人产生直接的冲突，很少拒绝或反对别人的观点	（1）宽容，不作评判； （2）关注他们的优点； （3）利用其他学员帮助他们参与； （4）向他们提出不带威胁性的问题，鼓励他们的参与

三、其他特殊情况处理

在培训过程中，除了培训师和学员自身的情况外，培训的设施、场地和环境等也可能会出现一些特殊情况。这时，培训师可以采用以下几种方式应对。

（一）以变应变法

当培训超出原来的设想，突然出现意料不到的情况，且影响到正常的培训时，培训师可以顺应变化的情景改变授课内容或授课节奏。

例子 2-9

培训进行时突然飞进一只蝴蝶

某著名培训师上课时，几只蝴蝶飞进了教室，吸引了学员们的注意力。该培训师先让学员把蝴蝶赶走，然后让学员以“蝴蝶飞进教室”为题打一词牌名，学员们苦思冥想不得其解时，培训师给出了答案：“蝶恋花”啊，因为你们都是企业的花朵！”在学员们一片会意的笑声中，该培训师又开始了她的培训讲课。

（二）借题发挥法

把培训中的偶发事件巧妙地融进自己的教学之中，利用培训中出现的意外情况，借题发挥大做“文章”。

例子 2-10

培训教室里突然飞进了一只小鸟

课堂上突然飞进一只小鸟，一下子吸引了所有学员的注意力。这时，某培训师把课停下来，打开门窗，把小鸟放出去。然后幽上一默：连小鸟都想来参加我们的培训了，可见我们的培训是很有趣、很有吸引力的。让我们珍惜时间，好好学习吧！

小　结

本节的重点介绍讲授过程控制中关于特殊情况的应对，具体包括培训师特殊情况处理（紧张情绪处理）、学员特殊情况包括异议、走神、抱怨和不配合四种特殊情况的处理、其他特殊情况的处理包括以变应变法、借题发挥法两种方法。

对于学员特殊情况的不配合现象，可以分成寻求关注、渴望权利、寻求报复和显示能力不足四种学员情况，其解决对策如下表所示：

动机	可能的对策
动机一： 寻求关注	1）在他们言之有理时，肯定其正确性； 2）忽略那些不恰当的言论或建议； 3）利用他们的专长，让他们更多参与教学。通常在角色扮演、情景模拟、案例分析等活动中都需要这些学员的热情
动机二： 渴望权利	1）不要与他们进行争论； 2）肯定他们的重要性，即使他们并不是班级的领导者； 3）不要每次都让他们回答问题，应该听听其他学员的意见
动机三： 寻求报复	1）保持冷静； 2）当他们发现自己无法惹恼你时，通常会发泄不满，等发泄好之后就会积极配合你； 3）保持耐心和信心，他们一般只是试探一下你的反应
动机四： 显示能力不足	1）宽容，不作评判； 2）关注他们的优点； 3）利用其他学员帮助他们参与； 4）向他们提出不带威胁性的问题，鼓励他们的参与

第三章　讲授呈现技巧

第一节　语言表达技巧

学习目标

任务目标：正确使用科学的发音进行自然流畅地讲授课程。

知识目标：正确阐述讲授语言的内涵和科学发音用嗓方法。

内容提要

本节主要介绍讲授语气、语言（如重音、语调、语速）以及科学发音用嗓等语言表达技巧。

知识技能

良好的语言表达技巧对于培训师来讲是一项重要技能，因为丰富的培训内容需要通过精彩的语言表达出来，才能够获得更好的培训效果。

一、讲授语气

讲授是一种最主要的授课方式，主要通过语言表达的方式向学员传授知识，因此培训师要注重讲授语言的表达方式，尤其是讲授语气，因为语气反映了培训师的态度，会直接影响语言表达的效果。一般来讲，讲授语气要自然流畅、铿锵有力，积极向上，避免朗诵式和儿童腔等夸张的语气，如图 2-15 所示。

表 2-15　　培训讲授的语气

合适的语气	不合适的语气
√ 说话而不是背诵	× 朗诵腔
√ 成人语气	× 儿童腔
√ 适当的赞赏	× 夸张

另外，授课过程中培训师还要尽量保持激情，因为激情会让讲授语气变得生动，抑扬顿挫，而不是“催人入眠”式的单调和刻板。一般而言，培训师如果带着激情讲授不但会使讲授过程富有感染力，还能够营造一个良好的课堂氛围，让学员的注意力更加集中，从而提升课堂质量。

二、讲授语言

（一）重音

重音是指说话或朗读时，为了突出或强调某语义而把某个词或短语有意识地突出出来。重音的表达方式包括重读、拉长音、加强音势等。

（二）语调

语调是声音高低升降的变化，是传情达意的主要手段之一。对于培训师而言，语调可以帮助提醒学员注意讲授重点，其中以结尾的升降变化最为重要，因为结尾的语调一般是和句子的语气紧密结合的，可能会直接影响学员的理解和体会。常用的语调包括：平直调、升调、降抑调、弯曲调（见表 2-16）。

表 2-16　　语调的类型及使用说明

语调	说明	适用范围	示例
平直调	句子语势平直舒缓，没有显著的高低升降变化；朗读时始终平直舒缓，没有显著的高低变化，能够体现出专业和训练有素	一般多用在叙述、说明或表示迟疑、思索、冷淡、追忆、悼念等的句子里	最典型的是天气预报
升调	句子先低后高，句末明显上扬	常用于表示疑问、反问、号召、呼唤、惊讶的句子	军训的时候用的是升调
降抑调	句子语势先高后低，句末明显下降	一般用在感叹句、祈使句、陈述句中，表示肯定、坚决、请求、感叹、沉重等感情	新闻联播常用的是降抑调
弯曲调	全句语调的高低有曲折变化； 朗读时先降后升或者先升后降，把句子中某些特殊的音节特别加重、加高或拖长，形成一种升降曲折的变化	曲折调用于表示特殊的感情。如讽刺、讥笑、夸张、强调、双关、反语、特别惊异等的句子里	朗诵常用的是弯曲调

（三）语速

讲授过程中，培训师还可以巧妙运用语速变化这种技巧，让学员的喜怒随着你的好恶而变化，即使是平铺直叙的枯燥沉闷的内容，经过你的处理，也会变得异常吸引人。

（1）正常语速。当表达一般的内容时，语速要适中，既不要太快，也不要太慢。

（2）加速。当要表达热烈、兴奋、激烈、愤怒、紧急、呼吁的思想感情时，语速应尽量要快。但要注意，加快语速并不意味着一口气说完，如果句子较长，喘不过气来，反而影响效果，得不偿失。

（3）减速。当内容涉及极为严肃的事情而需要表达怀念、悲伤、寂寞、失落、失望的思想感情时，培训师需要减慢语速以正确表达自己的情感。此外培训师在讲授过程中如果想强调某些重点内容，或是故设疑问引发学员思考的时候，也需要减慢语速，给学员一定的思考时间。

总的来说，讲授过程中培训师语速的变化，应当是自然顺畅的。只有语速适宜，快慢有致，才能有效地传达讲授内容，让学员受你吸引。

三、科学的发音用嗓

（一）让懒惰的舌头运动起来

1．刮舌苔

每天早晚刷牙之前，用小汤匙（或刮舌板）伸进口腔，从舌根处开始轻轻的向前刮，然后再开始刷牙；也可以直接用牙刷（最好是软毛牙刷），从里向外，轻扫舌头表面，将代谢物清理干净。

2．舌在口腔内的运动

通过一系列舌内肌的强化训练，增强舌内肌的运动感受性，提高舌头的灵活性。

（1）吮吸运动。

舌与上齿的吮吸：将舌尖抵住上齿背，舌两侧向上卷起，轻轻吮吸，发“啧啧”声，重复数次。

舌与硬腭吮吸：将整个舌体吮吸到硬腭中部，收紧，放松，回吸发音，重复数次。

（2）伸展运动。

向上伸展：将舌尖抵住硬腭前端，轮流抬高和降低下颌，感觉舌部的伸展，重复数次。

向下伸展：将舌头伸出，尽可能向下伸展，重复数次。

（3）舌尖打扫运动。

扫硬腭、顶脸颊、碰嘴角、洗牙。

（二）打开口腔

口腔开度会影响声音和吐字的品质，但是打开口腔不等于张大嘴，张大嘴时口腔呈“前大于后型”，实际上是前开后不开。按照要求口腔的前后部都应打开，上腭上抬，下颏放松，呈前后型。这是通过提颧肌、打牙关、挺软腭、松下巴四个方面的配合来实现的，如表 2-17 所示。

表 2-17　　打开口腔的步骤

动作	作用	特征
提颧肌	提升硬腭前部的动作，唇齿相依，使唇的运动有了依托	（1）鼻翼扩大，张大嘴巴； （2）唇齿靠近，唇包围齿
打牙关	抬升上颚的中部动作，不仅可以丰富口腔共鸣，还可以使咬字的位置适中有力	（1）找吃苹果的感觉； （2）以发“a”为基础带动其他音节的发音
挺软腭	抬起上颚的后部动作，起到加大口腔后部的空间以及避免过多的鼻音色彩	（1）半打哈欠状态； （2）发一些带有后音色彩的音节
松下巴	口腔能更明显地被打开，咬字的力量主要集中在上颚，下巴处于从属地位	（1）体会牙疼的感觉； （2）找深深叹气的感觉

（三）呼吸

呼吸的方式一般分为三种，分别是胸式呼吸、腹式呼吸和将两者结合的胸腹式联合呼吸法。相对于胸式浅层呼吸，运用腹部与横膈膜的深层“腹式呼吸”，让排气成为主动。一方面能将代谢后的二氧化碳更彻底地排出，另一方面也增加吸气时的容量，让吸入的氧气深入肺泡，提升血氧交换的效率。

1. 胸式呼吸法

又称为浅式呼吸。主要靠提起胸、扩大胸腔的前后左右径，在三种常见的呼吸方式中，这种呼吸的吸气量最小，具有窄、细、轻、飘的特点。吸气时抬肩是最明显的方式，如图 2-7 所示。

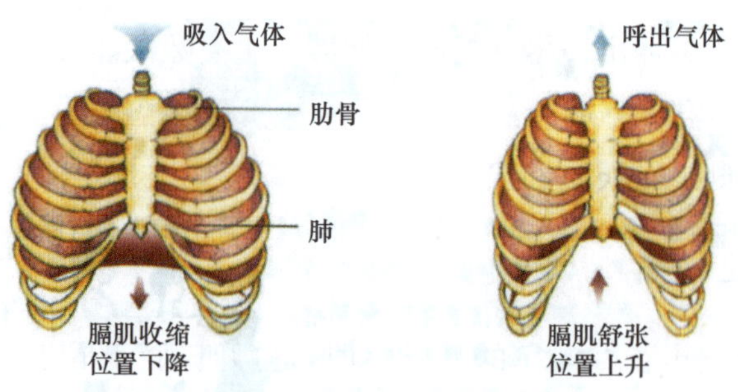

图 2-7　胸式呼吸法

2. 腹式呼吸法

这是一种深呼吸的方式，它主要靠降下膈肌，扩大胸腔上下径来吸气的。这种呼吸法的吸气量较大、较深，吸气时腹部放松外凸是该呼吸法最明显的特征之一。这种方法使肺、肋骨、横膈膜等肌肉群在呼吸时运动到最大幅度，让空气充满肺部。

3．胸腹式联合呼吸法

它是胸腹两种呼吸的结合，在实践中显示出前两种呼吸方式不可替代的优势（见图 2-8）。

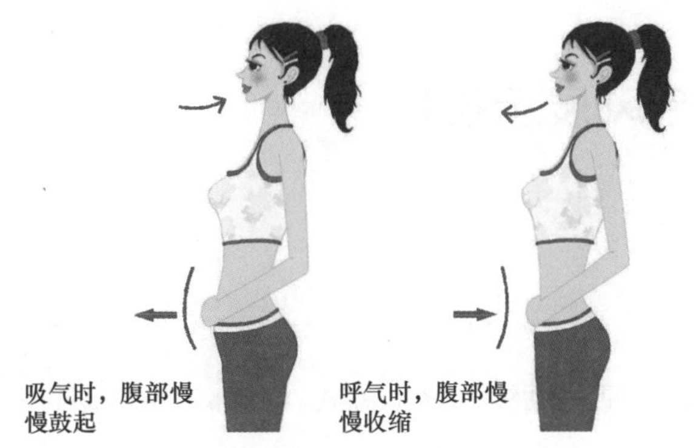

图 2-8　胸腹式联合呼吸法

首先，吸气时，全面扩大了胸腔的面积；

其次，从运动特征来看，它建立了胸、横膈和腹之间的关系，增强了呼吸的空间；

第三，采用这种呼吸方式益于产生结实响亮的音色。

（四）气息的强弱控制练习

（1）连续的弹发音，如：嘿—哈。

很明显感受到肚子在“弹跳”，连续发声 5 个以上，肚子会有很明显的酸痛的感觉。

（2）数葫芦、数枣。

吸足一口气，然后数下去：

数葫芦：一个葫芦，两个葫芦，三个葫芦……

数枣：一个枣、两个枣……九个枣、十个枣……

小 结

本节的主要内容是语言表达技巧，其中语气要求要自然流畅、铿锵有力，积极向上，避免朗诵式和儿童腔等夸张的语气。语音要求有重音、语调和语速三个方面的要求，常用的语调包括：平直调、升调、降抑调、弯曲调。科学的发音用嗓，主要强调三种呼吸的方式：胸式呼吸、腹式呼吸和将两者结合的胸腹式联合呼吸法。

第二节　台风展示技巧

学习目标

任务目标：使用合适的站姿、移动方式、面部表情、眼神和手势等塑造优秀的培训形象和台风。

知识目标：正确指出良好的讲台风范所包含的要素。

内容提要

本节主要介绍培训师讲授过程中培训着装、站姿、移动、面部表情、眼神及手势这六个方面的台风展示技巧。

知识技能

身体语言和台风展示方面的技巧，可以提升培训师的个人魅力，对培训教学效果的影响力远远高于文字和声音。因此，塑造良好的讲台风范对培训师来讲是必须掌握的技巧。良好的讲台风范一般可以通过以下几个方面塑造：培训着装、站姿、移动、表情、眼神和手势。

一、培训着装

培训师的个人形象应整洁、干练、着装传达着一种文化、语言和态度。

培训师的着装遵循 TPOR 原则，TPOR 分别代表时间（Time）、地点（Place）、场合（Occasion）和角色（Role），也就是说培训师的着装应该与当时的时间、场合、地点和角色相协调。普通课程一般可穿正装，其中技能实训类课程需前往实训场地授课，授课培训师需穿技能实操工作服，详细着装要求可按照公司的着装要求。

二、站姿

站姿，又叫立姿、站相，指的是人在站立时所呈现出来的具体姿态。站姿是培训师在培训中最重要的举止之一。培训师不同的站立姿势，对学员的心理有不同的影响。培训师在站立之时，应当显得挺拔而庄重，即身体站直，挺胸收腹，双腿并拢，双脚微分，双肩平直，双目平视，头部保持端正。总体来说，培训师的站姿应给人以挺拔笔直、舒展大方、精力充沛、积极向上的印象。

此外，培训师的站姿还应该注意以下几点：

宜：尽可能面对学员、变动位置、自然地站立。

忌：站着不动、挡住学员的视线、摇晃、抖动或是过度倾斜。

三、移动

移动在一定程度上反映了一个培训师的精神面貌和对课堂的投入程度。培训师要随时根据授课内容和课堂情景的变化调整站姿，适当走动，要善于运用恰到好处的动作和移动来配合自己的语言表达。

移动要求行走的步子大小适中，自然稳健、向前表示强化亲和力、向后表示松弛缓和、不用背对观众讲话、讲解关键点要停止移动。

四、表情

培训师的信息传递除依靠语言表情外，还可通过面部表情来完成。面部表情在人的情感表达方式中是最重要和最丰富的。微笑的表情使学员感到亲切，易于接近；铁板的面孔使学员避而远之，望而生畏。

表情要求自然、灵活、得体，与内容配合。

五、眼神

形体语言中最能形象地传递人的思想情感的当属人的面部表情，而面部表情中眼睛又是最为传神的器官。低垂的眼睛是谦虚恭敬的表示；自傲者与人交谈往往眼睛上扬，被人斥之“目中无人”；惊奇、惊恐的时候人们会睁大双眼；而目光涣散常见于人很疲劳或心有所思之时；诚恳交谈的时候人们会专心地注视着对方；而说谎者的眼光经常是闪烁不定的；人们用瞪大双眼来恐吓对方；也用挤眼睛来表示某种默契。

不同的眼神、不同的注视方式，表达了培训师不同的目光礼仪，会产生不同的沟通效果。合理正确的眼神交流，可以强化学员的存在感，加强师生之间的情感交流和信息沟通，保持良好的课堂纪律。

培训师在讲授中要与学员进行眼神交流，不要一直盯着讲义或投影，不过需要注意的是，培训师与学员进行目光交流的时候，切忌在一个人身上停留太久。

六、手势

在教学过程中，动作和姿势是替代词语表达的一种有效的辅助手段。手势是一种重要的体态表情，如拍讲桌，敲黑板，以食指点学员，用手轻轻下压示意学员坐下等，这些姿势或手势动作的变化都可以进行传递情感的变化状态。

培训师可以根据讲授内容灵活利用手姿的意义传递思想感情，组织教育教学，展示自身良好的精神风貌与职业修养（见表 2-18）。需要注意的是使用手势的过程中，多用手掌少用手指、不要交叉手臂或把手插入口袋。

表 2-18　　不同情境下的不同手势运用

手势意义	具体动作
交流	伸出手，手心向上
拒绝	掌心向下，作横扫状
区别	两手竖放，做切分状
警示	掌心向外，指尖朝上
指明	用掌或手指
号召	手掌向上，挥向内侧
激情	拳头向上
决断	拳头向下

案例分享

《时间管理》课程的台风展示			
序号		内容	备注
1	着装要求	公司技能现场实操工作服	公司的服装要求
2	站姿	尽可能要面对学员； 位置变动，勿站着不动； 不要挡住学员的视线；自然地站立； 勿摇晃、抖动，过度倾斜	给人以挺拔笔直、舒展大方、精力充沛、积极向上的印象
3	移动	向前＝强化亲和力； 向后＝松弛缓和； 不用背对学员讲话； 关键点讲授时：停下移动	随时根据授课内容和课堂情景的变化调整站姿，适当走动
4	表情	自然，如与好朋友相处； 灵活，与内容配合； 微笑与点头； 演讲之前，在镜前做脸部体操	自然、友好、微笑
5	眼神	与听众有目光的交流； 在一个人身上不要停留太久； 随机转到下一人； 不要一直盯着讲义或投影	有目光的接触和交流，让学员知道自己是被关注的

融会贯通

应用本节所学知识，进行所讲授课题“台风展示”技巧的练习。

小　结

本节的重点介绍培训着重的TPOR原则，即培训师的着装应该与当时的时间、场合、地点和角色相协调；站姿要求身体站直，挺胸收腹，双腿并拢，双脚微分，双肩平直，双目平视，头部保持端正；移动要求步子大小适中，自然稳健；表情要求自然、灵活、得体，与内容配合；眼神要求与学员进行眼神交流，不要一直盯着讲义或投影；手势要求自然、多用手掌少用手指、不要交叉手臂或把手插入口袋。

第三节 辅助教具使用技巧

学习目标

任务目标：合理运用辅助教具辅助课堂教学。

知识目标：正确阐述教室、投影仪、多媒体教室、白板、镭射笔、麦克风等辅助教具在培训中的使用要点和注意事项。

内容提要

本节主要介绍教室布置，以及投影仪、多媒体教室、白板、镭射笔、麦克风等辅助教具在培训中的使用要点和注意事项。

知识技能

一场高质量的培训，不仅需要内容丰富、讲授精彩，还需要培训师灵活运用多种辅助教具。除了传统的黑板等培训工具以外，培训师还要学会综合使用各种辅助教具。

一、教室桌椅的摆放

不同的教室桌椅摆放类型具有不同的摆放要求和用途（见表2-19），而合理的教室座椅摆放对培训课程有意想不到的效果，培训师应根据教学内容摆放教室桌椅，或是根据现有的教室桌椅摆放特点，设计不同的培训活动。

表2-19　　教室桌椅摆放类型

类型	横条型（传统型）	鱼骨型（小组竞赛型）	马蹄型（鱼缸型）
适用条件	适于培训人数较多，以传统授课方式授课的培训	适于研讨和小组讨论结合的培训	适于中小型培训中对于师生沟通交流有一定要求，但对学员之间的沟通交流不做要求的情况

续表

类型	横条型（传统型）	鱼骨型（小组竞赛型）	马蹄型（鱼缸型）
摆放要求	将桌椅按排端正摆放，每个座位的空间将根据桌子的大小而有所不同	将课室的桌子按照鱼骨架即八字形依次摆开，在桌子的周围摆放座椅，组与组之间留出走路的间隔。培训总人数以 30～56 人最佳，分组以 6～8 组为宜，组人数以 5～7 人为宜	培训总人数 80 人以下，一般是一人一位，不分组，学员很少走动。如果总人数超过 80 人，可用传统的影院型摆放
图片			
类型	横条型（传统型）	鱼骨型（小组竞赛型）	马蹄型（鱼缸型）
优点	（1）可根据会议室面积和观众人数灵活摆放桌椅； （2）可以最大限度容纳人数	（1）有利于学员的互动； （2）利于激发学员参与； （3）有利于团队建设游戏的开展	（1）有利于学员将注意力集中到培训师身上； （2）适合不需要太多互动形式活动的课堂教学，如演讲
缺点	（1）受到传统的限制，不容易活跃气氛； （2）学员容易走神	（1）不能与其他组员有较多的交流； （2）培训师需具备足够的经验与技巧	（1）受到传统的限制，不容易活跃气氛； （2）随着时间的推移，学员容易分散注意力； （3）培训师不能随时监督学员的学习情况

二、辅助教具的使用

研究表明，我们学习的感官来源有 85% 来自视觉，但是传统的授课方式却以讲授为主，即学员主要通过听觉获取知识，显然，这种讲授方式具有很明显的局限性。因此在培训中，培训师应该尽量综合使用多种教学工具以辅助课堂教学。

实践中辅助教具的作用主要有：能够更加简单清晰的点明主题、节省时间，提高授课效率、吸引学员学习的注意力，提升学习动机、加深学员对授课内容的记忆和印象。

本书中辅助教具指的是与教学内容无关的，用于辅助课堂讲授的设备环境等。如投影仪、白板、麦克风、镭射笔。

（一）投影仪的使用

投影仪的使用能够增强学员的学习兴趣，提高学习积极性。其使用的方法如下：

（1）连接投影仪与计算机。将投影机的 VGA 线与笔记本电脑相应端口相连，注意最好在设备均处于关机状态链接，如图 2-9 所示。

数据线一端接入笔记本

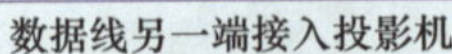

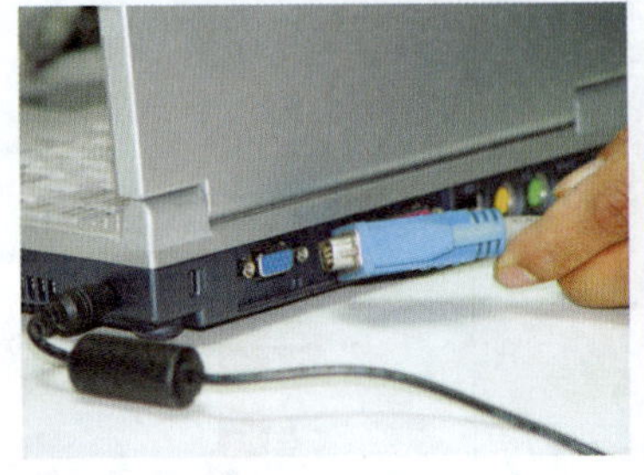

图 2-9 投影仪与计算机的连接示意图

（2）打开外接视频端口。许多笔记本在连接到投影仪时并未打开其外接视频端口（只有打开外接视频端口才能和投影仪连接）。不同型号的电脑打开外接视频端口的方法不一样，但一般来说按组合键 [FN]+[F3] 或 [FN]+CRT/LCD 可接通 / 关闭显示器。

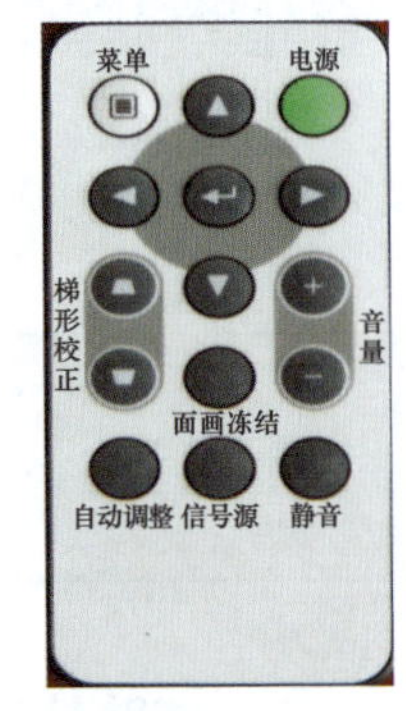

图 2-10 梯形失真调试按钮示意图

（3）矫正梯形失真。如果投影机放置于不平坦的物体表面或者屏幕与投影机之间未处于垂直方向，则会导致投影图像变成梯形。要解决此问题，请按投影仪机身或遥控器上的梯形失真调节按钮。见下图红色框标识，如图 2-10 所示。

具体矫正操作：倒梯形按倒梯形按钮向上调节，正梯形按正梯形按钮向下调节，具体如图 2-11 所示：

图 2-11 梯形矫正示意图

（4）微调图像清晰度。使用粗调调焦圈使图像聚焦：旋动微调调焦圈将投影图像调节至清晰，如图 2-12 所示：

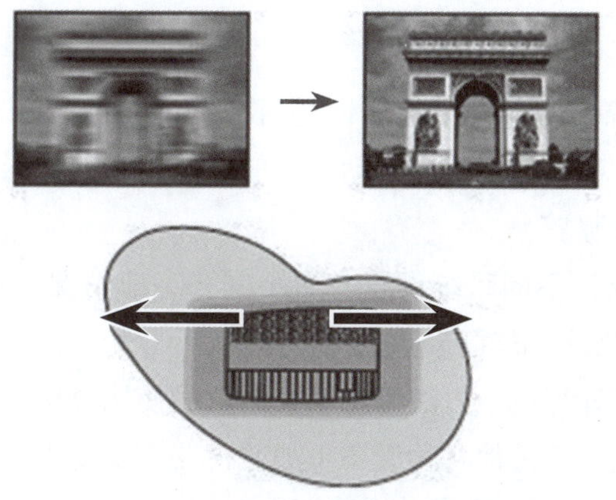

图 2-12　微调图像示意图

（5）自动调整图像。在某些情况下，可能需要优化图像质量。要达到此目的，按投影仪或遥控器上的“自动调整”按钮即可。（如图 2-13 中红色标识处所示）

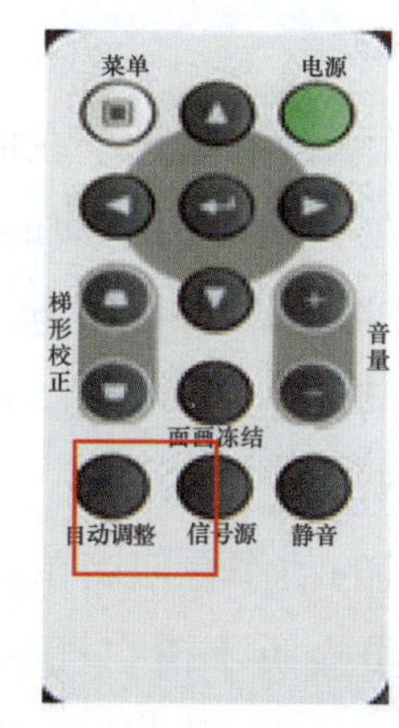

图 2-13　自动调整按钮示意图

（二）白板（WHITE BOARDS）使用

白板便于书写和修改的特点有助于创造更灵活的培训教学形式，提高学员的学习兴趣和动力、激励学员参与课堂，拉近师生距离。另外随着科技发展电子交互式白板还能提供“图、文、声、像”等信息，实现了“图文并茂”、“动静相兼”、“声情融会”、“视听并用”逼真的表现效果，能为学员提供一种全新的认识和把握事物的环境。白板的注意事项：不使用后要及时擦拭；白板笔要盖好盖子；白板擦的选用，要与白板配套使用。

（三）多媒体教室的使用

多媒体教室是现代培训常用的培训场所，它可以把声音、图像、动画等有机结合起来，使培训过程更加便捷和生动，一般的使用步骤如下：

（1）打开系统电源。

（2）打开投影仪。不同系统设置有所不同，一般情况下按“投影开”按钮即可打开投影机，同时放下银幕。

（3）连接并打开计算机。方法可参考投影仪的使用方法。

（4）开启网络教室的其他各种设备（如监视器、实物投影仪等）。

（5）使用完毕后，将计算机、监视器、实物展台各种设备的电源关闭。注意关闭投影机后不能立即切断电源，要等投影机冷却风扇再运转一段时间停止后再关总电源。

（四）麦克风的使用

麦克风是培训师非常重要的教学辅助工具，在使用过程中要注意以下几点：

（1）麦克风的测试：测试要在有效培训场地的四个角进行，测试时培训师亲自用正常的培训音量讲话，确保学员在后排听起来不费劲，在前排听起来不刺耳。在上台之前为了确保麦克风已经正常开启，可用手指轻弹麦克风进行测试，而不要拍打麦克风头部。

（2）麦克风的拿法：拿麦克风的动作看似简单却容易出问题，比如离嘴太近，拿得太靠上，角度过大。这样学员会听不清自己的声音，看不清自己的表情，影响表达效果。正确的做法是拿麦克风靠下三分之二的位置，大拇指放在开关上，麦克风倾斜的角度控制在30° 以内，上下离嘴巴大约一拳的距离，前后离胸部一拳的距离。这个是基本的拿法，在培训当中根据表达需要可以做适当调整。

（3）避免鼓掌拍到麦克风：曾见到一些培训师说“掌声有请”，然后就听到“砰砰砰”的声音从音箱里传出来，原来培训师鼓掌时动作太大了。其实培训师有那个鼓掌的动作就行，并不一定要把手掌拍到很响，如果要拍就把麦克风临时关掉。

（4）避免麦克风对着音箱：使用麦克风时尽量站在音箱两侧或后方的位置，避免产生啸叫声。

（五）镭射笔的使用

镭射笔一般包含两个组件：激光笔和接收器。接收器连接电脑收发信号，其使用原理与无线鼠标一致，如图 2-14 所示。

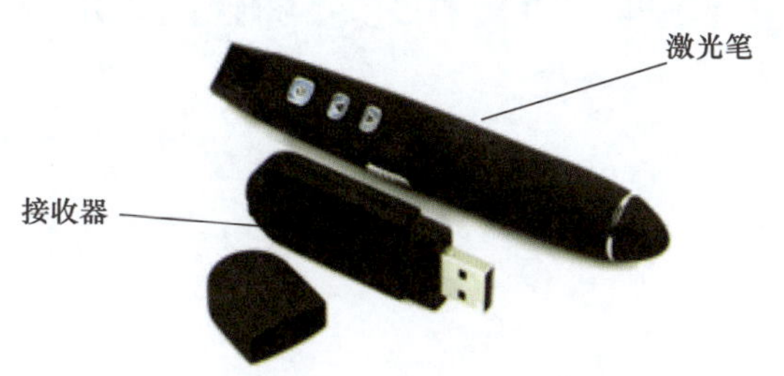

图 2-14　镭射笔组件示意图

在培训中常用功能有两个：远程遥控翻页和激光教鞭。镭射笔品牌不同设计也有所不同，一般情况下，按“R”键为激光教鞭；按“▲”键为上翻页键；按“▼”键为下翻页键，如图 2-15 所示。

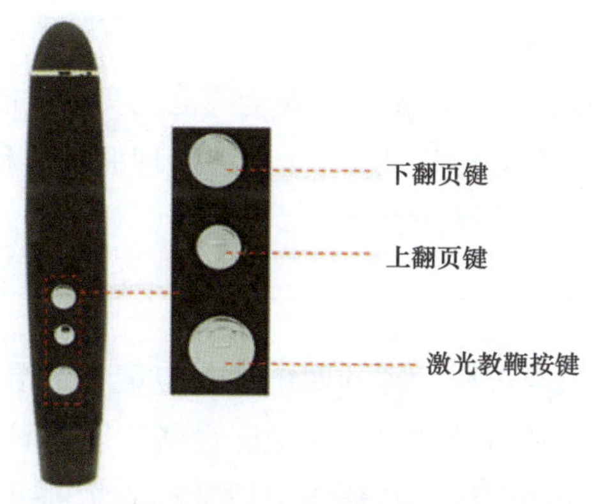

图 2-15　镭射笔功能示意图

小　结

本节的内容是辅助教具的使用技巧，主要介绍教室桌椅的摆放，以常用的横条型、鱼骨型和马蹄型三种桌椅摆放方式为例，说明合理的教室座椅摆放对培训课程的效果影响，另外重点介绍投影仪、白板、多媒体教室、麦克风、镭射笔等辅助教具的使用和注意事项。

第四章　技能实训培训技巧

第一节　技能实训培训全过程管理

学习目标

任务目标：按照规范的工作流程，安全规范地实施技能实训培训。

知识目标：正确阐述技能实训培训全过程管理的环节和内容。

内容提要

本节介绍实训培训全过程管理的四个环节，重点介绍技能实训培训实施过程中，师资、培训课件、教材的准备，场地、设备、工器具、仪器、仪表及资料的准备，技能实训培训前的演练，技能实训前及技能实训过程的风险评估，技能实训质量监控及培训评估。

知识技能

一、技能实训培训全过程管理

技能实训培训师需要具备对技能实训培训各个环节的管控能力。技能实训培训全过程管理是指对技能实训培训需求、技能实训培训策划、技能实训培训实施和技能实训培训评估四个环节的闭环管理，并对每个环节进行有效管控，确保技能实训培训全过程的人身和设备安全，提高培训的针对性和有效性，如图 2-16 所示。

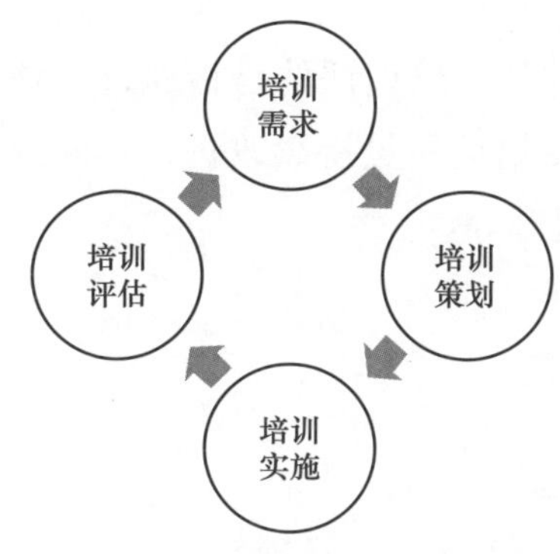

图 2-16　技能实训培训全过程管理

（1）技能实训培训需求。技能实训培训需求是指基于岗位胜任能力要求，根据公司战略和员工职业发展的需要，采取多种办法和手段，查找员工的能力现状与岗位要求之间的差距，以确定培训对象和目标，具体如图 2-17 所示。

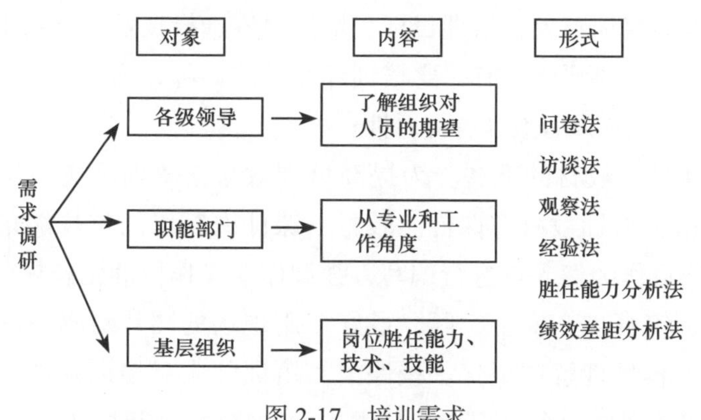

图 2-17　培训需求

（2）技能实训培训策划。培训策划是指对技能实训培训项目进行全面策划，明确职责分工，分析影响培训实施的制约条件，确定培训内容、形式和师资等关键因素，为培训实施和培训评估提供依据。

（3）技能实训培训实施。培训实施是指依据技能实训培训项目策划编制具体实施方案，按照规范的工作流程实施技能实训培训。具体包括：技能实训培训师资、培训课件、教材的准备；技能实训场地、设备、工器具、仪器、仪表及资料的准备；技能实训培训前的演练；技能实训培训前风险评估；技能实训培训过程等内容。技能实训培训实施是技能实训培训全过程管理的重点，将在后面详细介绍。

（4）技能实训的培训评估。培训评估是指通过多种方法和手段，检验培训效果，总结培训成功经验，使培训质量持续改进，不断提升，包括培训评估测评、培训跟踪服务、培训总结提升等。

二、技能实训培训实施

（一）技能实训培训准备

1．培训师资、培训课件、教材的准备

（1）师资的选择。培训师是技能实训培训的实施者，好师傅才能带出好徒弟。培训师专业技术技能知识的丰富与否直接影响培训效果。尤其是内部技能培训师，要把隐性知识显性化，培训师要同时具备专业知识、工作热情和培训技巧。因此，要根据培训对象、培训目标、培训内容选择技术技能水平高、授课技巧强、乐于分享、作风严谨、有一定培训经验的培训师，确保培训技巧、培训方式、技术技能的传授更加有效和有针对性。

（2）培训课件、教材的准备。为提高培训效果，培训师应根据培训目标和内容，编写或精选培训教材、课件。教材、课件内容以岗位技能培训规范、案例、技能作业项目作为切入点进行编写，强调作业操作标准化和规范化的细节、突出安全生产、符合生产安全实际，最好多用现场的图片对书中的内容进行说明，使一线员工容易理解和记忆。授课前，培训师应对培训课件的正确性进行严格的审核，避免课件内容出现专业技术方面的错误。同时，应收集与本次培训有关的技术资料，具体包括相关的视频、技术规范、规程、课件、教材、案例等，最好以电子版的形式发给学员，使学员参与培训的第一天，就感觉到你对培训工作已有充分的准备，并让学员在培训结束回到单位后能继续学习及传授技能知识。

2. 场地、设备、工器具、仪器、仪表及资料的准备

（1）场地、设备的准备。规范、完备的培训场地、设备是确保技能实训培训正常进行的基本保障，培训场地及设备应作细致的选择布置。比如配电线路名称、设备的编号、安全围栏的设置、安全标志色、培训场所张贴的各种安全知识标语，都应做准确、细致的准备。让学员一进入培训场所，所看到的场地、设备、标志等都是规范的，给学员提供无声的培训教育，如图 2-18 所示。

图 2-18　场地及设备齐全、标志规范

（2）工器具、仪器、仪表、材料的准备。应根据培训项目内容，学员人数配备相应的工器具、仪器、仪表、材料，并对工器具、仪器、仪表性能、试验标签、外观做细致的检查，确保学员在培训过程中能有足够的、性能良好的工器具、仪器、仪表使用，提高培训效果和保证学员的人身安全，如图 2-19 和图 2-20 所示。

图 2-19　安全工器具的准备

图 2-20　工器具、仪器、仪表的准备

（3）资料的准备。授课前，应根据培训项目内容，准备相关的培训资料，如工作票、操作票、接地线登记表、作业指导书、培训场地设备的一次系统图等。同时还应收集与本次培训有关的技术资料，主要资料包括相关的视频、技术规范、规程、课件、教材等，最好以电子版的形式发给学员。

（二）技能实训培训前的演练

1．操作演练

操作演练是指培训师在实训场地对培训项目进行现场操作，通过操作演练，让培训师熟悉培训场地、设备、工器具及实训项目的操作流程、操作规范、操作要领，使培训师之间对操作的流程、操作方法、技术动作规范达成统一。同时，通过操作演练也能检验实训场地、设备、工器具能否满足培训要求和实训时学员的安全保障，如图 2-21 及图 2-22 所示。

图 2-21　安全工器具检查演练

图 2-22　电气操作行为规范演练

2．讲授演练

讲授演练是指培训师在实训现场及课堂讲解预演。通过讲授演练，让培训师熟悉培训内容、操作示范要领、授课方法与授课方式。同时，通过讲授演练也能检验教学设备（投影仪、电脑、音响设备、实训示演设备等）是否完备。

（三）技能实训培训前风险评估

技能实训培训前风险评估是指培训师在实训培训前对培训项目、培训对象、实训场地、设备、工器具工况进行风险辨识，确定风险等级，并提出有效的预控措施。其评估方法可参照各专业现场作业风险评估标准进行，见图 2-23 及图 2-24。

图 2-23　设备风险评估

图 2-24　工器具使用风险评估

（四）技能实训培训过程风险防范

实训培训过程风险防范是指培训师对实训培训过程中可能出现的风险进行动态的预控。实训培训过程主要的风险来自学员对场地设备、工器具的使用不熟悉，操作方法、动作不规范及习惯性违章、培训师现场监护不到位，实训过程设备、工具工况发生劣变所至。因此，培训师应加强对设备结构、工作原理讲解，正确规范地演示，强调刚性执行电力安全工作规程的重要性；培训师要加强现场辅导和监护，可分组设置专门监护人和增设防高空坠落装置等，见图 2-25 及图 2-26。

图 2-25　增设防高空坠落装置

图 2-26　加强现场辅导和监护

（五）技能实训培训质量监控及培训评估

实训培训质量监控是指为了确保实训培训目标的完成，对培训师的教学行为及学员学习效果进行的管理，目的是为了改进培训师的教学培训方式、方法，提高学员的学习效果。可以通过学员间的任务观察、互评，培训师的点评、评价来实现，见图 2-27 及图 2-28。

图 2-27　学员间的任务观察

图 2-28　培训师现场评价

培训评估是指通过多种方法和手段，检验培训效果，总结培训成功经验，使培训质量持续改进，不断提升，包括培训评估测评、培训跟踪服务、培训总结提升等，见图 2-29 及图 2-30。

图 2-29　培训师进行评估测评图

图 2-30　培训总结提升

案例分享

《10kV 架空线路停电更换直线绝缘子作业培训》技能实训培训全过程管理

序号			内容	备注
一	培训需求	需求调研对象	配网运维人员及新员工	调研对象包括局领导、部门负责人、供电所所长、班组班长、班组技术骨干、班组成员等
		调研形式	座谈	根据实际情况，可以选用问卷法、访谈法、观察法、经验法、胜任能力分析法、绩效差距分析法等
		调研内容	配网运维人员对 10kV 架空线路停电更换直线绝缘子作业的培训需求	1. 基于岗位胜任能力，从知识维度、技能维度、潜能维度等方面进行全面细致的调研。 2. 根据以往的培训评估记录确定
二	培训策划	时间	1 天	根据培训项目确定培训时间
		地点	配电线路实操培训基地	根据培训项目确定
		内容	10kV 架空线路停电更换直线绝缘子作业培训	根据培训需求
		方式	实操训练	根据培训需求
		对象	配网运维人员及新员工	根据培训需求
		师资	熟悉 10kV 架空线路停电更换直线绝缘子作业的培训师 2 名	根据培训项目内容确定
三	培训实施	师资选择	熟悉 10kV 架空线路停电更换直线绝缘子作业的培训师 2 名	要根据培训对象、培训目标、培训内容选择技术技能水平高、授课技巧强、乐于分享、作风严谨、有一定培训经验的培训师组成师资团队，确保培训技巧、培训方式、技术技能的传授更加有效和有针对性
		场地选择	10kV 架空线路培训基地	规范、完备的培训场地是确保技能实训正常进行的基本保障，场地及设备应做细致的选择布置，给学员提供无声的培训教育和安全保障
		材料准备	按学员人数进行准备，以一个工位为例 直线杆用绝缘子：1 个 绑扎线：若干 铝包带：若干	根据培训项目内容，学员人数配备相应的工器具、仪器、仪表、材料，并对工器具、仪器、仪表性能、试验标签、外观做细致的检查，确保学员在培训过程中能有足够、性能良好的工器具、仪器、仪表使用，提高培训效果和学员的人身安全

续表

<table>
<tr><th colspan="2">序号</th><th colspan="2">内容</th><th>备注</th></tr>
<tr><td rowspan="5">三</td><td rowspan="5">培训实施</td><td>工器具准备</td><td>10kV验电笔1支；10kV接地线2组；10kV绝缘手套1双；脚踏板1副；脚扣1副；双保险安全带1条；个人工器具2套；吊物绳1条；防潮布（或绝缘垫）1张；安全帽3顶；反光衣3件；安全围栏若干 </td><td rowspan="2"></td></tr>
<tr><td>仪表准备</td><td>2500V兆欧表1个 </td></tr>
<tr><td>资料准备</td><td>培训用：一次接线图、现场勘察工作单、配网主要检修维护作业类型基准风险值评分表、配电线路第一种工作票、线路施工（检修）接地线使用登记管理表、10kV架空线路停电更换直线绝缘子作业指导书。
评估用：任务观察记录表格、10kV架空线路停电更换直线绝缘子作业实训评分标准</td><td>授课前，应根据培训项目内容，准备相关的培训资料，如工作票、操作票、接地线登记表、作业指导书、培训场地设备的一次系统图等。
评估用资料：任务观察记录表格、实训评分标准</td></tr>
<tr><td rowspan="2">培训前演练</td><td>操作演练：
培训师对本次作业的全过程进行操作演练：接受工作任务——列队安全交底——检查工器具——检查材料——绝缘子检测——登杆工具冲击试验——装设接地线——更换绝缘子——验收——报告结束  </td><td>操作演练是指培训师在实训场地对培训项目进行现场操作，通过操作演练，让培训师熟悉培训场地、设备、工器具及培训项目，使培训师之间对操作的流程、操作方法、技术动作规范达成统一。同时，通过操作演练也能检验实训场地、设备、工器具能否满足培训要求和实训时学员的安全保障</td></tr>
<tr><td>讲授演练：
培训师对本次授课的全过程进行讲授演练：
①作业风险；②预控风险措施；③准备材料、工器具；④使用工具；⑤检测绝缘子；⑥更换绝缘子步骤  </td><td>讲授演练是指培训师在实训现场及课堂讲解预演。通过操作演练，让培训师熟悉培训内容、授课方法，确定授课方式。同时，通过讲授演练也能检验教学设备（投影仪、电脑、音响设备等）是否完备</td></tr>
</table>

续表

<table>
<tr><th colspan="3">序号</th><th>内容</th><th>备注</th></tr>
<tr><td rowspan="3">三</td><td rowspan="3">培训实施</td><td>培训前风险评估</td><td>培训师应在实训前对本次作业进行风险评估，并提出预控措施
<table><tr><th>风险源</th><th>风险点</th><th>预控措施</th></tr><tr><td>触电</td><td>绝缘子检测</td><td>绝缘手套</td></tr><tr><td rowspan="2">坠落</td><td>上、下电杆</td><td>防坠落器</td></tr><tr><td>倒杆</td><td>检查杆根</td></tr><tr><td rowspan="2">打击</td><td>高空落物</td><td>绳索传递</td></tr><tr><td></td><td>勿站电杆正下方</td></tr></table></td><td>实训前风险评估是指培训师在实训前对培训项目、培训对象、实训场地、设备、工器具工况进行风险辨识，确定风险等级，并提出有效的预控措施。其评估方法可参照各专业现场作业风险评估标准进行</td></tr>
<tr><td>培训过程风险防范</td><td>1. 实训过程风险防范：对实训可能出现的风险源与风险点，培训师在实施该项操作时给予关注。
2. 设置专门监护人。
3. 使用安全保护器具（如安全帽、安全带、防坠落器等）。
4. 存在风险点的实训，培训师应首先演示正确、规范的操作
</td><td>实训培训过程风险防范是指培训师对实训培训过程中可能出现的风险进行动态的预控。实训培训过程主要的风险来自学员对场地设备、工器具的使用不熟悉，操作方法、动作不规范及习惯性违章、培训师现场监护不到位，实训过程设备、工具工况发生劣变所至</td></tr>
<tr><td>培训质量监控</td><td>观察学员对本次实训的接受情况。
1. 学员对于更换绝缘子作业风险的判断及自我保护意识。
2. 学员对于本次实训的全过程：接受工作任务——列队安全交底——检查工器具——检查材料——绝缘子检测——登杆工具冲击试验——装设接地线——更换绝缘子——验收——报告结束，每个分项目的感兴趣程度及接受程度。
3. 与学员交流本次实训需要改进的地方。
4. 学员能否独立完成 10kV 架空线路停电更换直线绝缘子作业</td><td>实训培训质量监控是指为了确保实训培训任务、目标的完成，对培训师的教学行为及学员学习效果的管理，目的是为了改进培训师的教学培训方式、方法，提高学员的学习效果。可以通过学员间的任务观察、互评，培训师的点评、评价来实现</td></tr>
</table>

续表

序号			内容	备注
四	培训评估	任务观察	本表格在学员实训期间相互进行全面的任务观察（更换绝缘子任务），由A组对B组的工作进行观察。B组完成后，对A组进行观察。培训师应收集本表格，A、B组进行观察互评，培训师点评。 培训评估需记录入培评档案，针对本作业项目的优秀人员、后进者分层级管理 附件一：任务观察记录表格 部门 | 班（站、所） 任务观察类别 | □全面观察 □局部观察 | 观察时间 | 年 月 日 任务观察人员 | 被观察者 观察任务名称 观察目的：□了解员工的工作习惯；□检查制度标准或作业指导书的全面性和可操作性。制度标准或作业指导书名称或相关规定：；□跟踪员工的培训效果。员工接受培训的内容：；□收集员工的培训需求和合理化建议。□发现可能导致事故、伤害、损失和无效率的行为或方法。 任务观察发现 序号 | 观察类别 | 行为/状况描述及评注 1 | 个人防护用品：员工是否配备和正确使用 2 | 人的位置/人机工效：员工是否处于某种风险的范围，身体的位置是否符合人体工效学原则，是否有利于减少伤害发生的几率	培训评估是指通过多种方法和手段，检验培训效果，总结培训成功经验，使培训质量持续改进，不断提升。包括培训评估测评、培训跟踪服务、培训总结提升等
		考评	按《10kV架空线路停电更换直线绝缘子作业实操评分标准》考评： 根据评分标准考评，对本次实训形成一个汇总，培训师对总体成绩、评分分项成绩、人员构成（如学历、技能等级、年龄分布等）进行汇总 10kV架空线路停电更换直线绝缘子作业实操评分标准 姓名： 单位： 序号 | 评分项目 | 管理标准 | 评分标准 | 标准分 | 扣分 | 备注 一 | 工作前准备 | | | 20 1 | 选择工器具 | [illegible] | 漏、错选一项扣1分 | 4 2 | 选择材料 | 绝缘子（与原来型号一致）、扎线（与导线一致的单股）、绑扎等。 | 漏、错选一项扣1分 | 3 3 | 对绝缘子进行测试 | [illegible] | 测试方法不正确扣3分 | 3 4 | 安全工器具检查 | 对安全工器具（10kV接地线、10kV验电笔、绝缘手套、安全带、脚扣）进行检查。 | [illegible] | 5 5 | 着装规范 | 工作服、工作鞋、棉纱手套、安全帽、安全带等应穿戴正确。 | [illegible] | 6	10kV架空线路停电更换直线绝缘子作业实操评分标准

融会贯通

应用本节所学知识，进行所讲授课题培训全过程管理的练习。

序号		内容		备注
一	培训需求	需求调研对象		调研对象包括局领导、部门负责人、供电所所长、班组班长、班组技术骨干、班组成员等
		调研形式		根据实际情况，可以选用问卷法、访谈法、观察法、经验法、胜任能力分析法、绩效差距分析法等
		调研内容		1. 基于岗位胜任能力，从知识维度、技能维度、潜能维度等方面进行全面细致的调研。 2. 根据以往的培训评估记录确定
二	培训策划	时间		根据培训项目确定培训时间
		地点		根据培训项目确定
		内容		根据培训需求
		方式		根据培训需求
		对象		根据培训需求
		师资		根据培训项目内容确定
三	培训实施	师资选择		要根据培训对象、培训目标、培训内容选择技术技能水平高、授课技巧强、乐于分享、作风严谨、有一定培训经验的培训师组成师资团队，确保培训技巧、培训方式、技术技能的传授更加有效和有针对性
		场地选择		规范、完备的培训场地是确保技能实训正常进行的基本保障，场地及设备应做细致的选择布置，给学员提供无声的培训教育和安全保障
		材料准备		根据培训项目内容，学员人数配备相应的工器具、仪器、仪表、材料，并对工器具、仪器、仪表性能、试验标签、外观做细致的检查，确保学员在培训过程中能有足够、性能良好的工器具、仪器、仪表使用，提高培训效果和学员的人身安全
		工器具准备		
		仪表准备		
		资料准备		授课前，应根据培训项目内容，准备相关的培训资料，如工作票、操作票、接地线登记表、作业指导书、培训场地设备的一次系统图等。 评估用资料：任务观察记录表格、实训评分标准
		培训前演练		操作演练是指培训师在实训场地对培训项目进行现场操作，通过操作演练，让培训师熟悉培训场地、设备、工器具及培训项目，使培训师之间对操作的流程、操作方法、技术动作规范达成统一。同时，通过操作演练也能检验实训场地、设备、工器具能否满足培训要求和实训时学员的安全保障
				讲授演练是指培训师在实训现场及课堂讲解预演。通过操作演练，让培训师熟悉培训内容、授课方法，确定授课方式。同时，通过讲授演练也能检验教学设备（投影仪、电脑、音响设备等）是否完备

续表

序号		内容		备注
三	培训实施	培训前风险评估		实训前风险评估是指培训师在实训前对培训项目、培训对象、实训场地、设备、工器具工况进行风险辨识，确定风险等级，并提出有效的预控措施。其评估方法可参照各专业现场作业风险评估标准进行
		培训过程风险防范		实训培训过程风险防范是指培训师对实训培训过程中可能出现的风险进行动态的预控。实训培训过程主要的风险来自学员对场地设备、工器具的使用不熟悉，操作方法、动作不规范及习惯性违章、培训师现场监护不到位，实训过程设备、工具工况发生劣变所至
		培训质量监控		实训培训质量监控是指为了确保实训培训任务、目标的完成，对培训师的教学行为及学员学习效果的管理，目的是为了改进培训师的教学培训方式、方法，提高学员的学习效果。可以通过学员间的任务观察、互评，培训师的点评、评价来实现
四	培训评估	任务观察		培训评估是指通过多种方法和手段，检验培训效果，总结培训成功经验，使培训质量持续改进，不断提升。包括培训评估测评、培训跟踪服务、培训总结提升等
		考评		根据评分标准进行考评

小　结

本节的主要内容包括实训全过程管理的四个环节，即培训需求、培训策划、培训实施和培训评估。重点是培训实施过程中，师资、培训课件、教材的准备，场地、设备、工器具、仪器、仪表及资料的准备，培训前的演练，实训培训前及实训培训过程风险评估，实训培训质量监控。

第二节　技能实训培训讲解、演示与辅导技巧

学习目标

任务目标：灵活应用技能实训培训讲解、演示、辅导技巧，提高实训培训的有效性。

知识目标：正确阐述技能实训培训讲解、演示、辅导的方法和特点。

内容提要

本节主要讲述技能实训培训讲解、演示、辅导的方法及技巧。

知识技能

技能实训培训讲解、演示、辅导都有各自的方法，不同的方法具有各自的特点和优势，适用于不同的技能实训条件。合适的技能实训培训讲解、演示、辅导方法能够让学员对授课内容的理解更加深入，记忆更加深刻，有助于所学知识和技能的灵活运用和拓展。

一、技能实训培训讲解

技能实训培训讲解技巧主要包括知识讲解、实操演练讲解和总结回顾三个方法。

（1）知识讲解—开门见山法。主要讲述技能操作的目的、操作的流程、步骤，操作方法及注意事项，在内容讲解时要注重讲解的逻辑性，层次感，做到通俗易懂。比如高压验电器的检查方法可以这样讲述：先检查验电器的电压等级与被验设备的电压等级是否相符，再检查验电器的试验日期是否在试验有效期内，最后检查验电器的性能和外观是否良好，见图 2-31 及图 2-32。

图 2-31　操作的流程、步骤讲解

图 2-32　操作方法及注意事项讲解

（2）实操演练讲解—边讲边演示。加深学员对所讲解的内容理解、掌握，培训师可采取边讲边演示的方法。以高压验电器的检查方法为例，见图 2-33、图

2-34 及图 2-35。

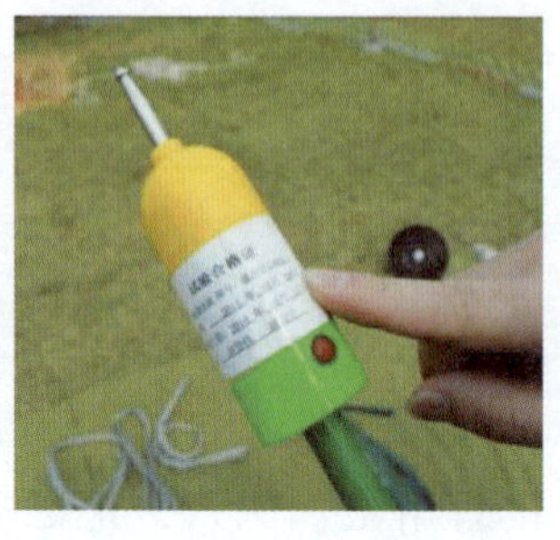

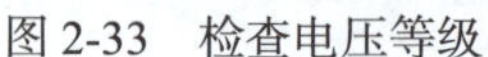

图 2-33　检查电压等级　　图 2-34　检查试验日期　　图 2-35　检查性能、外观

（3）总结回顾—经验提炼。通过总结回顾，对前面所讲述的内容进行总结提炼，让学员加深印象。以高压验电器的检查方法为例。验电器检查的步骤总结以下，先检查电压等级，再检查试验日期，后检查性能、外观。同理，绝缘棒、验电器、绝缘挡板、绝缘手套、绝缘靴、接地线等安全工器具，也可按以上顺序逐项进行检查。

二、技能实训培训演示

技能实训培训除了讲解外，更重要的是要进行演示，帮助学员更加形象生动地掌握相关操作步骤。

（1）示对法。按正确规范的操作流程、步骤，操作方法进行演示，让学员进行模拟练习，见图 2-36、图 2-37。

图 2-36　培训师正确示范

图 2-37　学员进行模拟练习

（2）示错法。按错误的操作流程、步骤，操作方法进行演示，并说明错误操作的危害性，让学员明白按正确的操作流程、步骤，操作方法进行操作的重要

性，具体见图 2-38、图 2-39。

图 2-38　培训师错误示范

图 2-39　说明错误操作的危害性

（3）互动法。让学员进行演示，其他学员进行任务观察，然后学员之间进行互评，最后培训师进行点评、示范、总结，具体见图 2-40、图 2-41、图 2-42。

图 2-40　学员进行任务观察

图 2-41　学员之间进行互评

图 2-42　培训师进行点评

三、技能实训培训辅导

除了进行演示，进行技能实训培训时往往需要培训师对学员进行辅导，常见的辅导技巧主要有以下几种。

（1）面对面的讲。培训师面对面的讲述技能操作的目的、操作的流程、步骤，操作方法及注意事项，见图 2-43。

图 2-43　面对面的讲

（2）手把手的教。对于个别对操作技能难以掌握的学员，可采取手把手的教学方式进行讲解、示范，让学员旁站学习，见图 2-44。

图 2-44　手把手的教

（3）任务观察、相互点评。让学员轮流进行操作演练，其他学员进行任务观察，当演示的学员结束后，学员相互之间进行点评、交流分享，使学员得到共同地提高，最后培训师进行点评、示范、总结。这种辅导方法可将学员被动的学习转换为主动的参与，将学员的隐性知识转化为显性知识共同分享，发掘学员潜能，变被动学习为主动学习，见图 2-45、图 2-46。

图 2-45　任务观察及相互点评

图 2-46　培训师进行点评示范与总结

（4）练习、练习、再练习。要把规范操作技能变成行为习惯，把感性的认知上升到肌肉的记忆，动作协调，必须经过反复训练才能掌握，因此培训师应让学员直接进行实战操作，使学员在不断实战中学习，在实战中锻炼，在实战中提高，见图 2-47。

图 2-47　练习练习再练习

（5）你追我赶，相互切磋。培训师采取分组的方式进行，在实操项目训练到学员基本掌握后，让小组之间开展竞赛比武，相互切磋提高，活跃培训氛围，见图 2-48、图 2-49。

图 2-48　开展竞赛

图 2-49　相互切磋

（6）现场提问，加深理解。培训师在培训时可以用提问的方式，加深学员对操作的理解，拓展学员的知识、技能的应用能力，解决现场问题的能力，做到学以致用，见图 2-50。

图 2-50　现场提问

（7）案例分析，相互探讨。培训师可以结合安全生产、典型作业和现场案例进行实操技能的培训。提高学员参与培训的主动性和培训的有效性，搭建知识、技能共享的平台见图 2-51、图 2-52。

图 2-51　案例分析

图 2-52　相互探讨

（8）即时评估、及时反馈。当学员对操作技能掌握到一定程度后，培训师对学员进行现场考评，通过考评发现问题，及时反馈，并对学员进行针对性的训练，让学员在实践中检验、改进、完善，见图 2-53。

图 2-53　及时评估及反馈

（9）敢于创新，提升效果。在实训培训中，除了采取传统的辅导方式外，培训师应敢于创新培训方式以提升培训效果。例如，把准军事化训练内容融入到技能实操培训中，在每次实操培训开始前，培训师对全体学员进行准军事化训练，讲解准军事化培训意义、要求，并进行队列、行为规范、仪容仪表规范、工作用语规范、物品定置规范训练，让每个学员轮流当指挥官，在训练过程中相互讨论，使学员逐步的理解准军事化训练与生产的关系。准军事化训练结束后，紧接着进行实操训练，把准军事化训练内容融入到“十个规定动作”、电气操作行为规范、工作前交底、班后会、现场作业过程中，提高培训的有效性，见图 2-54、图 2-55 及图 2-56。

图 2-54　准军事化训练

图 2-55　现场交底

图 2-56　电气操作行为规范

（10）因材施教，综合运用。要提高培训的有效性，针对性，应该根据培训内容、培训对象，采取多种辅导方式相结合的方法，如交流、互动、研讨、案例分析、学员之间进行任务观察、相互考评、点评等多种方法相结合，做到因材施教。学员在培训师的指导下，通过手把手的教、面对面的讲，直接进行实战操作，在实战中学习，在实战中锻炼，在实战中提高。

案例分享

《220kV 隔离开关防误操作》技能实训培训讲解、演示、辅导技巧

序号		内容		备注
一	技能实训培训讲解的技巧	开门见山法	讲述220kV隔离开关操作的目的、操作的原则、流程、步骤，操作方法及注意事项 	讲解时要注重讲解的逻辑性，层次感，做到通俗易懂
		边讲边演示	讲述220kV隔离开关操作的要领 	加深学员对所讲解内容的理解、掌握，培训师可采取边讲边演示的方法
		总结回顾	对前面所讲述的内容进行总结提炼 	通过总结回顾，让学员加深印象
二	技能实训培训演示的技巧	示对法	按正确规范的操作流程、步骤，操作方法进行演示 	让学员进行模拟练习
		示错法	按错误的操作流程、步骤，操作方法进行演示，并说明按这样错误的操作将会产生的不良后果 	让学员明白按正确的操作流程、步骤，操作方法进行操作的重要性
		互动法	学员之间进行互评，最后培训师进行点评、示范、总结 	让学员进行演示，其他学员进行任务观察

续表

序号		内容		备注
三	技能实训培训辅导技巧	面对面的讲	培训师面对面的讲述技能操作的目的、操作的流程、步骤，操作方法及注意事项 	让学员面对面观摩操作过程
		手把手的教	对于个别对操作技能难以掌握的学员，可采取手把手的教的方式进行讲解、示范，让其他学员旁站学习 	手把手的教的方式进行讲解、示范
		任务观察、相互点评	让学员轮流进行操作演练，其他学员进行任务观察，当演示的学员结束后，学员相互之间进行点评、交流分享，使学员得到共同的提高，最后老师进行点评、示范、总结。这种辅导方法可将学员被动的学习转换为主动的参与 	将学员的隐性知识转化为显性知识共同分享，发掘学员潜能，变被动学习为主动学习
		练习、练习、再练习	要把规范操作技能变成行为习惯，把感性的认知上升到肌肉的记忆，动作协调，必须经过反复训练才能掌握 	让学员直接进行实战操作，使学员在不断实战中学习，在实战中锻炼，在实战中提高
		你追我赶，相互切磋	在实操项目训练到学员基本掌握后，在小组之间开展竞赛比武，相互切磋提高，活跃培训氛围 	培训师采取分组的方式进行实操项目训练竞赛比武
		现场提问，加深理解	让学员加深对操作的理解，拓展学员的知识、技能的应用能力，解决现场问题的能力，做到学以致用 	培训师在培训时可以用提问的方式

续表

<table>
<tr><th colspan="3">序号</th><th>内容</th><th>备注</th></tr>
<tr><td rowspan="4">三</td><td rowspan="4">技能实训培训辅导技巧</td><td>案例分析，相互探讨</td><td>结合安全生产、典型作业和现场案例进行实操技能的培训 </td><td>提高学员参与培训的主动性和培训的有效性，搭建知识、技能共享的平台</td></tr>
<tr><td>即时评估、及时反馈</td><td>当学员对操作技能掌握到一定程度后，培训师对学员进行现场考评，通过考评发现问题，及时反馈，并对学员进行针对性的训练 </td><td>让学员在实践中检验、改进、完善</td></tr>
<tr><td>敢于创新，提升效果</td><td>把准军事化训练内容融入到技能实操培训中，在每次实操培训开始前，培训师对全体学员进行准军事化训练，讲解准军事化培训意义、要求，并进行队列、行为规范、仪容仪表规范、工作用语规范、物品定置规范训练，让每个学员轮流当指挥官，在训练过程中相互讨论，使学员逐步地理解准军事化训练与生产的关系。准军事化训练结束后，紧接着进行实操训练，把准军事化训练内容融入到“十个规定动作”、电气操作行为规范、工作前交底、班后会、现场作业 </td><td>在实训培训中，除了采取传统的辅导方式外，培训师应敢于创新培训方式，来提升培训效果</td></tr>
<tr><td>因材施教，综合运用</td><td>通过交流、互动、研讨、案例分析、学员之间进行任务观察、相互考评、点评等多种方法相结合。学员在内训师的指导下，通过手把手的教、面对面的讲，直接进行实战操作，在实战中学习，在实战中锻炼，在实战中提高</td><td>要提高培训的有效性，针对性，应该根据培训内容、培训对象，采取多种辅导方式相结合，因材施教，综合运用</td></tr>
</table>

融会贯通

应用本节所学知识，进行所讲授课题培训讲解、演示、辅导技巧的练习。

序号		内容		备注
一	技能实训培训讲解的技巧	开门见山法		讲解时要注重讲解的逻辑性，层次感，做到通俗易懂
		边讲边演示		加深学员对所讲解内容的理解、掌握，培训师可采取边讲边演示的方法
		总结回顾		通过总结回顾，让学员加深印象
二	技能实训培训演示的技巧	示对法		让学员进行模拟练习
		示错法		让学员明白按正确的操作流程、步骤，操作方法进行操作的重要性
		互动法		让学员进行演示，其他学员进行任务观察
三	技能实训培训辅导技巧	面对面的讲		让学员面对面观摩操作过程
		手把手的教		手把手的教的方式进行讲解、示范
		任务观察、相互点评		将学员的隐性知识转化为显性知识共同分享，发掘学员潜能，变被动学习为主动学习
		练习、练习、再练习		让学员直接进行实战操作，使学员在不断实战中学习，在实战中锻炼，在实战中提高
		你追我赶，相互切磋		培训师采取分组的方式进行实操项目训练竞赛比武
		现场提问，加深理解		培训师在培训时可以用提问的方式
		案例分析，相互探讨		提高学员参与培训的主动性和培训的有效性，搭建知识、技能共享的平台
		即时评估、及时反馈		让学员在实践中检验、改进、完善
		敢于创新，提升效果		在实训培训中，除了采取传统的辅导方式外，培训师应敢于创新培训方式，来提升培训效果
		因材施教，综合运用		要提高培训的有效性，针对性，应该根据培训内容、培训对象，采取多种辅导方式相结合，因材施教，综合运用

小 结

本节主要内容包括技能实训培训讲解、演示、辅导的方法及技巧。不同的方法具有各自的特点和优势，适用于不同的技能实训条件。合适的技能实训培训讲解、演示、辅导方法能够让学员对授课内容的理解更加深入，记忆更加深刻，有助于所学知识和技能的灵活运用和拓展。

技能实训培训讲解技巧主要包括知识讲解、实操演练讲解和总结回顾三个方法；技能实训培训演示技巧有示对法、示错法、互动法；技能实训培训辅导技巧有面对面的讲、手把手的教、任务观察与相互点评、练习练习再练习、你追我赶相互切磋、现场提问、即时评估及反馈、因材施教等。

DISANPIAN

KECHENGKAIFA

第三篇　课程开发

课程开发是指根据企业培训需要准备一套针对性培训教材。基于第一篇讲义制作的基础之上，本篇课程开发主要侧重于教材的开发，其一般思路为：明确开发课程、课程需求分析、课程目标确定、课程结构设计和课程教材编制。针对课程开发要求，公司自主研发了BIT课程开发技术，BIT（Behavior Improving Technology）即基于行为转变的课程开发技术，该技术是以结果（行为转变）为导向来进行课程开发，学习转化率高，可大大促进培训（学习）的正迁移。本教材的课程开发以BIT技术为基础，在此基础上进一步完善和补充。

公司对课程开发做出明确的能力要求，能力要求包括课程结构设计和课程内容制，课程开发能力评价标准见附录1。

本篇共分为四章，第一章为课程体系设计，主要阐述课程体系设计的思路；第二章为课程设计思路，主要阐述课程设计的模型、公司课程设计具体思路介绍和课程需求分析等内容；第三章为课程结构设计，主要阐述课程结构如何搭建；第四章为教材开发，主要阐述纸质教材开发和电子教材开发两方面的内容。

第一章　课程体系设计

学习目标

任务目标：建立正确的课程体系设计整体思维，从体系中获得课程开发来源及相关信息。

知识目标：正确阐述课程体系设计的整体思路和关键要点。

内容提要

本章主要介绍课程体系设计思路、编制培训规范、形成课程体系。

知识技能

一、课程体系设计思路

课程体系是指同一序列或同一专业的培训课程的有机集合，是保障和提高企业整体培训质量的关键。公司的课程体系包括管理类课程、技术类课程、技能类课程三个子体系，整个课程体系以岗位需要为基准来设计和建立，具体的思路如图 3-1 所示。

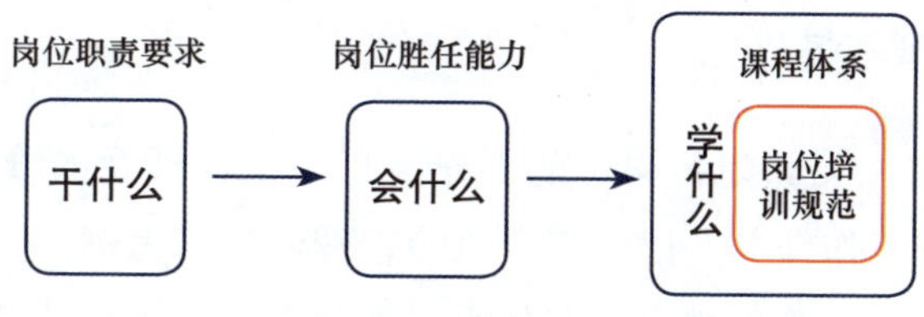

图 3-1　公司课程体系设计思路

二、编制培训规范

各岗位培训规范是课程体系的基本组成要素，因此培训规范的编制是课程体系设计的关键环节。一般的编制步骤：第一步干什么（梳理岗位职责、明确典型工作任务）；第二步会什么（提炼能力要素）；第三步学什么（确认学习内容）。

（一）梳理岗位职责

根据公司岗位设置、岗位职责说明书和岗位生产实际对相关岗位职责进行梳理。以“安全风险管理业务”为例，将“风险管理岗位的岗位说明书”中“岗位职责”内容结合岗位实际进行梳理，形成表单，如图 3-2 所示。

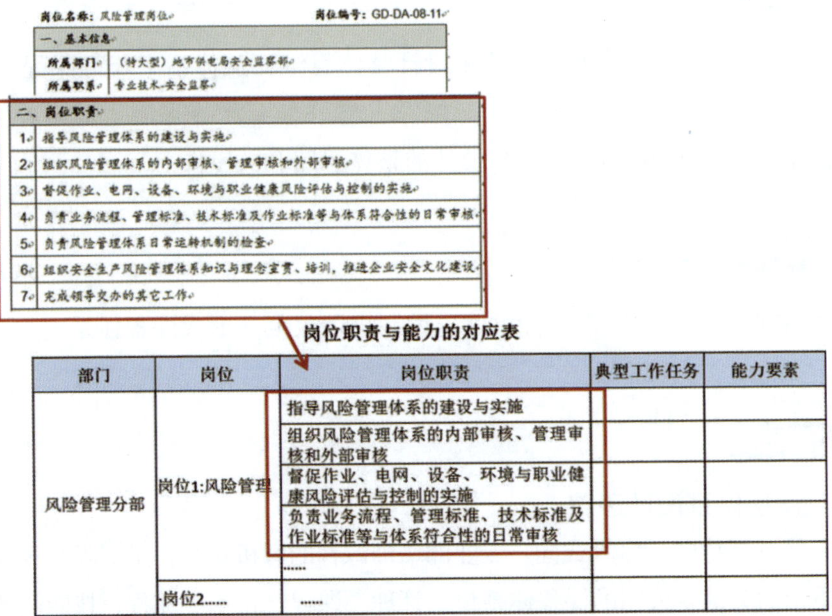

岗位名称：风险管理岗位　　岗位编号：GD-DA-08-11

一、基本信息	
所属部门	（特大型）地市供电局安全监察部
所属职系	专业技术-安全监察

二、岗位职责	
1	指导风险管理体系的建设与实施
2	组织风险管理体系的内部审核、管理审核和外部审核
3	督促作业、电网、设备、环境与职业健康风险评估与控制的实施
4	负责业务流程、管理标准、技术标准及作业标准等与体系符合性的日常审核
5	负责风险管理体系日常运转机制的检查
6	组织安全生产风险管理体系知识与理念宣贯、培训，推进企业安全文化建设
7	完成领导交办的其它工作

岗位职责与能力的对应表

部门	岗位	岗位职责	典型工作任务	能力要素
风险管理分部	岗位1:风险管理	指导风险管理体系的建设与实施		
		组织风险管理体系的内部审核、管理审核和外部审核		
		督促作业、电网、设备、环境与职业健康风险评估与控制的实施		
		负责业务流程、管理标准、技术标准及作业标准等与体系符合性的日常审核		
		......		
	岗位2......	......		

图 3-2　风险管理岗位的岗位职责梳理

（二）明确典型任务

根据业务方向相关部门各岗位的工作流程、工作涉及的管理规定、工作手册将职责细分为典型工作任务。以“安全风险管理业务”为例，将“风险管理的岗位职责”根据工作流程、管理规定、工作手册细分为典型工作任务，如图 3-3 所示。

岗位职责与能力的对应表

部门	岗位	岗位职责	典型工作任务	能力要素
风险管理分部	岗位1:风险管理	指导风险管理体系的建设与实施	指导安全生产风险管理体系的建设	
			指导安全生产风险管理体系的实施	
		组织风险管理体系的内部审核、管理审核和外部审核	组织风险管理体系的内部审核	
			组织风险管理体系的跟踪验证	
			组织风险管理体系的内部审核外部审核	
		......	......	
	岗位2......	......	......	

图 3-3　风险管理岗位的典型工作任务明确

（三）提炼能力要素

提炼完成工作任务所需要的知识点和技能点（即能力要求）。知识点是指完成工作任务所需要了解、熟悉或掌握对应的理论知识、标准规程、制度规范等；技能点是指完成工作任务所需要熟悉、掌握或精通工作的内容、步骤及方法应用等。以“安全风险管理业务”为例，深入研究和分析“风险管理的典型工作任务”，分解出每个典型任务所需知识和技能，如图 3-4 所示。

岗位职责与能力的对应表

部门	岗位	岗位职责	典型工作任务	能力要素
风险管理分部	岗位1:风险管理	指导风险管理体系的建设与实施	指导安全生产风险管理体系的建设	熟悉体系基础知识（体系的管理理念、内容、作用、要求与方法）
				熟悉风险管理理论知识
				......
				掌握风险分析与评估技术的运用
				......
			指导安全生产风险管理体系的实施	熟悉中国南方电网公司作业危害辨识与风险评估技术标准
				熟悉中华人民共和国安全生产法
				熟悉安全区代表职责与工作流程
				......
		......	......	......
	岗位2......	......	......	

图 3-4　风险管理岗位的能力要素提炼

（四）确认学习内容

学习内容主要包括：课程名称、课程内容、其他课程要求三个方面：

1．确定课程名称

优化能力要素，对相同范围的知识点和技能点优化形成同一个培训课程。以“安全风险管理业务”为例，对“风险管理能力要素”进行优化归纳，形成培训课程，如图 3-5 所示。

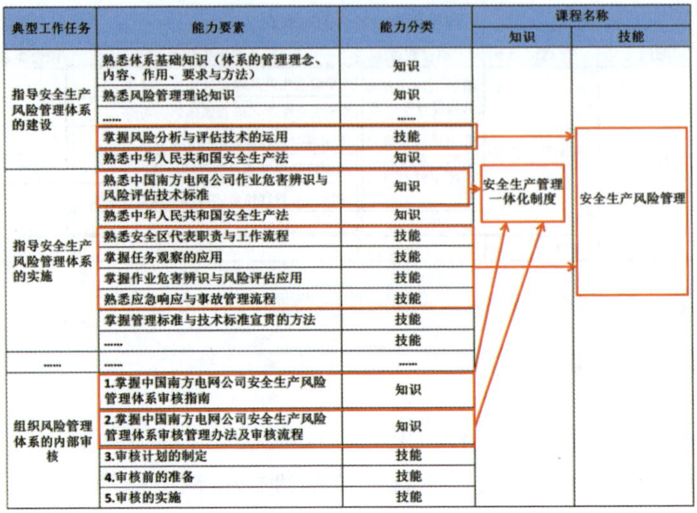

典型工作任务	能力要素	能力分类	课程名称	
			知识	技能
指导安全生产风险管理体系的建设	熟悉体系基础知识（体系的管理理念、内容、作用、要求与方法）	知识	安全生产管理一体化制度	安全生产风险管理
	熟悉风险管理理论知识	知识		
	……	……		
	掌握风险分析与评估技术的运用	技能		
	熟悉中华人民共和国安全生产法	知识		
指导安全生产风险管理体系的实施	熟悉中国南方电网公司作业危害辨识与风险评估技术标准	知识		
	熟悉中华人民共和国安全生产法	知识		
	熟悉安全区代表职责与工作流程	技能		
	掌握任务观察的应用	技能		
	掌握作业危害辨识与风险评估应用	技能		
	熟悉应急响应与事故管理流程	技能		
	掌握管理标准与技术标准宣贯的方法	技能		
	……	技能		
……	……	……		
组织风险管理体系的内部审核	1.掌握中国南方电网公司安全生产风险管理体系审核指南	知识		
	2.掌握中国南方电网公司安全生产风险管理体系审核管理办法及审核流程	知识		
	3.审核计划的制定	技能		
	4.审核前的准备	技能		
	5.审核的实施	技能		

图 3-5　安全风险管理业务课程名称的确定

2．确定课程内容

将上述相同范围的知识点和技能点进行整理，直接纳入对应的培训课程，形成培训内容。以“安全风险管理业务”为例，对“风险管理能力要素”进行整理合并形成培训内容，如图 3-6 所示。

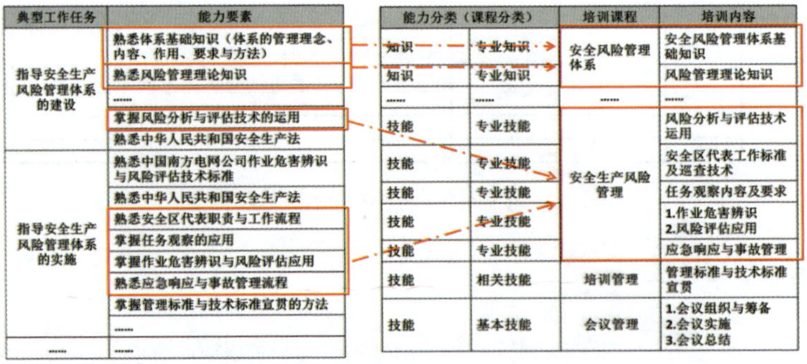

典型工作任务	能力要素
指导安全生产风险管理体系的建设	熟悉体系基础知识（体系的管理理念、内容、作用、要求与方法）
	熟悉风险管理理论知识
	……
	掌握风险分析与评估技术的运用
	熟悉中华人民共和国安全生产法
指导安全生产风险管理体系的实施	熟悉中国南方电网公司作业危害辨识与风险评估技术标准
	熟悉中华人民共和国安全生产法
	熟悉安全区代表职责与工作流程
	掌握任务观察的应用
	掌握作业危害辨识与风险评估应用
	熟悉应急响应与事故管理流程
	掌握管理标准与技术标准宣贯的方法
	……
……	……

能力分类（课程分类）		培训课程	培训内容
知识	专业知识	安全风险管理体系	安全风险管理体系基础知识
知识	专业知识		风险管理理论知识
……	……	……	……
技能	专业技能	安全生产风险管理	风险分析与评估技术运用
技能	专业技能		安全区代表工作标准及巡查技术
技能	专业技能		任务观察内容及要求
技能	专业技能		1.作业危害辨识 2.风险评估应用
技能	专业技能		应急响应与事故管理
技能	相关技能	培训管理	管理标准与技术标准宣贯
技能	基本技能	会议管理	1.会议组织与筹备 2.会议实施 3.会议总结

图 3-6　安全风险管理业务课程内容的确定

3．确定其他课程要求，形成培训规范

根据设立的培训课程设计培训内容、培训方式、考核方式、培训课时，形成岗位培训规范。见表 3-1。

表 3-1 **培训规范示例**

结构	模块	培训教程	培训内容	学习要求	培训方式	考核方式	培训课时
	基础知识	电力行业知识	电力系统知识	选修	网络培训 / 自学	网络测试 / 笔试	2
知识	专业知识	企业管理专业理论知识	1. 章程的概念 2. 章程的写法及写作要求 3. 公司章程的制定、修改与变更 4. 公司章程的作用 5. 参控股企业的概念 6. 参控股企业的管理模式 7. 参控股子公司管理基本原则 8. 参控股子公司的法律规定	必修	网络培训 / 集中培训	网络测试 / 笔试	16
		国家企业管理法律法规及政策	1.《中华人民共和国公司法》 2.《中华人民共和国国有企业资产管理法》	必修	网络培训 / 集中培训	网络测试 / 笔试	4
		公司企业管理发展制度及标准	《中国南方电网有限责任公司参控股企业重要经营决策事项管理办法》	必修	网络培训 / 集中培训	网络测试 / 笔试	2
	相关知识	业务相关知识	国家能源产业政策、体制改革政策解读	选修	网络培训 / 自学	网络测试 / 笔试	2
技能	基本技能	公文写作	1. 公文写作 2. 论文写作 3. 综合文稿写作	必修	网络培训 / 集中培训	网络测试 / 笔试	6
		项目管理	1. 项目策划 2. 项目实施及总结	必修	网络培训 / 集中培训	网络测试 / 笔试	4
	专业技能	章程管理	1. 公司章程管理 2. 全资子公司章程管理 3. 参控股企业章程管理	必修	网络培训 / 集中培训	网络测试 / 模拟操作	6
		参控股企业重要经营决策事项管理	1. 审查管理 2. 备案管理 3. 检查与监督管理	必修	网络培训 / 集中培训	网络测试 / 模拟操作	6
	相关技能	办公事务	办公室日常事务协调	选修	网络培训 / 自学	网络测试 / 模拟操作	2
潜能	通用类	沟通能力	1. 跨部门（单位）沟通与合作 2. 对上级的沟通技巧 3. 组织内的高水平合作	必修	网络培训 / 集中培训	网络考试 / 无领导小组讨论 / 情景模拟	6
		执行力	1. 职业工作素养 2. 关注细节 3. 时间管理	必修	网络培训 / 集中培训	网络考试 / 无领导小组讨论 / 情景模拟	6
		组织协调与团队合作	1. 资源的有效组织与调用 2. 内外部关系协调 3. 内部团队管理	必修	网络培训 / 集中培训	网络考试 / 情景模拟 / 无领导小组讨论	6
	鉴别类	信息收集分析	1. 数据、资料和文献收集 2. 信息分析兼备	必修	网络培训 / 集中培训	网络考试 / 情景模拟 / 无领导小组讨论	4

三、形成课程体系

各岗位的培训规范按照专业或序列进行整合，形成按照班组、专业、序列逐级递升的培训课程体系，以满足班组、专业、序列及岗位的培训课程需求。

课程体系对整个企业培训进行了统一的规划，在课程开发时应遵循和依照课程体系的指引进行开发，避免重复开发、无方向性的开发造成的资源浪费。在拿到开发课题时可通过培训规范中获取相关的开发信息，如课程开发名称、培训方式、考核方式、学时等。以下以专业技术人员课程开发为例说明如何从培训规范中获取对应课程开发的相关信息和指引。

专业技术人员的课程开发信息获取主要有以下几个步骤：明确业务序列、确定具体业务、确定培训课程、确定开发课题，获取课程相关信息，见图 3-7。

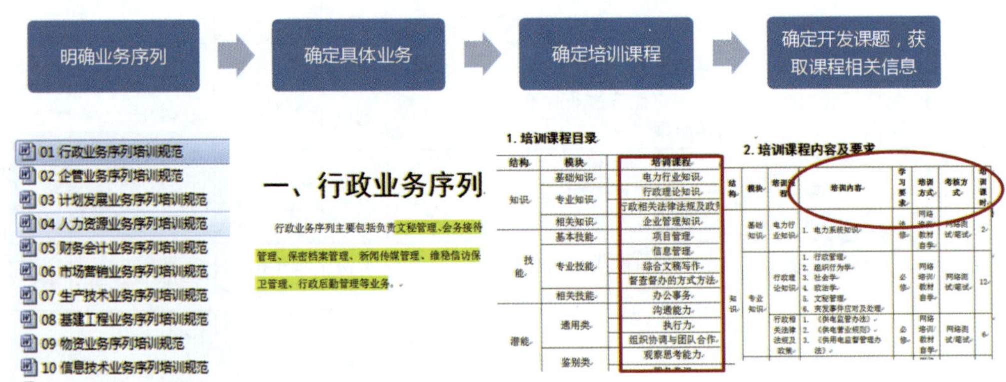

图 3-7　专业技术人员课程开发信息获取步骤

小　结

本章主要阐述三个方面的内容：课程体系的设计思路、编制培训规范和形成课程体系。其中课程体系的设计思路包括：干什么（岗位责任要求）→会什么（岗位胜任能力）→学什么（培训规范、课程体系）；编制培训规范的步骤是：梳理岗位职责→明确典型任务→提炼能力要素→确认学习内容；形成课程体系包含如何形成课程体系及如何从课程体系中获取课程信息两部分内容。

第二章　课程设计思路

第一节　课程设计模型

学习目标

任务目标：认识相关的课程设计模型，从中获得课程设计模型的相关信息。

知识目标：正确阐述课程设计的模型及关键要点。

内容提要

本节主要介绍课程设计的几种模型。

知识技能

一、课程设计的相关模型

针对课程设计，教学设计界有很多可供参考的系统化开发设计模型，如塔巴课程设计模型、教学系统设计（Instructional System Design，ISD）、人员绩效技术（Human Performance Technology，HPT）、能力本位教培模型（Competency Based Education and Training Model，CEBT）、ADDIE 模型 [Analysis（分析）、Design（设

计）、Develop（开发）、Implement（实施）、Evaluate（评价）]。具体每种模型的解释请参考表 3-2 课程设计的相关模型。

表 3-2　　课程设计的相关模型

课程设计模型	特点	关键流程
泰勒课程设计模型	问题解决	确定目标—选择经验—组织经验—评价结果
塔巴课程设计模型	问题解决	诊断需要—形成目标—选择内容—组织内容—选择学习经验—组织学习经验—决定评价的内容和方式
朗催课程设计模型	问题解决	拟定目标—学习设计—评估—改进
教学系统设计（ISD）	问题解决	分析—设计—开发—实施—评估
人员绩效技术（HPT）	绩效改进	绩效分析—绩效差距分析—设计 / 开发—执行—评估五个方面
能力本位教培模型（CEBT）	能力模型	确定培训需求—分析岗位职责—综合能力和专项能力分析—明确教学目标—制定培训教材—实施教学和评估
ADDIE 模型	问题解决	分析—设计—发展—执行—评估

二、常用的课程设计模型

对于企业来说，其课程应重点基于岗位任职能力有序提升、行为转化与绩效改善促动、促进员工职业发展等维度进行构建。以上介绍的 7 种课程设计模型，在企业中运用得更多的是 HPT 模型和 ADDIE 模型。

（一）HPT 模型

HPT（Human Performance Technology），即绩效技术模型，通过确定绩效差距，采取有效益和效率的干预措施，获得所希望的人员绩效。HPT 模型是以一种结构化（而不是线性的文字描述或列表）的形式，为提高人类绩效提供指南。绩效技术模型在于揭示工作环境的复杂性和所有要素之间的相互影响，从而为绩效技术从业人员说明如何在工作中提高绩效的操作步骤。该模型强调对低成本、高效益和高效率地解决问题的方法选择。具体操作流程请参见图 3-8。

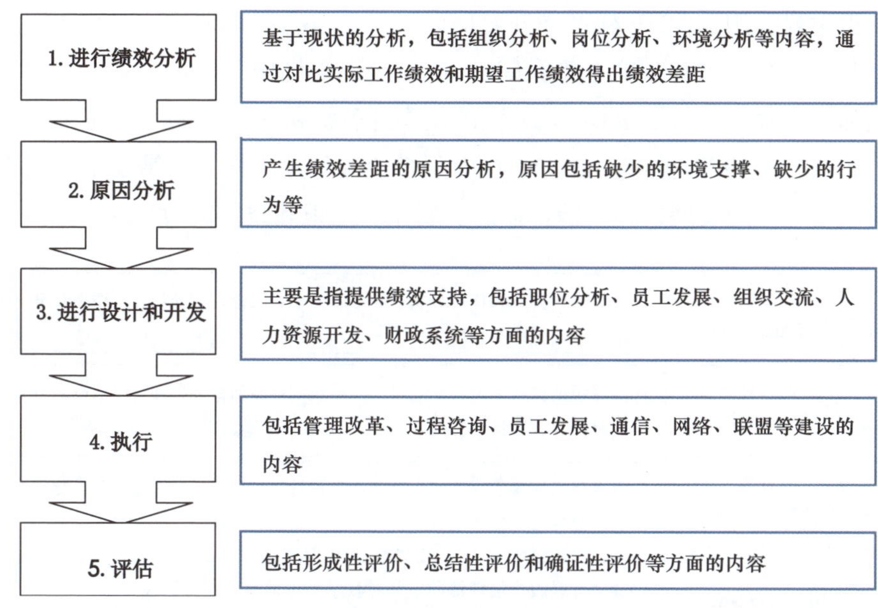

图 3-8 HPT 模型实施步骤

（二）ADDIE 模型

ADDIE 是指一套有系统地发展教学的方法。主要包含了：要学什么?（学习目标的制定）；如何去学?（学习策略的运用）；以及如何判断学习者已到达学习成效?（学习评量的实施）。在 ADDIE 五个阶段中，分析与设计属前提，发展与执行是核心，评估为保证，三者互为联系，密不可分。

ADDIE 模型为确定培训需求、设计和开发培训项目，实施和评估培训提供了一种系统化流程，其基础是对工作和人员所做的科学分析；其目标是提高培训效率，确保学员获得工作所需的知识和技能，满足组织发展需求；其最大的特点是系统性和针对性，将以上五个步骤综合起来考虑，避免了培训的片面性，针对培训需求来设计和开发培训项目，避免了培训的盲目性；其质量的保障是对各个环节进行及时有效的评估。

ADDIE 模型流程与内容如图 3-9 所示。

国外已有很多企业运用 ADDIE 来设计和开发培训项目，最成功例子的要数财富 500 强企业之一、全球最大的以研发为基础的制药和保健公司之一的惠氏药业，惠氏主要运用ADDIE模型来开发培训教案，以提高培训的针对性和实用性，现在一些咨询公司如普尔摩企管顾问、e-Learning培训服务公司上海汇旌等，都针对内训师和讲师，开设了ADDIE方面的培训课程。甚至国内的大学也都开始了这方面的研究，这些都将推动ADDIE在中国企业的发芽生根，并结出丰硕的果实，推动我国培训业的发展，为我国企业的发展注入知识和技能动力。

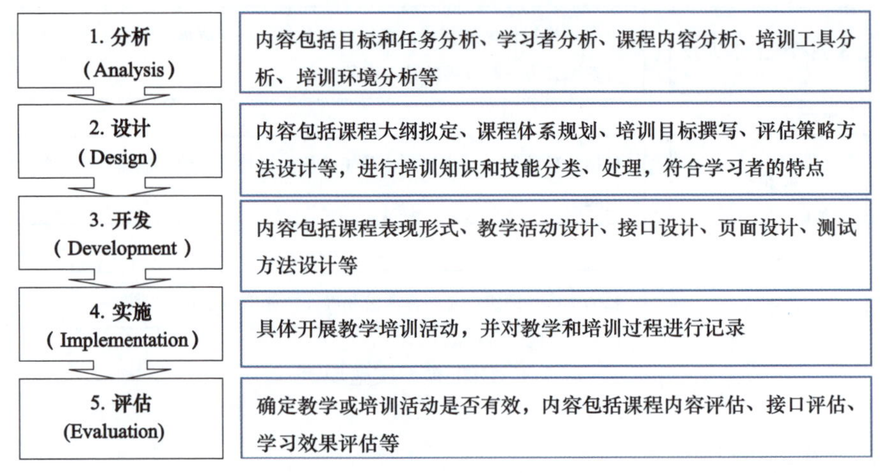

图3-9　ADDIE模型实施步骤

小　结

本节主要阐述两个方面的内容：一是简单介绍了课程设计的相关模型，包括泰勒课程设计模型、塔巴课程设计模型、朗催课程设计模型、ISD模型、HPT模型、CEBT模型和ADDIE模型；二是重点介绍了较为常用的HPT模型和ADDIE模型，具体讲解了2种模型的内涵和流程步骤。

第二节　公司课程设计具体思路介绍

学习目标

任务目标：正确梳理出课程设计的具体思路。

知识目标：正确阐述课程设计的具体思路。

内容提要

本节主要介绍课程设计的具体思路：需求分析、结构设计、内容编制与评审验收。

知识技能

ADDIE 模型是目前企业培训课程设计领域最为经典一个理论模型，大多当前课程设计模型是 ADDIE 的副产品，或其的变异塑造。结合公司教材开发实践，基于 ADDIE 教学设计模型进行细化，形成了公司课程设计的 4 个关键步骤：需求分析、结构设计、内容编制与评审验收。见图 3-10。

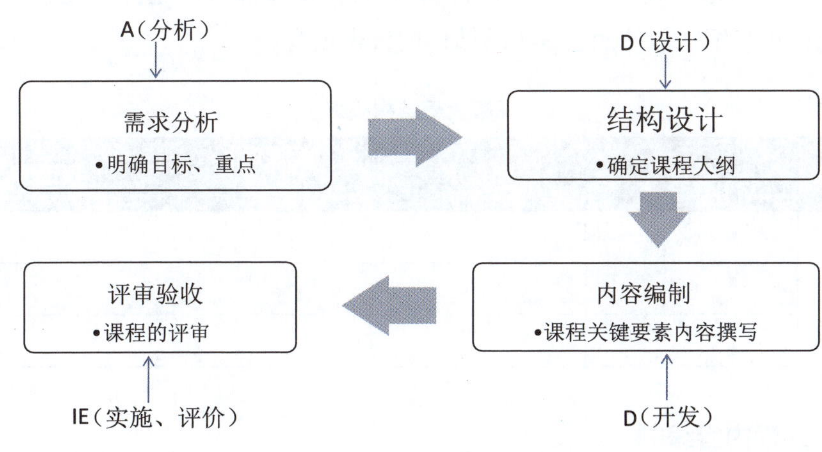

图 3-10　公司课程设计流程

一、课程需求分析

在企业培训过程中，我们常常发现有不少课程的课程大纲及依照大纲编制出来的内容质量其实是很高的，但在实施的过程中得到的反馈却不尽如人意。其关键问题就在于开发出来的课程与实际需求的匹配程度。培训课程犹如医生处方，它的好坏取决于是否对症下药，需要治疗的主要是什么症状？病人的体质适合什么样的处方？同样的，一个好的企业培训课程不应该拿到课题就闭门造车，而应该明确要解决的主要问题及对应的受众群体是什么特征，应该给予哪些主要知识和技能才能更好地解决问题。因此，在大纲的编制之前首先要做好课程需求分析才能保证大纲正确的目标性和指引性。

课程需求分析一般包括三个步骤：培训对象分析、工作任务分析、课程目标确定，具体步骤如图 3-11 所示。

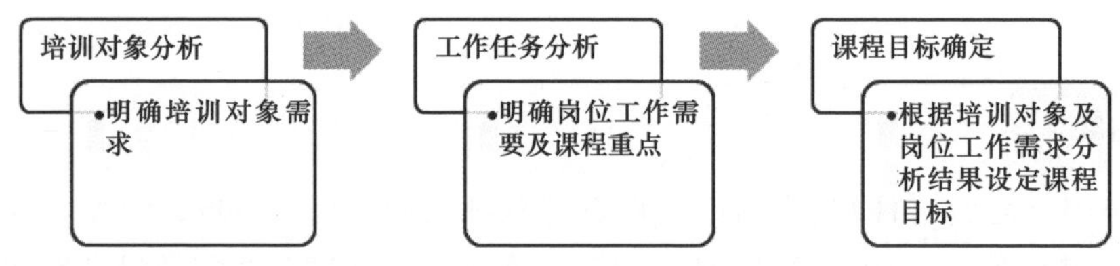

图 3-11　课程需求分析步骤

二、课程结构设计

课程结构设计主要指以课程目标为依据，以课程大纲结构要求为载体，进行课程一级二级目录搭建、知识点编制、学时安排及授课方法选择，完成课程大纲的编制。课程大纲一般按照表 3-3 的结构模板来填写。

表 3-3　　课程大纲结构模板

一级目录	二级目录	知识点	授课时长（分钟）	授课方法
一、				
……				

三、课程内容编制

在编制好课程大纲，明确课程结构之后便可逐一完成内容的编制。内容的编制主要是形成讲义和教材，讲义的内容编制可采用知识点提炼的方法不断进行挖掘拓展，具体内容请参考第一篇讲义制作第一章第二节主题内容确定的内容，本节将不再重复赘述，教材的内容编制请参考本篇第四章第一节纸质教材开发的内容。不管是讲义还是教材，其内容应满足系统化要求，始终围绕课程目标，依据课程大纲进行内容的挖掘和展开，在深度和广度上进行拓展，以达到丰富课程内容的效果。

四、课程评审验收

在课程设计流程所有的关键要素中，建立评估体系、进行评审验收是整个过程中尤为关键的一环，其决定着课程的质量。公司课程评审验收主要是针对教材，包括内容与结构、设计与教学、技术与资源、创新与特色四个方面的评审。

小　结

本节主要阐述四个方面的内容：课程需求分析、课程结构设计、课程内容编制与课程的评审验收。其中课程需求分析包括培训对象分析、工作任务分析、课程目标确定三个步骤；课程结构设计要注意完成课程大纲的编制；课程内容编制是指对课程结构进行内容的补充；课程评审验收包括内容与结构、设计与教学、技术与资源、创新与特色等四个内容。

第三节　课程需求分析

学习目标

任务目标：正确运用培训对象分析工具分析培训对象的需求，确定培训的课程目标。

学习目标：正确列举培训对象需求分析的内容和工作任务分析的步骤及要点。

内容提要

本节课程主要介绍培训对象分析、工作任务分析、课程目标确定三个方面的内容。

知识技能

因材施教是保证教学效果的重要原则，然而要做到因材施教，其重要前提是对“材”的了解。对于企业培训而言就是要做好课程开发前的需求分析工作，下面将通过培训对象及工作任务两个角度进行分析，从而明确课程目标，确定课程重点，并为课程开发提供一些重要的依据和指引。

一、培训对象分析

培训对象分析首先要进行培训对象定位，即分析谁。岗位培训规范中已针对不同岗位不同级别的员工设置好了培训课程及内容，在进行课程大纲设计时，可直接从培训规范中获取本课程面向的培训对象，在培训需求调研时通常只需采用勾选课程的方式进行，这样的调研便于进行课程及学员的需求定位。

例子 3-1

《触电急救》的学员定位

在前期培训需求调查时继保自动化岗位的需求调查问卷，采用勾选课程的方式确定培训对象。

<table>
<tr><td colspan="8">继保自动化岗位调研问卷</td></tr>
<tr><td colspan="2">问卷说明</td><td colspan="6">为满足公司继保自动化人员的培训需求，公司将根据实际情况，在明年举办各类培训班及专题讲座。请您根据实际情况填写本问卷</td></tr>
<tr><td rowspan="2">调查对象基本情况</td><td>姓名</td><td></td><td>学历</td><td></td><td>单位 / 部门</td><td colspan="2"></td></tr>
<tr><td>岗位</td><td></td><td>工龄</td><td></td><td>职称</td><td colspan="2"></td></tr>
<tr><td colspan="8">第一部分：岗位具体工作任务及流程调研（请您勾选本岗位所需相关知识、技能、潜能）</td></tr>
<tr><td rowspan="3">结构</td><td rowspan="3">培训课程</td><td rowspan="3">培训内容</td><td colspan="5">所在岗位是否需要培训</td></tr>
<tr><td colspan="2">1 分</td><td colspan="2">2 分</td><td>3 分</td></tr>
<tr><td colspan="2">不需要</td><td colspan="2">有一定需要</td><td>非常需要</td></tr>
<tr><td rowspan="3">技能</td><td rowspan="3">安全文明生产</td><td>1. 触电紧急救护</td><td colspan="2">□</td><td colspan="2">□</td><td>□</td></tr>
<tr><td>2. 电气火灾处理</td><td colspan="2">□</td><td colspan="2">□</td><td>□</td></tr>
<tr><td>……</td><td colspan="2">……</td><td colspan="2">……</td><td>……</td></tr>
<tr><td>……</td><td>……</td><td>……</td><td colspan="2">……</td><td colspan="2">……</td><td>……</td></tr>
</table>

通过调研分析，《触电急救》这门课程在继保自动化班工龄小于3年的员工中选择比率很高，大于3年的基本没有，因而培训对象定位的需求人群为继保自动化班工龄小于3年的员工。培训对象定位之后，才能就目标培训对象展开针对性分析。

（一）培训对象分析内容

培训对象分析主要从4个方面展开：学历、性别、年龄和期望。见图3-12。

学历	性别	年龄	期望
•了解培训对象的知识结构，以此考虑课程讲解方式及起始难度等	•了解培训对象的思维方式，以此考虑知识展开方式等	•了解培训对象的年龄构成，以此考虑授课方式的选择等	•了解培训对象对于培训的需求和期待，以此考虑课程是否进行响应

图3-12　课程培训对象需求分析

1．学历分析

（1）基本特点。

学历普遍较高：逻辑思维及独立学习能力较强，既注重知识的应用也注重知识的研究。

学历普遍较低：需要明确地指出关键知识，主要关注知识的运用。

（2）应对策略。

学历普遍较高：内容上最好兼顾知识的应用和原理，可设置知识引申型思考及研讨活动。

学历普遍较低：内容上侧重应用为主，互动应直接明了，以分享经验为主。

2．性别分析

（1）基本特点。

男性为主：理性思维，多数对于体育、军事、政史等比较感兴趣。

女性为主：感性思维，多数对于形象、家庭、健康等比较感兴趣。

（2）应对策略。

男性为主：案例可多以体育、汽车、军事、政史为主。

女性为主：案例可多考虑贴近生活的，如子女教育、家庭和谐、健康养生等。

3. 年龄分析

（1）基本特点。

年龄结构偏大：反应、理解力、记忆力较弱，较为保守。

年龄结构偏小：反应、理解、记忆力较强，喜欢新奇的事物。

（2）应对策略。

年龄结构偏大：互动设计上应以分享类的为主，避免需要反应力及较为激烈的游戏演练等，内容应多设置总结回顾环节。

年龄结构偏小：课程应更多以学员为中心，可多采用演练、游戏等较活跃的授课方式。案例可多采用新闻轶事等。

4. 期望分析

培训期望一般包括以下几类：内容期望、授课方式期望。在培训对象的培训期望分析中应重视一线反馈上来的培训期望，判断其合理性及可行性，课程开发时应予以考量。

（二）培训对象分析工具

培训对象分析时可借助培训对象分析表帮助整理和统计培训对象分析结果，见表 3-4。

表 3-4　　培训对象分析表

分析维度	分析结果	应对策略
学历	□高　□低　□无倾向	内容：□理论＋应用　□应用 补充：
性别	□男　□女　□无倾向	案例：□体育、军事、政史等 □形象、家庭、健康等 补充：
年龄	□大　□小　□无倾向	互动：□分享类为主 □游戏等活跃授课方法 补充：

续表

分析维度	分析结果	应对策略
期望	内容	□ 1.
		□ 2.
	授课方式	□ 1.
		□ 2.
	其他	□ 1.
		□ 2.
其他		

二、工作任务分析

培训最终的目的在于企业绩效的提升和发展，因此课程内容应以完成工作任务所需具备的知识和技能为主。因此，在课程正式开发之前需进行工作任务分析，以明确课程目标，获取课程核心知识点，以此设定课程内容等。工作任务分析主要通过以下四个步骤开展：

（1）收集资料。可收集相关培训规范、岗位说明书、岗位职责、任务表单、作业指导书、作业标准等。

（2）分析资料。将收集到的资料与期望进行印证，将零散的资料系统化，不能单一看待问题，应该从知识、技能、潜能等多角度，以及组织、个人、职务等全方位分析资料。资料分析需确定以下两个问题：

第一，本课程能够帮助学员完成什么任务？

第二，这些任务的完成需要哪些技能和知识？

例子 3-2

《急救常识—触电急救》课程

针对任务：在紧急触电情况下进行触电急救的工作任务。

任务描述：解决急救过程脱离电源的问题；运用心肺复苏法对触电人员进行紧急救治。

知识技能梳理：脱离电源的方法；心肺复苏法。

（3）寻找能力差距。寻找能力差距主要指对培训对象的实际能力与胜任能力的差距进行分析以进一步明确课程目标和课程重点。一般可采取岗位胜任能力测评方法、绩效差距分析等方法来确定员工的能力差距，具体可参考第四篇项目开发第二章培训项目需求分析的内容。

（4）确认课程核心知识点。将课程核心知识提交给课程需求部门进行审核，审核过后，可进入课程大纲编制。核心知识梳理可采用表 3-5 进行：

表 3-5　　课程核心知识汇总表

任务名称		
任务描述		
核心知识	1.	□重点
	2.	□重点

三、课程目标确定

在讲义制作篇章中我们学习了课程目标的 ABCD 编写法，从中可以知道课程目标的主要元素有对象、行为、条件、标准，因此课程目标的确定即是上述四个元素的确定。以下是四个元素在需求分析中获取的途径，见表 3-6。

表 3-6　　课程目标的要素和获取途径

课程目标的主要元素	获取的途径
对象	从“培训对象分析”—“培训对象定位”中获取
行为	从工作任务分析（完成任务的具体行为？主要是能力缺失项）中获取
条件	从工作任务分析（这些任务在哪些条件下能完成）中获取
标准	从工作任务分析中获取。结合工作完成标准设定培训课程判定标准

小　结

本节主要阐述课程需求分析的内容，具体包括培训对象分析、工作任务分析和课程目标确定。其中培训对象分析包括培训对象的学历、性别、年龄、期望四个方面的特点分析及应对策略；工作任务分析包括收集资料、分析资料、寻找能力差距、确认核心知识点等内容；课程目标确定是指根据培训对象分析及工作任务分析结果明确 ABCD 目标编写法的四元素。

第三章 课程结构设计

学习目标

任务目标：运用课程目录搭建、知识点编制的方法正确完成课程大纲结构设计和内容的编制，设计出完成的课程结构。

知识目标：正确阐述课程大纲模板结构及课程大纲内容编制技巧。

内容提要

本节主要介绍课程大纲结构设计的要点及课程大纲内容的编制方法。

知识技能

课程结构设计的最重要作用在于梳理课程知识点，设计知识点之间的逻辑关系，使整个课程知识点完善、不遗漏，且脉络清晰，聚焦课程目标的实现，易于掌握记忆。课程大纲是课程结构设计的一个重要载体，能将课程核心内容进行结构化的梳理。下面将说明优秀课程结构设计的要点。

一、课程大纲结构设计

课程大纲就是将课程内容以结构化的形式进行梳理，帮助培训师理清课程逻辑，快速形成逻辑性强、要素完整的课程纲要，为课程内容的展开提供清晰的指引。

课程大纲包括课程大纲一级、二级目录、知识点、授课时长和授课方法等内容，为课程后续具体的展开制作提供清晰的指引。见表 3-7。

表 3-7　　课程大纲结构模板

一级目录	二级目录	知识点	授课时长（分钟）	授课方法
一、				
……				

例子 3-3

《讲义制作》课程大纲示例

一级目录	二级目录	知识点	授课时长（分钟）	授课方法
一、讲义内容确定	（一）课程目标确定	1. 课程目标的组成 2. 课程目标的制定要求 3. 课程目标的编写方法	90 分钟	讲授法、案例分析法、研讨法
	（二）主题内容确定	1. 主题内容确定的原则 2. 知识点的提炼 3. 案例的编写	120 分钟	讲授法、案例分析法、演示法
二、讲义结构设计	（一）讲义框架设计	讲义框架结构： 1. 导入 2. 主体 3. 练习 4. 结语	120 分钟	讲授法、案例分析法、演示法
	（二）内容呈现思路	1. 时间轴、地点线、空间型的内容呈现思路 2. 问题—解决型的内容呈现思路 3. 案例研究型的内容呈现思路 4. 矩阵图型的内容呈现思路	60 分钟	讲授法、演示法、演练法
三、讲义制作技巧	（一）页面设计	1. 公司常用讲义模板介绍 2. PPT 版面设计	90 分钟	讲授法、案例分析法、演示法
	（二）讲义美化技巧应用	1. 图表的使用技巧 2. 多媒体工具的使用技巧	90 分钟	讲授法、案例分析法、演示法

二、课程大纲内容编制

（一）课程目录搭建

课程目录包括一二级目录。课程一级目录就是课程主要讲解的核心知识点，课程二级目录是对一级目录的细化。

据研究表明人的短时记忆广度为 7±2 个组块。因此，课程目录数控制在有意义的 7±2 个组块，5 个以内为佳，从而使信息更容易被理解、记忆和运用。

我们在讲义制作中学习了 6 种逻辑结构，其中时间轴、空间型、问题解决型、矩阵型是课程目录搭建常见的几种逻辑架构，本节将深入解读这四种逻辑结构。

1. 时间轴

时间轴是指按照时间先后的顺序组织课程。一般适用于时间线或流程特点显著的课程，尤其是技能类，能够明显地分多个步骤进行的课程类型。其搭建技巧如下：

（1）确定课程关键时间或流程节点。

如《装设地线》课程关键流程节点为：检查工器具、验电、站位、装设接地线、装设导体端、检查确认、填写记录。

（2）根据关键节点搭建一级目录。此环节需要注意一级目录的个数，以 5 个以内为宜，不建议超过 7 个。如果关键节点超过 7 个，则进行归纳合并，形成一级和二级目录。

如：《装设地线》课程的关键节点可归纳为：作业前、作业中、作业后，经过梳理可形成目录：

一级目录	二级目录
一、作业前	（一）检查工器具
	（二）验电
	（三）站位
二、作业中	（一）装设接地端
	（二）装设导体段
三、作业后	（一）检查确认
	（二）填写记录

2. 空间型

空间型是指以概念化的空间形式来组织课程结构，空间型结构在课程一级目录的搭建中常用的是以下两种子类型：要点法、类型法。

（1）要点法：根据学习目的，从学习内容中选择重点进行讲解。一般适用于课程的完成取决于几个关键要点的课程，这几个要点之间可能有先后逻辑关系，但没有明显的时间或流程特点，只是影响课程完成的重要因素。

其搭建技巧是：要点法的“要点”主要是指关键环节，课程目录一般以关键环节的名称来搭建，旨在提醒学员记住关键环节。

如《传统文化与班组管理》课程一级目录为：修己、安人。尽管在传统文化中有先修己后安人的说法，但只是逻辑上的，并非必须先修己才有安人，修己和安人只能体现为传统管理的两个重要因素。

例子 3-4

《讲义制作》中二级目录讲义内容确定的搭建

一级目录	二级目录	知识点
一、讲义内容确定	（一）课程目标确定	1. 课程目标的组成 2. 课程目标的制定要求 3. 课程目标的编写方法
	（二）主题内容确定	1. 主题内容确定的原则 2. 知识点的提炼 3. 案例的编写

（2）类型法：把待学习的内容分解为不同的类型。一般当课程内容可以分解出有实际意义的不同类型的模块来诠释主题时，可采用类型法进行组织。“有实际意义”是指分解出来的类型模块之间有关于主题显著不同的贡献，学员有必要区分这几种类型。

其搭建技巧是：首先，分析课程核心知识点是否有必要区分和说明的分类；其次，整理分类，形成一级目录。

如《职业发展通道介绍》课程以不同岗位类型的职业发展通道来组织一级目录。三种类型的职业发展方向和途径是截然不同的，如图 3-13 所示。

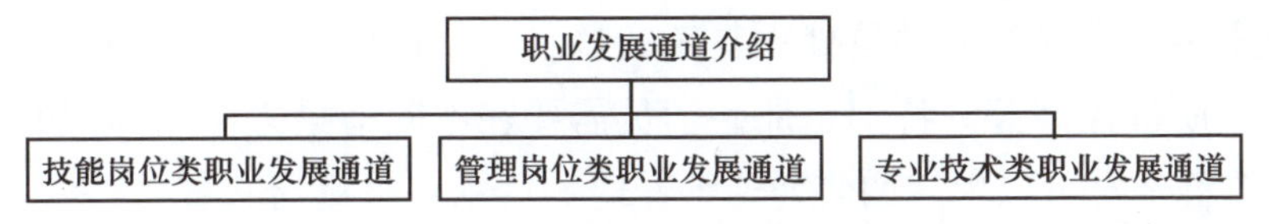

图 3-13　职业发展通道介绍一级目录搭建

如《沟通技巧》课程如果按照上述类型法进行组织，显然就不适用了。沟通技巧在这几类岗位中没有显著的区别，学员也不必了解这种区分，如图 3-14 所示。

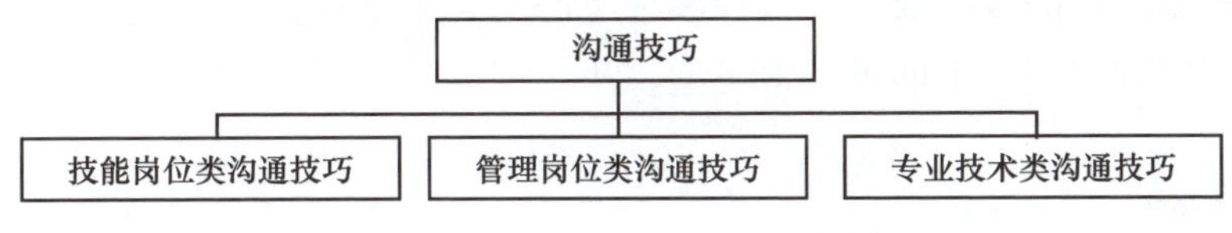

图 3-14　沟通技巧一级目录搭建

3. 问题解决型

问题解决型是指以问题—解决方案的形式来组织课程结构。通过提出实际工作中确实存在的待解决问题，以回答问题，提出解决措施的方式来展开学习。

一般适用于以知识为重点的讲解类或介绍类的课程，例如问题研讨、企业文化等。特别是那些学员不仅需要“知其然”，也要“知其所以然”的课程。即通过环环相扣的问题将知识点进行抽丝剥茧。

例子 3-5

《管理者个人修养》课程以修己的原因、内容、方法的三个问题环环相扣组成一级目录。

4. 矩阵型

指利用图表所表达的稳定关系作为线索来组织课程。通常将所需要学习的内容，通过两个角度进行分解，方便学员识别并在典型情景或模式中来运用学习内容。

一般适用于需要教会学员处理复杂的情形或不同的状况，例如：员工管理、市场策略、质量控制等。特别是那些学员需要在不同情景去应用知识的课程，此类课程的名称经常可以用“如何处理（管理）XXX”来概括。

其搭建技巧是：矩阵型结构搭建的关键在于角度的选择。一般角度的选择流程为：

（1）选择课程涉及的管理对象（比如员工、客户、设备、市场）；

（2）根据课程的目标要求，选择两种不同的分类方式；

（3）用矩阵图表现出四种基本类型。

例子 3-6

一门关于客户服务的课程的结构搭建

第一步，选择管理对象：客户。

第二步，根据课程的内容和目标，选择两种关键的分类方式：客户的诉求是否合规；客户的态度是否正面。

第三步，用矩阵图表现出来。

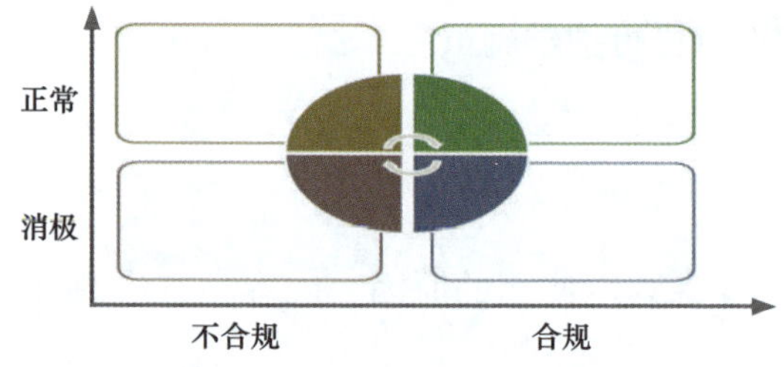

选择结构模式的四个依据：多数课程的结构搭建通常可以采用多种逻辑结构，最终应该选择哪种结构来搭建呢？选择的依据一般如下几点：

（1）课程本身的内在结构：即首先考虑内容本身含有什么样的逻辑架构，从中选择最优的方式。

（2）课程目标侧重于哪一种方式：课程的主要目标是说明流程？说明要点？学会处理复杂情境？针对侧重点选择适宜的方式。

（3）便于表达和理解：哪种方式更符合学员学习的特点，更容易被接受和理解？

（4）选择培训师较为擅长的方法：哪种方式更符合你一贯的思维方式和表达习惯？

（二）知识点编制

二级目录梳理完成之后，以每个二级目录为核心可继续根据 BIT 技术的知识点挖掘提炼"五问表"：是否有相关理论、是否有正反案例、是否有流程步骤、是否有方法工具、是否有方法窍门进行知识点的拓展和丰富，进一步明确课程内容。具体方法请参见第一篇讲义制作第一章的第二节主题内容确定。

（三）授课时长安排

在课程大纲模板中授课时长分配单位为二级目录。授课时长安排的主要作用并非精确地确定该课程内容的授课时间，而是做好课程内容轻重点的规划，以指导课程开发不离中心，重点突出。因此，授课时长的编制应依据是课程目的、课程重点内容及课程规划来安排，通过时间分配比例的差异来体现课程侧重点和目标。授课时长分配的次序应是先分大模块，在模块基础上不断细分来完成整个大纲的时长分配。

例子 3-7

《课程讲授》授课时长分配

一级目录	二级目录	授课时长（分钟）
一、讲授内容确定	讲授内容准备	60 分钟
	讲授主题控制	120 分钟
	授课思路呈现	180 分钟
二、讲授过程控制	授课方法与技巧应用	120 分钟
	授课时间分配	60 分钟
	特殊情况应对技巧	120 分钟
三、讲授表演技巧	语言表达技巧	120 分钟
	台风展示技巧	120 分钟
	辅助教具使用技巧	120 分钟
四、技能实训培训技巧	技能实训全过程管理	720 分钟
	技能实训操作、演示与辅导	720 分钟

（1）《课程讲授》是一门技术类课程，再多的理论，没有实践很难提升实际的能力和课程效果，因此本课程的规划实操与理论的比例为3:2，因此实操时间设计为1440分钟，理论为1080分钟。

（2）讲授内容确定、讲授过程控制、讲授表演技巧在课程讲授中均是重要的环节，任何一个环节没做好都会影响讲授效果，因此这三个部分的理论讲解平均分配了理论讲解的大部分时间。

（3）时间模块继续细分：如讲授内容确定部分，授课思路呈现是重要内容，因此分配了这个模块较大部分的时间。

（四）授课方法选择

授课方法确定是大纲设计的最后一环，需要培训师根据前面所设定好的知识点特点和培训对象特点来选择适宜的教学活动，一般最大的设计知识单位要到大纲的二级目录。

在第二篇课程教授里介绍了培训中常用的九种授课方法：讲授法、研讨法、案例分析法、演练法、练习法、游戏法、提问法、演示法和行动学习法，主要分享了它们的定义及在课程教授中应如何操作，那么在大纲设计时如何进行初步的授课方法选择呢？见图3-15。

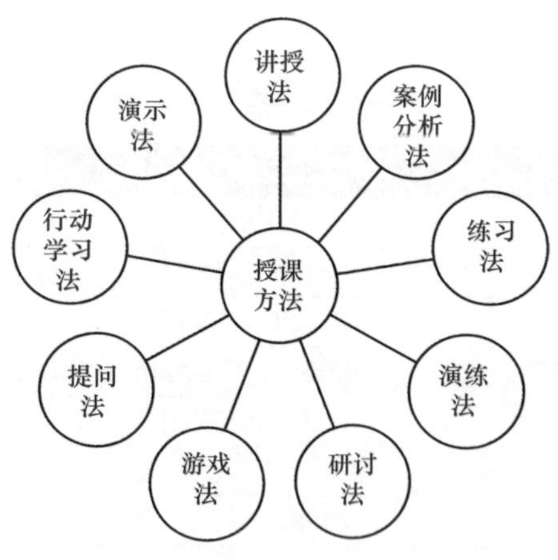

图3-15　授课方法

授课方法可以通过两个维度来考虑和确定：学习程度和适用性。

1．学习程度

根据掌握程度可把学习程度划分为三个层次：了解、领悟、运用。不同的授课方法可以帮助达到不同的学习程度。具体参见表 3-8，勾选项为这种方法一般情况下能达成的最高学习程度。

表 3-8　　　　学习程度考核表

授课方法 / 学习程度	讲授法	案例分析法	研讨法	练习法	游戏法	演练法	提问法	行动学习法	演示法
了解	√								
领悟		√	√		√		√		√
运用				√		√		√	

例如：《时间管理》课程中“时间的概念”只需要学员了解即可，故采用讲授法；《时间管理》“时间是改变人生的资源”的理念需要学员领悟，故采用案例分析法。

2．适用性

适用性一方面需要考虑讲授的内容适合采用哪种授课方法，是否有资源支持；例如《时间管理》（情景学习）“从管理访客中节约时间”内容设计两个角色，故可采用演练法。另一方面需要考虑培训对象的特点，例如在领悟层面的授课方法，在针对年龄偏大的培训对象则一般建议采用研讨法、案例分析法，而不建议采用较为活跃的游戏法。

一般情况下，大纲中知识点展开讲解通常采用多种授课方式来诠释，以实现不同阶段下的学习程度目标。

例子 3-8

《讲义制作》中的“课程目标确定”的授课方法

导入	
什么是课程目标	研讨法

知识点	
课程目标的组成、制定要求和编写方法	讲授法

知识点展开	
任务目标; 知识目标; SMART 原则; ABCD 编写方法	研讨法、练习法、案例分析法

案例分享

（1）管理类、技术类案例。

《时间管理》的课程大纲设计

一级目录	二级目录	知识点	授课时长（分钟）	授课方法
一、打开时间魔盒	（一）时间特性	1. 供给无弹性 2. 无法储蓄 3. 无法取代 4. 无法失而复得	30 分钟	讲授法
	（二）时间的重要性	1. 时间是改变人生的资源 2. 时间是不可再生资源 3. 时间是稀缺资源	45 分钟	讲授法、研讨法、
	（三）时间管理的概念	1. 什么是时间管理 2. 时间管理的目的	30 分钟	讲授法、研讨法
二、堆好时间积木	（一）时间统计	1. 人生的时间统计 2. 企业员工时间统计	45 分钟	案例分析法
	（二）时间管理的原则	1. 优先性原则 2. 二八原则 3. 黄金时间原则	90 分钟	游戏法、讲授法、研讨法
三、赶跑时间窃贼	（一）培养时间管理的好习惯	1. 规划 2. 自律 3. 事前准备 4. 保持整洁 5. 劳逸结合 6. 适当放弃	30 分钟	演练法、研讨法
	（二）节省时间的技巧	1. 合并活动 2. 重复工作简化 3. 利用高效工具	30 分钟	讲授法、练习法

（2）技能类案例。

《继电保护装置定值更改》课程大纲设计				
一级目录	二级目录	知识点	授课时长（分钟）	授课方法
一、继电保护装置定值更改基础介绍	（一）继电保护装置定值的重要性	1. 继电保护装置定值的意义 2. 继电保护装置定值的地位	30 分钟	讲授法
	（二）继电保护装置定值概念	1. 继电保护装置定值的定义 2. 继电保护装置定值的内涵	35 分钟	讲授法、研讨法、
	（三）继电保护装置定值更改的原则	1. 准确 2. 按时	45 分钟	讲授法、研讨法
二、继电保护装置定值更改的原则与方法	（一）《电业安全工作规程》解读	1. 整体规划 2. 细节解读	30 分钟	讲授法
	（二）定值计算	1. 收集系统参数 2. 编制整定计算准则 3. 故障电流计算 4 保护定值的计算	90 分钟	案例分析法、讲授法、研讨法
三、继电保护装置定值更改的步骤	（一）作业前准备	1. 人员及工具资料准备 2. 风险评估 3. 作业许可手续及安全交底	30 分钟	演练法、研讨法
	（二）作业过程	1. 检查 2. 新旧定值单核对 3. 装置定值整定 4. 恢复装置运行状态 5. 打印核对	30 分钟	讲授法、练习法
	（三）作业终结	1. 恢复安全措施 2. 清理现场	15 分钟	讲授法、练习法

融会贯通

应用本节所学知识，进行所讲授课题课程大纲设计的练习。

《　　　》的课程大纲设计练习				
一级目录	二级目录	知识点	授课时长（分钟）	授课方法
一、				
二、				
……				

小 结

本节主要阐述两个方面内容：课程大纲结构设计和课程大纲内容编制。其中课程大纲结构包含一二级目录、知识点、授课时长及授课方法；课程大纲内容编制包括大纲结构中的目录编制、知识点、授课时长及授课方法编制具体方法和技巧。

第四章　教材开发

第一节　纸质教材开发

学习目标

任务目标：根据纸质教材开发步骤，正确运用纸质教材框架模板完成纸质教材编制。

知识目标：正确阐述纸质教材的开发步骤、框架构成要素及内容编写、版式设计等方法。

内容提要

本节主要介绍纸质教材框架设计、纸质教材内容编制、纸质教材版面设计及纸质教材评审验收。

知识技能

纸质教材是课程开发的成果之一。一本优质的纸质教材应具备以下特征和要求：目标上聚焦工作实际；结构上主次分明，逻辑清晰；内容上准确无误，科学系统；形式上丰富多彩，生动有趣。见图 3-16。

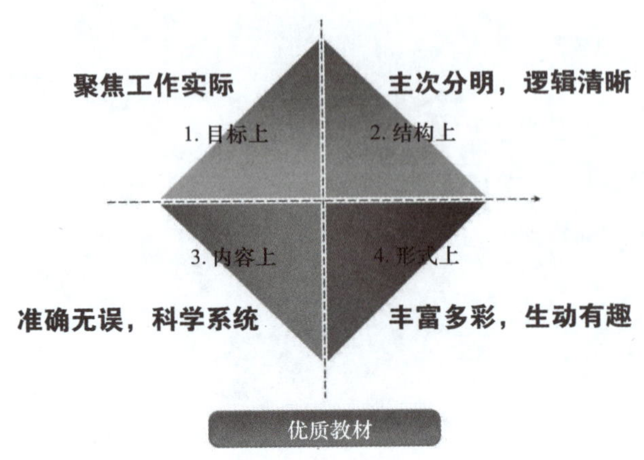

图 3-16 优质教材特征和要求

为达到上述标准和要求，结合 ADDIE 模型，纸质教材开发一般包含 6 个关键步骤：需求分析、结构搭建、框架设计、内容编制、版面设计及评审验收。可参考图 3-17。

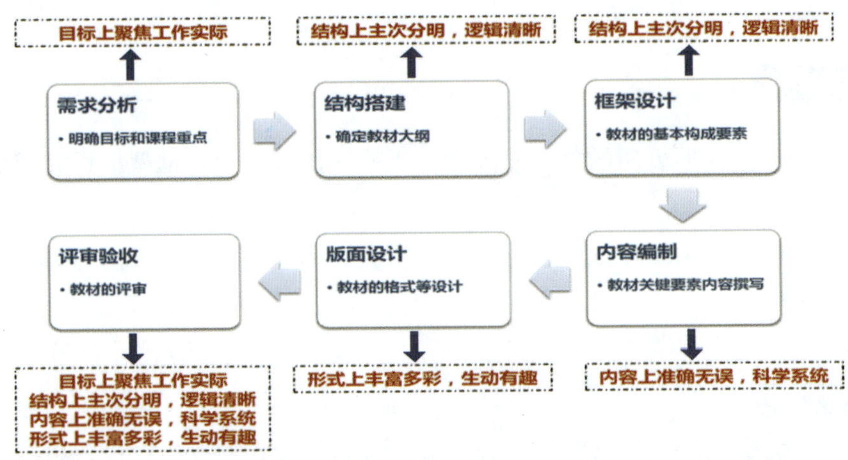

图 3-17 纸质教材开发流程及对应要求实现

六个关键环节中的需求分析及结构设计在第二章第三节课程需求分析和第三章课程结构设计已做详细阐述，不再重复赘述。本节将重点介绍框架设计、内容编制、版面设计及评审验收四个环节。

一、纸质教材框架设计

纸质教材框架设计指教材中应具备的基本构成要素设计，如前言、目录等。为使整个纸质教材结构清晰，保证纸质教材的制作质量，公司将纸质教材的编写框架以模板的形式进行了规范，下面将基于公司纸质教材的结构来介绍如何开发一门优质的纸质教材。

公司的纸质教材框架结构一般包含以下部分：封面、书脊、扉页、版权页、前言、目录、正文、参考文献等，下面以用电营业专业教材为样例进行介绍。

（一）封面与书脊

（1）封面：教材封面设计包括企业 VI、教材类型、教材拼音名称和中文名称、著作单位名称、出版发行商名称、背景图片等。

（2）书脊：书脊设计上载有教材名称、著作单位、出版发行商等信息，见图 3-18。

图 3-18　纸质教材封面与书脊

（二）扉页与版权页

（1）扉页内容：书名页设计包括企业视觉识别（Visual Identity，VI）、教材类型、教材拼音名称和中文名称、著作单位名称、出版发行商名称等。

（2）版权页内容：包括内容提要、图书在版编目数据、出版发行商、印刷发行纪录等，见图 3-19。

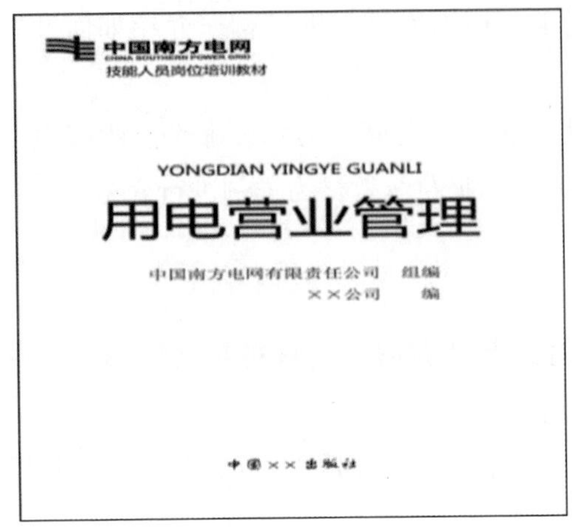

中国南方电网
CHINA SOUTHERN POWER GRID
技能人员岗位培训教材

YONGDIAN YINGYE GUANLI

用电营业管理

中国南方电网有限责任公司 组编
××公司 编

中国××出版社

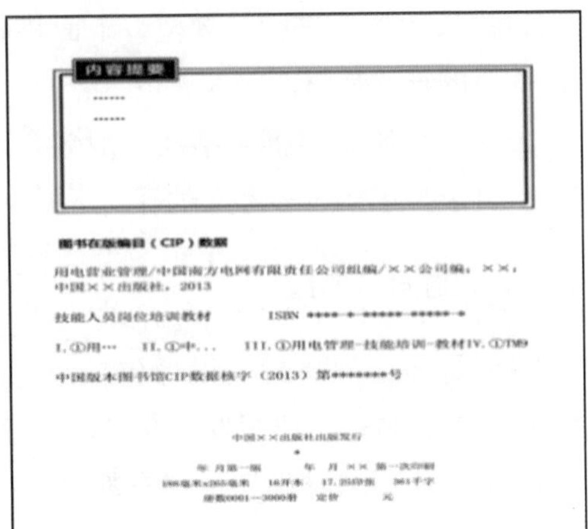

内容提要

……

……

图书在版编目（CIP）数据

用电营业管理/中国南方电网有限责任公司组编/××公司编，××，中国××出版社，2013

技能人员岗位培训教材 ISBN ****-*-*****-*****-*

I.①用… II.①中… III.①用电管理-技能培训-教材IV.①TM9

中国版本图书馆CIP数据核字（2013）第*******号

中国××出版社出版发行

*

年 月第一版 年 月 ×× 第一次印刷

188毫米×265毫米 16开本 17.25印张 361千字

印数0001—3000册 定价 元

图 3-19 纸质教材扉页与版权页

（三）前言与目录

（1）前言内容：包括企业 VI 标示、教材类型、教材中文名、序言（前言）正文等。

（2）目录内容：目录页上包括企业 VI、教材目录等。目录所列内容从序言（前言）开始，直至后记结束；所列层次一般为 2～3 级，取篇、章、节即可；所列标题和序号与正文保持一致，见图 3-20。

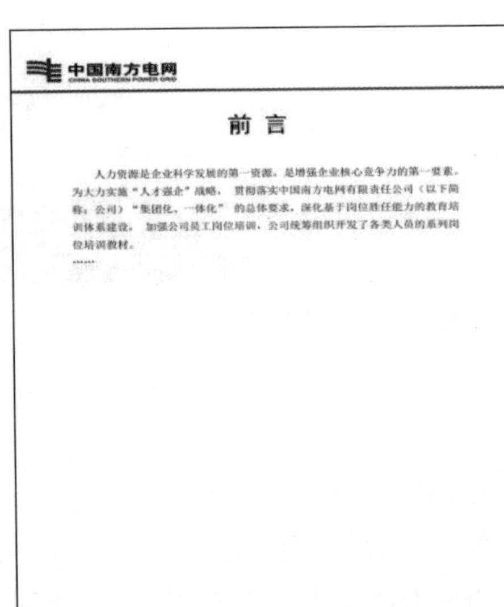

中国南方电网
CHINA SOUTHERN POWER GRID

前 言

人力资源是企业科学发展的第一资源，是增强企业核心竞争力的第一要素。为大力实施"人才强企"战略，贯彻落实中国南方电网有限责任公司（以下简称：公司）"集团化、一体化"的总体要求，深化基于岗位胜任能力的教育培训体系建设，加强公司员工岗位培训，公司统筹组织开发了各类人员的系列岗位培训教材。

……

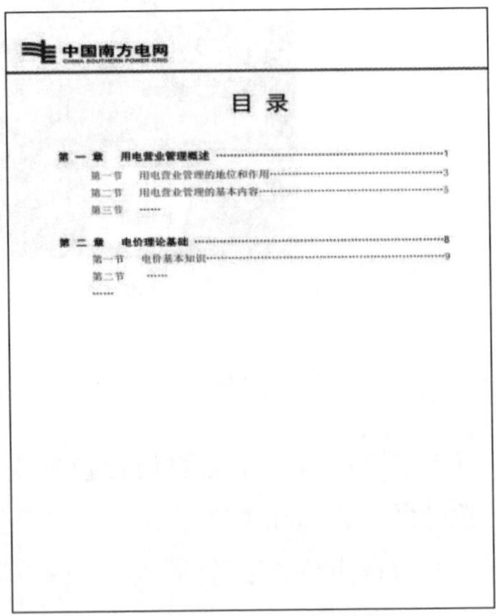

中国南方电网
CHINA SOUTHERN POWER GRID

目 录

第一章 用电营业管理概述……1
第一节 用电营业管理的地位和作用……3
第二节 用电营业管理的基本内容……5
第三节 ……

第二章 电价理论基础……8
第一节 电价基本知识……9
第二节 ……
……

图 3-20 纸质教材前言与目录

（四）正文与参考文献

（1）正文内容：教材正文包括单双页眉、章节标示及名称、教材内容、页码等。

（2）参考文献内容：参考文献页上包括参考文献具体信息等内容，见图 3-21。

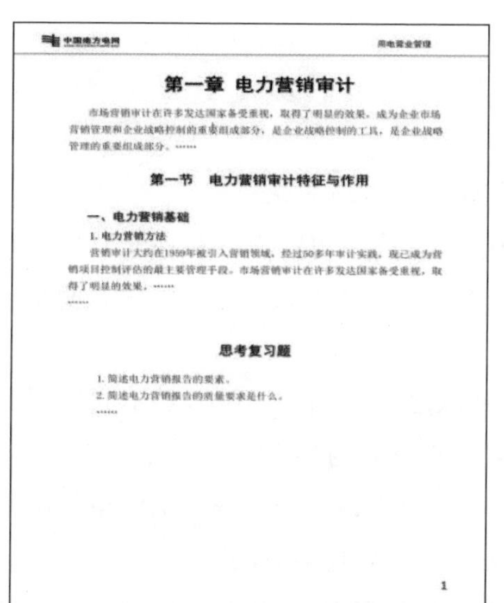
中国南方电网　用电营业管理

第一章 电力营销审计

市场营销审计在许多发达国家备受重视，取得了明显的效果，成为企业市场营销管理和企业战略控制的重要组成部分，是企业战略控制的工具，是企业战略管理的重要组成部分。……

第一节　电力营销审计特征与作用

一、电力营销基础

1. 电力营销方法

营销审计大约在1959年被引入营销领域，经过50多年审计实践，现已成为营销项目控制评估的最主要管理手段。市场营销审计在许多发达国家备受重视，取得了明显的效果，……

……

思考复习题

1. 简述电力营销报告的要素。

2. 简述电力营销报告的质量要求是什么。

……

1

中国南方电网　第一章 电力营销审计

参考文献

［1］作者. 电子文献题名［电子文献及载体类型标识］. 电子文献的出版或获得地址，发表更新日期/引用日期.

……

100

图 3-21　纸质教材正文与参考文献

二、纸质教材内容编制

在编制好课程大纲，明确教材框架之后便可逐一完成教材内容的编制。需要编制的关键内容包括内容提要、前言、正文，一般的编制顺序为正文→内容提要→前言，其中首要的是正文的编制，后续两个内容的顺序可以依据个人习惯调整。以下将逐一介绍相关内容的编制方法和技巧。

（一）正文

纸质教材的正文撰写应始终围绕课程目标，依据课程大纲进行内容的挖掘和展开，内容挖掘与 PPT 讲义的内容挖掘方法是一致的，均可采用知识点提炼的方法不断进行挖掘拓展。本节将不再重复赘述，具体内容请参考第一篇讲义制作第一章第二节主题内容确定的内容。

在课程开发过程中，如先制作讲义PPT，而后编制课程教材，纸质教材的制作可基于讲义PPT内容上进行深入展开。需要重点注意的是讲义的目的在于辅助培训师讲解知识重点，而纸质教材作用在于学员课后复习、学习及阅读延展，应满足系统化要求，在深度和广度上进行拓展。简而言之，纸质教材的内容要大于讲义的内容。以下介绍一些基于讲义内容的拓展方法。

1．内容拓展

内容拓展和补充的方向可考虑以下几点：

（1）原理拓展：讲义由于时间限制或聚焦需要省略的原理部分。

（2）案例拓展：补充更多的案例，帮助学员从多角度学习和探索。如《时间管理》教材在讲义讲解的“时间是稀缺的资源”知识点基础上补充了《光明日报》关于时间稀缺的报道案例。

（3）知识点拓展：通过知识点的广度和深度进行拓展，可以是不同知识类型的补充，知识前因后果的补充，历史展望或流程前后的补充。

如类型补充：《急救常识—触电急救》的教材在讲义介绍的一般触电情况下的急救方法之外补充了“杆上触电的急救方法”、“高处抢救方法”。

知识历史展望的补充：《时间管理》在讲义讲解的时间管理方法的基础上补充了时间管理技术的发展和由来。

（4）练习思考拓展：补充更多的练习和思考，使学员在课下能够弥补课堂练习时间不足的遗憾，增加练习思考时间，促进知识的内化。

2．内容编排

内容编排要符合一定的原则并按照大纲设定的结构进行编排：

（1）编排总体原则。

从已知到未知，让学习者接触熟悉的话题，当理解力达到一定的水平就比较容易接受陌生的内容。

按照事物发展规律或发展顺序，一般是工作流程，即课程单元内容编排，按照事物发展的顺序进行编排。

由易到难即从简单到复杂，从容易理解的现象或事物入手，引导学习者逐步理解复杂的现象或事物。

（2）编排方法。

根据课程大纲，编排教材的篇章节，课程大纲的一级目录对应教材的章、二级目录对应教材的节。节的内容编排参考“引入、主体、练习、结语”编制。培训师按照教材的内容要求，结合相关的教学主体，完成教材内容的编制。详细的“引入、主体、练习、结语”内容介绍，可参考第一篇讲义制作第二章第一节讲义框架设计；主体知识点的编排可按照时间、地点、空间等六种逻辑结构来组织，具体参考第一篇讲义制作第二章第二节内容呈现思路。

（二）内容提要编写

内容提要主要介绍教材的基本内容及使用对象，以帮助读者迅速了解全书的概况。一般分为两段式，第一段为主要内容，第二段为读者对象，要求文字简练，重点突出。一般的基本内容介绍可采用以下话术：“本教材主要介绍（阐述）……，主要内容包括 × 个部分。第一部分介绍……；第二部分介绍……；第……。”

例子 3-9

《培训师通用培训教材》内容提要

《培训师通用培训教材》内容提要就采用了这样的话术结构来编写，表达简洁，逻辑清晰。

内容提要

本书从企业培训师的角色定位出发，以提升培训师的培训胜任能力为目的，全面系统地阐述了培训师所需的讲义制作、课程讲授、课程开发、项目开发的知识和技能要求。

本书主要内容包括五部分：绪论，主要阐述公司对培训师的管理要求和能力要求；第一篇介绍讲义制作，主要阐述讲义内容确定、讲义结构设计和讲义制作技巧；第二篇介绍课程讲授，主要阐述讲授内容确定、讲授过程控制、讲授表演技巧和技能实训培训技巧；第三篇介绍课程开发，主要阐述课程开发基本思路、课程大纲设计和课程内容制作；第四篇介绍项目开发，主要阐述项目开发的内容及方法、项目过程管理及项目评估。

《培训师通用培训教材》作为企业培训师上岗培训教材，也可作为企业培训师提升通用培训能力的自学用书。

（三）前言编写

前言主要用以向读者说明编写的目的、主要内容、编写方法、编写特色、编写分工、教材改善意愿和方式及其他需要说明的事项，让读者对教材解决的问题、撰写背景等有整体的认识，提升阅读的兴趣和意愿。

例子 3-10

《培训师通用培训教材》前言

以《培训师通用培训教材》为例，其的前言部分就包括了编写的目的、主要内容、编写方法、编写特色、编写分工、教材改善意愿和方式六个要素，具体请参考下图示意：

前言

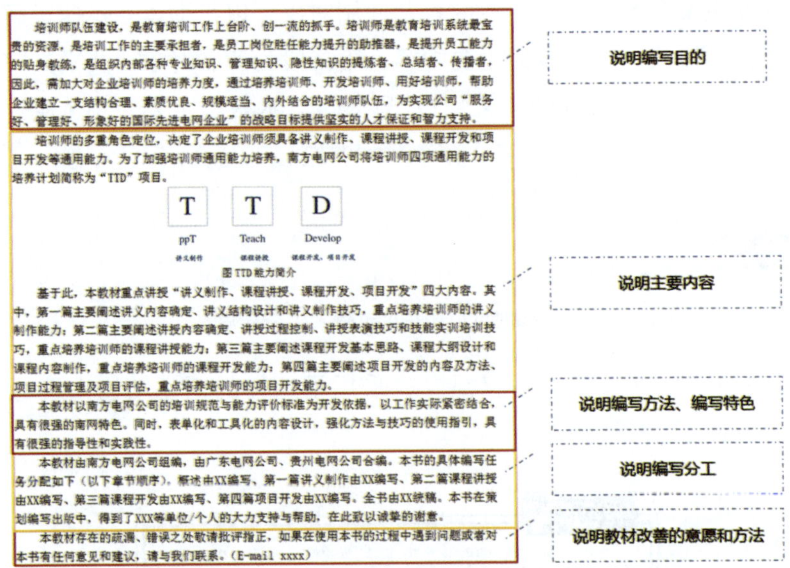

培训师队伍建设，是教育培训工作上台阶、创一流的抓手。培训师是教育培训系统最宝贵的资源，是培训工作的主要承担者，是员工岗位胜任能力提升的助推器，是提升员工能力的贴身教练，是组织内部各种专业知识、管理知识、隐性知识的提炼者、总结者、传播者，因此，需加大对企业培训师的培养力度，通过培养培训师、开发培训师、用好培训师，帮助企业建立一支结构合理、素质优良、规模适当、内外结合的培训师队伍，为实现公司“服务好、管理好、形象好的国际先进电网企业”的战略目标提供坚实的人才保证和智力支持。

培训师的多重角色定位，决定了企业培训师须具备讲义制作、课程讲授、课程开发和项目开发等通用能力。为了加强培训师通用能力培养，南方电网公司将培训师四项通用能力的培养计划简称为“TTD”项目。

T ppT 讲义制作　T Teach 课程讲授　D Develop 课程开发、项目开发

图 TTD 能力简介

基于此，本教材重点讲授“讲义制作、课程讲授、课程开发、项目开发”四大内容。其中，第一篇主要阐述讲义内容确定、讲义结构设计和讲义制作技巧，重点培养培训师的讲义制作能力；第二篇主要阐述讲授内容确定、讲授过程控制、讲授表演技巧和技能实训培训技巧，重点培养培训师的课程讲授能力；第三篇主要阐述课程开发基本思路、课程大纲设计和课程内容制作，重点培养培训师的课程开发能力；第四篇主要阐述项目开发的内容及方法、项目过程管理及项目评估，重点培养培训师的项目开发能力。

本教材以南方电网公司的培训规范与能力评价标准为开发依据，以工作实际紧密结合，具有很强的南网特色。同时，表单化和工具化的内容设计，强化方法与技巧的使用指引，具有很强的指导性和实践性。

本教材由南方电网公司组编，由广东电网公司、贵州电网公司合编。本书的具体编写任务分配如下（以下章节顺序）。概述由XX编写、第一篇讲义制作由XX编写、第二篇课程讲授由XX编写、第三篇课程开发由XX编写、第四篇项目开发由XX编写。全书由XX统稿。本书在策划编写出版中，得到了XXX等单位/个人的大力支持与帮助，在此致以诚挚的谢意。

本教材存在的疏漏、错误之处敬请批评指正，如果在使用本书的过程中遇到问题或者对本书有任何意见和建议，请与我们联系。（E-mail xxxx）

除了明确前言的主要编写内容之外，在编写过程中还需要注意以下几点：

（1）开门见山，不绕圈子。

（2）前言的内容不应与摘要雷同。

（3）言简意赅，突出重点，不需要过多的修饰，以“主谓宾”的结构句子进行描述为宜。

（4）注意不用客套话，如“才疏学浅”、“水平有限”、“恳请指正”、“抛砖引玉”之类的语言。

（5）前言的篇幅一般不要太长，太长可致读者乏味，太短则不易交待清楚。

三、纸质教材的版面设计

纸质教材的版面设计主要通过两个方面的设计来提升教材的生动性和可读性：一是整齐的排版格式，二是生动的内容形式设计。

（一）整齐的排版格式

教材编制过程中许多内训师通常被格式调整的繁琐和耗时而烦恼，实际上Word在格式排版上提供很好的功能设计能够帮助我们高效高质地完成排版工作，这里介绍两个非常好用的排版功能：样式的设计和自动目录设计，同时对出版要求做一些说明。

1．样式设计

样式是Microsoft Office Word中的重要功能，可以帮助用户快速格式化Word文档，本文档以Word 2010为例，说明样式的设置和使用。

（1）样式应用。

在教材排版时，可以将规定的格式或设计好的格式以样式的形式固定下来，如一级标题格式“黑体，加粗，22磅，1.5倍行距，居中”就可以通过样式固定下来，然后应用于每一个一级标题，从而简化格式排版，更重要的是使排版整齐美观。具体应用方法如图3-22所示。

第1步，打开Word2010文档窗口，选中需要应用样式的段落或文本块。在“开始”功能区的“样式”分组中单击“其他”按钮：	第2步，在打开的“快速样式”库中指向合适的快速样式，在Word文档正文中可以预览应用该样式后的效果。单击选定的快速样式即可应用该样式。
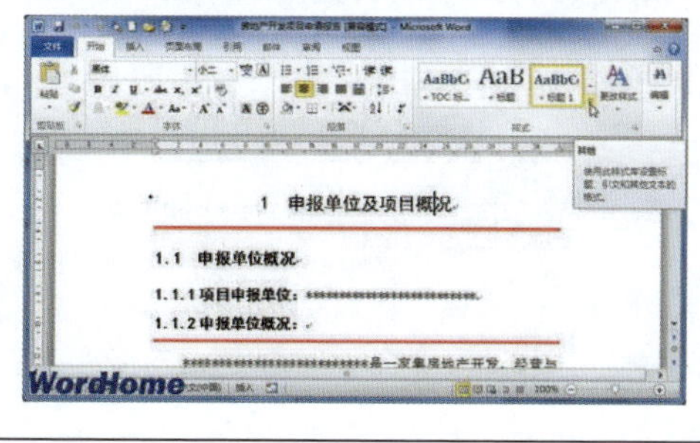	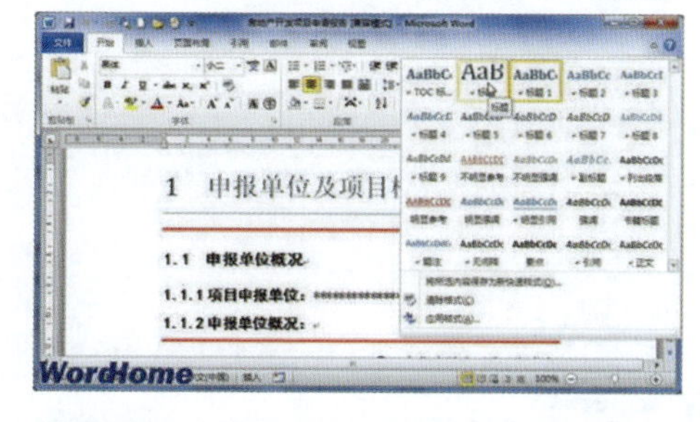

图3-22　样式应用

（2）样式设置。

样式可采用默认样式或者新建样式的方法进行设置，具体设置如图 3-23 所示。

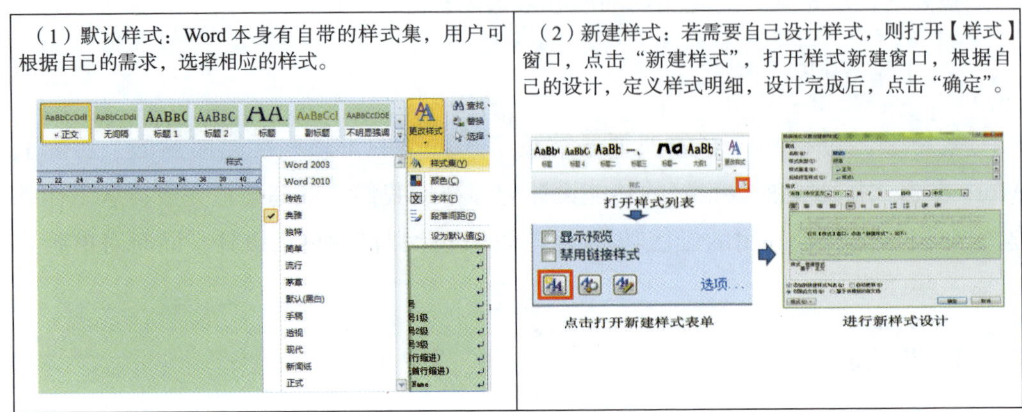

图 3-23　样式设置

2. 自动目录设计

目录是纸质教材的重要组成部分，它起到了检索、报道和导读的功能。能够让读者在相对短的时间内，对纸质教材有大概的掌握以及对书的内容有清晰的框架思路，通过目录的提示，达到最大量的信息索取，以便读者进行判断与阅读。自动目录的生成大大简化了目录编制的过程，提高目录设置的效率和质量，下面以 word2010 为例说明自动目录设计方法，见图 3-24。

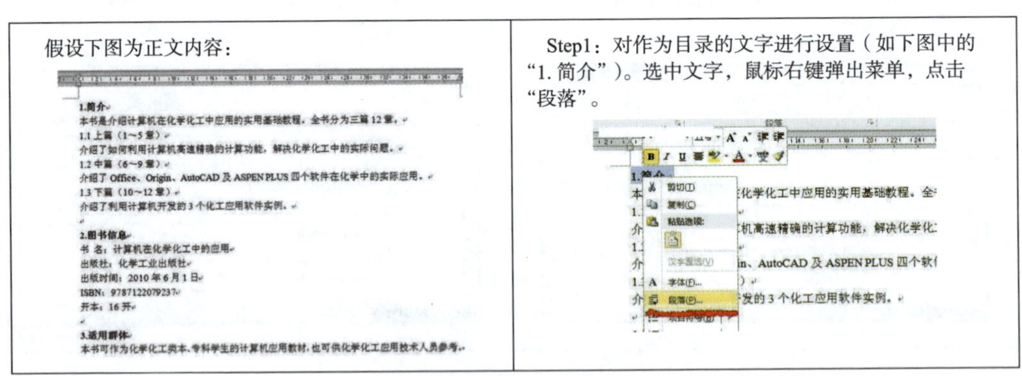

图 3-24　自动目录设计（一）

<table>
<tr>
<td>Step2：设置大纲级别。“1. 简介”的大纲级别默认为“正文文本”，其为一级目录，因此，将其修改为“1 级”。
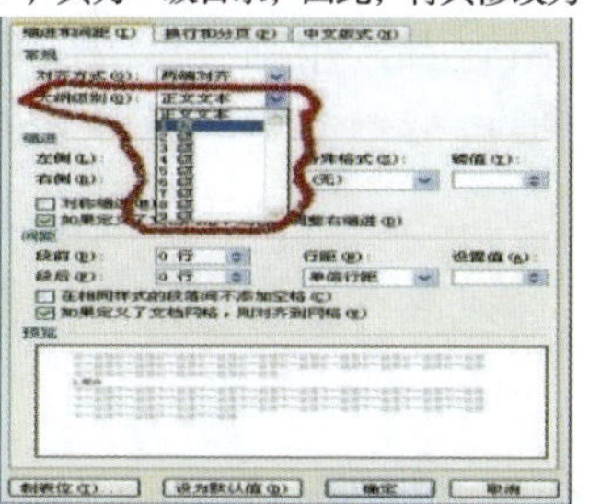</td>
<td>Step3：将“1.1 上篇”设为二级目录，因此将其大纲级别设置为“2 级”。如此，将所有作为目录的文字全部设置完。
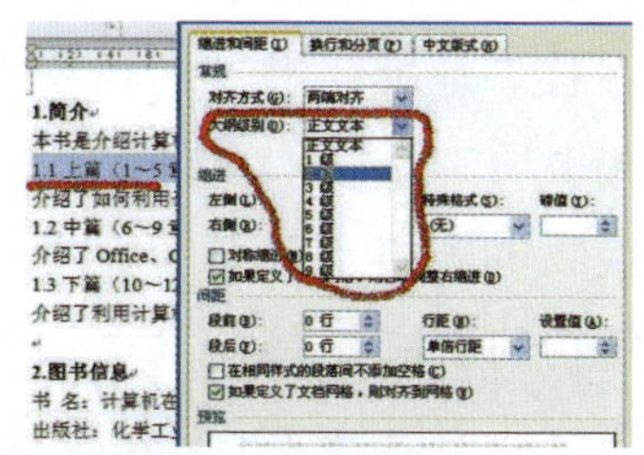</td>
</tr>
<tr>
<td>Step4：将光标移到“需要插入目录的地方”。进入“引用”菜单，点击“目录”，选择喜欢的目录样式。如果没有喜欢的样式，可以点击“插入目录”进行设置。
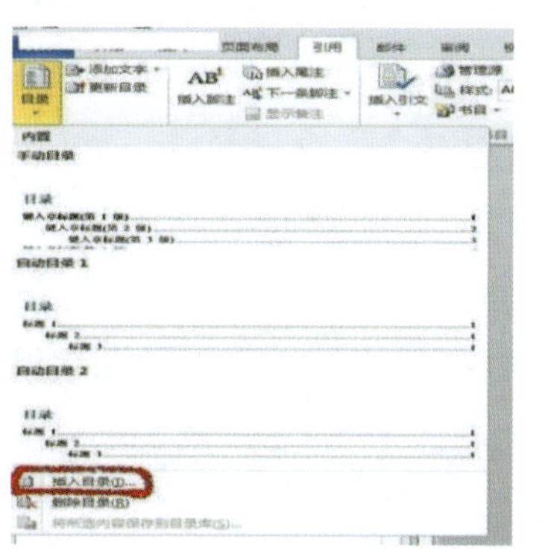</td>
<td>Step5：设置完成后，点击“确定”即可生成目录。
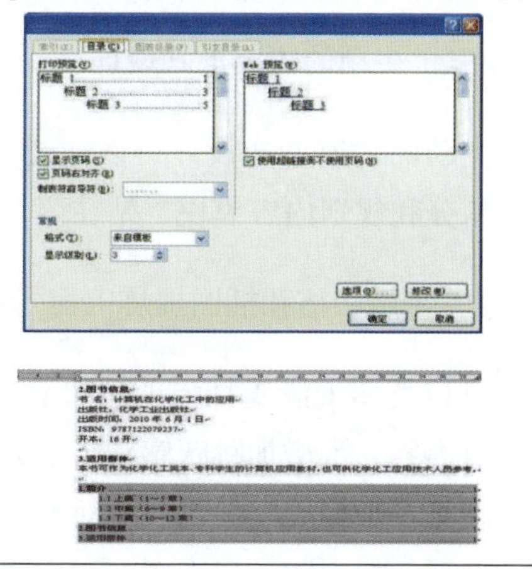</td>
</tr>
</table>

图 3-24　自动目录设计（二）

此外，需要更新目录时，只需选中目录，鼠标右键弹出菜单，点击“更新域”。如果只想更新页码，那么在弹出的“更新目录”对话框中选择“只更新页码”即可。

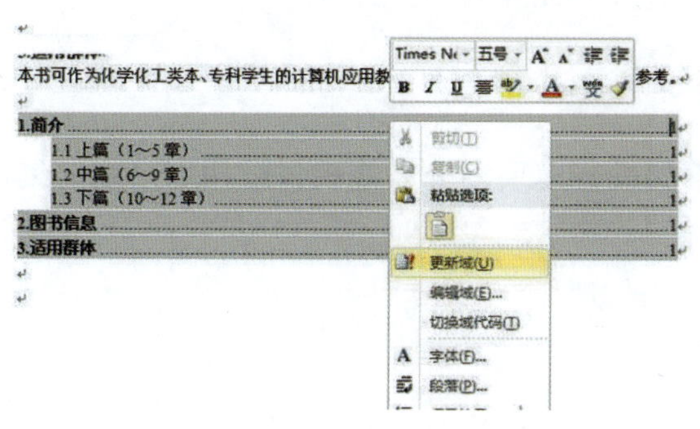

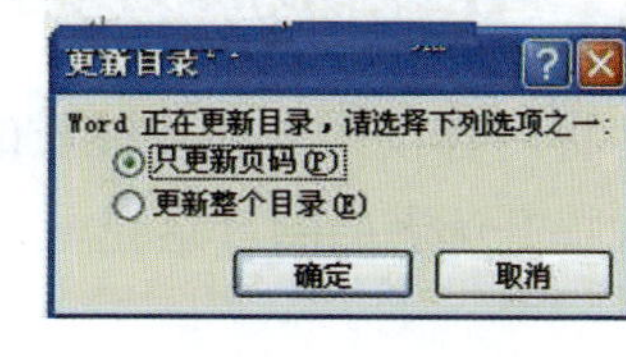

图 3-25　更新目录

3．出版要求

出版物必须按照国家的有关规定载明作者、出版者、印刷者或者复制者、发行者的名称、地址，书号、刊号或者版号，在版编目数据，出版日期、刊期以及其他有关事项。

出版物的规格、开本、版式、装帧、校对等必须符合国家标准和规范要求，保证出版物的质量。

出版物使用语言文字必须符合国家法律规定和有关标准、规范。

未经著作权人许可，不得抄袭他人的著作。

（二）生动的内容形式设计

生动的内容形式设计可以通过三个方面来实现：善用表格和插图提炼内容、善于划分和规划内容模块、站在读者的角度换位思考。

1．善用表格和插图提炼内容

科技类图书满篇抽象的大段文字，易使读者疲劳，精心设计的图表既帮助读者理解内容，也增加跳跃感和吸引力。

表格—数据表、关系表、对照比较表等。

图形—树形图、层次图、流程图、框线图、标注图等。

插图—照片、结构图、逻辑图、关系图、步骤图、操作窗口图，对象说明示意图等。

此部分的美化技巧与讲义制作的美化技巧图表美化相类似，请参考第一篇讲义制作第三章第二节讲义美化技巧应用中的图表使用技巧。

2．善于划分和规划内容模块

将内容按照类型或性质的不同进行模块划分，使教材结构更清晰的编排，将大大提升读者的阅读感受。

例子 3-11

《培训师通用培训教材》模块划分

以《培训师通用培训教材》为例，教材清楚地划分“学习目标”等模块，并在正文中把案例以特殊形式与知识点划分，整个版面结构清晰，使读者有更好的阅读感受，具体请参考下图示意：

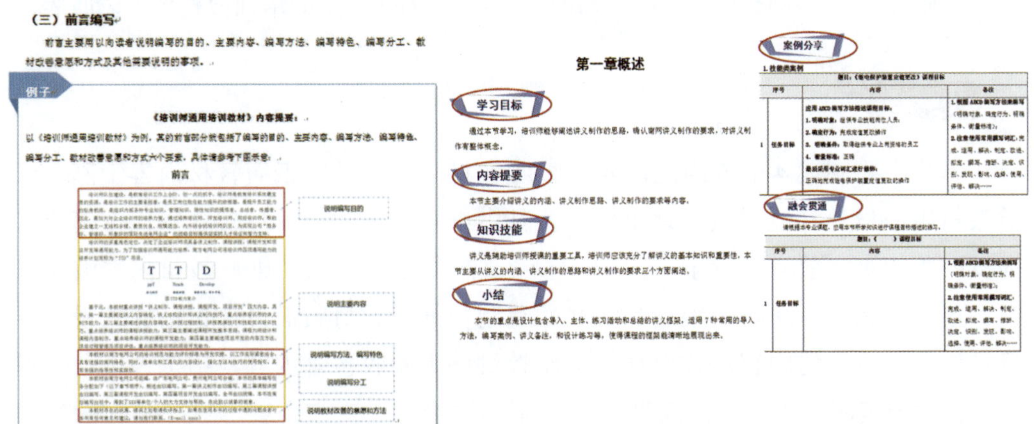

3．站在读者的角度换位思考

根据读者的阅读习惯、阅读兴奋点和求知心理写作。

四、纸质教材的评审

纸质教材的评审主要包括四个方面：内容与结构、设计与教学、技术与资源、创新与特色，以下介绍一个优质教材应达到的评审标准：

（1）内容与结构：教材内容完全满足企业和员工的需求，科学而规范，准确而实用；课程结构组织合理，层次分明，简洁易懂。

（2）设计与教学：能围绕学习者进行课程设计，以课程目标为导向，强调活动学习，注重交互性，体现系统性；教学中能完全体现出设计理念，清晰无误地传递课程内容，能娴熟地利用各种教学交互技巧，在最大程度上调动学习者的学习兴趣。

（3）技术与资源：能够使用最恰当的技术进行课程开发，开发出来的教材既优美，又简单易用；选择或开发的多媒体资源切合课程内容，丰富而多彩，生动而有趣，在最大程度上体现技术对教学的促进作用。

（4）创新与特色：教材在内容与结构、设计与教学、技术与资源等各方面的开发与设计既能符合要求，又有一定的创新性，并取得显著的效果；开发出来的课程带有开发小组自身的鲜明特色，在综合层面上给人一种独特而合理的感觉。

纸质教材评审具体内容详见《公司培训课程管理办法》的培训教材评审验收表。

小　结

本节主要阐述4个方面的内容：纸质教材框架设计、纸质教材内容编制、纸质教材版面设计和纸质教材评审验收。其中纸质教材框架设计包含封面、书脊、扉页、版权页、前言、目录、正文、参考文献等主要元素；纸质教材内容编制包括：正文的编制、摘要的编制和正文的编制；纸质教材版面设计包括样式设计、目录设计、生动的内容形式设计；纸质教材评审验收包含内容与结构、设计与教学、技术与资源、创新与特色四个方面的评价内容。

第二节　电子教材开发

学习目标

任务目标：能够建立电子教材开发系统思维，准确识别电子教材的优劣。

学习目标：正确阐述电子教材开发的步骤流程及相应要点规范，列举电子教材的主流开发工具、电子教材的评价维度。

内容提要

本节主要介绍电子教材设计、电子教材技术开发、电子教材评审验收。

知识技能

电子教材是指在一定的学习理论指导下，以课程大纲为基础，为达成特定的培训目标，通过教学设计，并以多媒体（包括动画、图片、声音、视频等形式）来反映某种教学策略和教学内容的应用软件。相对于传统纸质教材，电子教材能够进行交互式学习、能够设计动态知识呈现、能从视听两个角度刺激和辅助学员进行学习，从而使学习更有趣味，更直观易懂。

电子化教材分为标准电子课件、非标准电子课件。标准电子教材是指基于SCORM（Shareable Content Object Reference Model）技术标准开发的、具有多媒体信息和交互性的教学文件；非标准电子课件形式包括 PPT、WORD、视频、FLASH 动画等。本节主要介绍标准电子教材的制作，其开发流程一般包括电子教材设计、电子教材技术开发、电子教材评审验收三个环节。

一、电子教材设计

电子教材的设计包括教学设计、技术设计两部分，设计过程中需充分考虑成人的认知规律，针对成人学习特点进行电子课件的设计。

（一）电子教材教学设计

电子课件的教学设计是指根据培训主题、学员特征和培训目标，确定合适的培训起点与终点，将诸要素有序、优化地安排，形成电子课件教学设计方案的过程。这个过程与一般的教材开发流程相类似，包含需求分析、目标确定、结构设计、内容编制等，具体可参考第一篇讲义制作、本篇第二章课程大纲设计和本篇第四章第一节纸质教材开发等相关内容。

《公司电子课件开发标准》对教学设计制作了明确的设计规范，见表 3-9。

表 3-9　　电子教材教学设计规范

条目	明细
1. 紧密结合工作实际	教材设计应紧密结合工作实际，有助提升学员管理、技术、技能等能力
2. 符合学员认知水平	教学内容具有科学性，具有良好的教学设计，符合学员学习认知水平。一个完整课件的教学内容一般包含学习目标、教学内容、学习测试、案例等

续表

条目	明细
3. 充分发挥主观能动性	电子教材应采取多种教学策略，充分发挥学员的主观能动性，有效促进学员的知识建构与能力发展
4. 良好的学习评价	教材应具有良好的学习评价功能，测试部分具有自动判卷和判别结业与否的功能，所有测试在判卷后均应能够回顾测试题的正确答案

（二）电子教材技术设计

技术设计是电子教材的定型阶段，是指对电子教材进行全面的技术规划，包括确定其功能结构、导航策略、交互方式等内容。一般包含导航设计、交互设计和屏幕设计，见图 3-26。

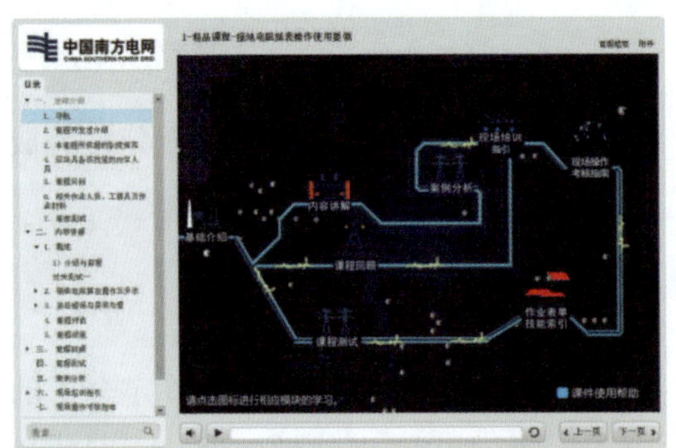

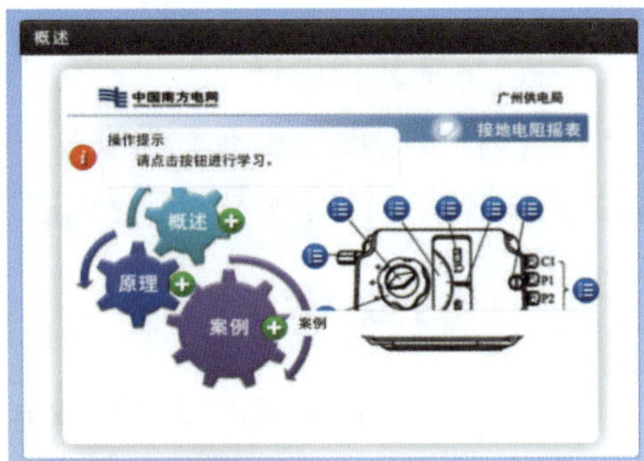

图 3-26　电子教材的导航设计、交互设计和屏幕设计

《公司电子课件开发标准》对技术设计也有明确的设计规范，见表 3-10。

表 3-10　　　　　　　　　　　电子教材技术设计规范

条目	明细
1. 教材明显体现公司版权信息	在明显位置标明本公司的版权信息，制作商的名称、标识只能出现在课件简介页面
2. 页面设计规范、准确、简洁	文字色彩搭配协调，风格统一，图表清晰准确，页面设计简洁明了，采用常见的字体
3. 具有良好交互性	电子教材的界面要直观，符合学员的视觉心理，易于操作，具有良好的交互性，能及时对学员的学习活动做出相应的反馈

教材设计部分最终会形成脚本交由技术设计人员进行技术开发。脚本一般包括课件各页面的具体内容、媒体呈现方式等，它是教材设计人员与技术开发员沟通的有效工具，见图 3-27。

页面编码：模块 1.1-1	页面名：职责分工
页面显示的具体内容： 1. 职责框架图 2. 部门职责的详细内容	教学媒体（资源）： 无
交互画面：	配音： 以下为各部门的职责分工框架图，请点击按钮查各部门职责。
超链接结构方式： 1. 通过点击按钮（1-12）可学习对应部门的具体职责； 2. 点击按钮 13 可进行后续内容的学习。	多媒体呈现方式： 1. 播放页面内容配音； 2. 学员自行点击了解各部门职责。

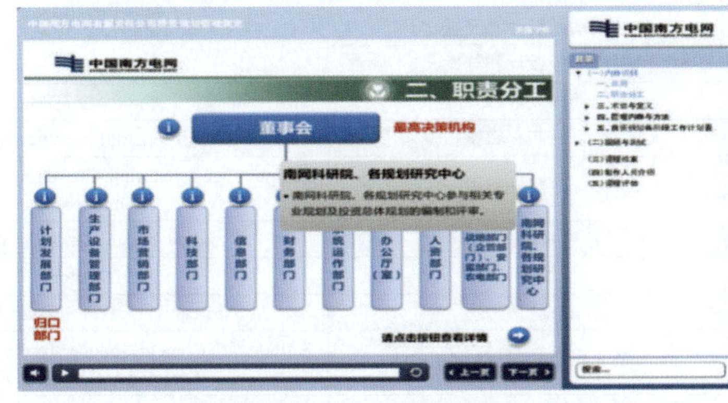

图 3-27　内容编制脚本图和内容编制脚本对应的页面成果

二、电子教材技术开发

电子教材技术开发主要是根据教学设计和技术设计的成果，利用课件开发工具进行课件开发，开发过程包括媒体元素设计和开发、课件制作、课程整合和打包步骤，具体见图 3-28 所示：

图 3-28　电子教材技术开发流程

整个开发要求多媒体素材清晰、标准、流畅，并且课件需要封装成符合 SCORM1.2 标准的标准课程包，可以上传公司网络学习系统通过浏览器的方式播放。在教材开发过程中可遵循公司标准电子课件指导性模板。

（一）电子教材开发工具

“君子性非异也，善假于物也”，高品质电子课件的开发有赖于多媒体开发工具的支持，以下针对技术开发过程中的关键流程推荐一些常用工具，见表 3-11：

表 3-11　　电子教材技术开发常用工具

开发流程	关键环节	常用工具
媒体元素设计开发	界面设计	Adobe Photoshop, Illustrator,Adobe Flash, Adobe Flex,InDesign, Adobe After Effects, Coreldraw,Fire-works
	图片制作	
	平面动画设计和开发	
	卡通动画设计和开发	
	三维动画设计和开发	AutoCAD,3DMax
	声音录制和编辑	CoolEdit,Audition,Wavestudio
	视频录制和编辑	Adobe Premiere,Camtasia Studio, 超级解霸 5.5, Animator studio
课件制作	网页开发	Adobe Dreamweave,FrontPage
	虚拟场景开发	Director
	仿真模拟开发	Adobe Captivate,IBM Simulation Producer
课程整合打包	单元集成和课件整合	Authorware,ContentProducer,Toolbook, 方正奥思, Director,Action, 课件大师
	AICC/SCORM 打包工具	Reload Editor

除此之外，目前流行一些支持电子教材整体化制作解决方案的电子教材制作工具，能有效的提高课件电子化的效率和质量，其中广泛好评的有：Adobe Presenter、Articulate Studio、Snap 等，下面就这三个工具展开介绍：

（1）Articulate Studio。Articulate Studio 在综合考虑功能、易用性和价格三个方面，成为众多公司电子教材制作工具的首选。其重要特点是制作者可以在 PPT 文件上面直接进行 e-Learning 的设计和开发，如加入旁白、图片、视频、动画、互动模块、测试题等效果，并将课件导出为符合 AICC 或者 SCORM 标准格式的课件，见图 3-29。

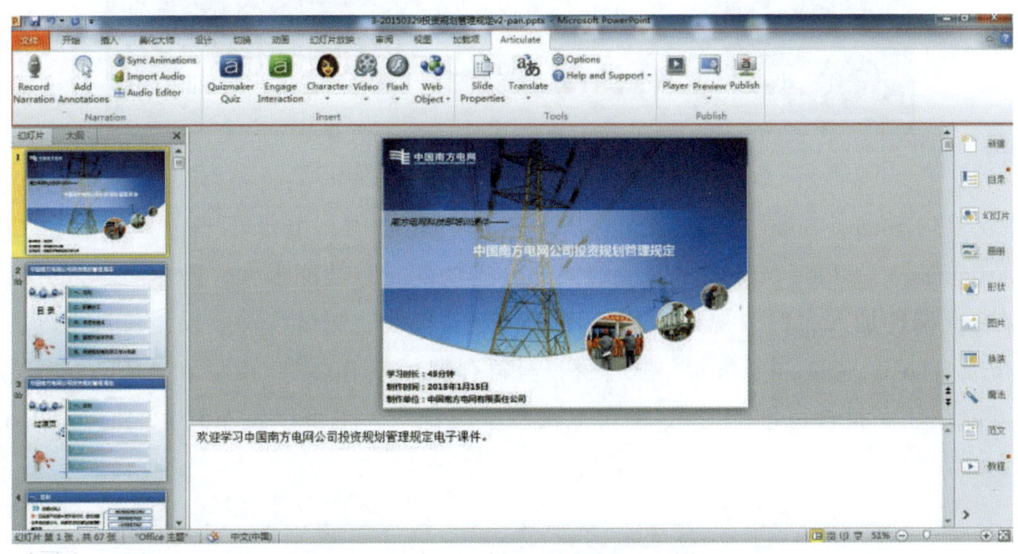

图 3-29　Articulate Studio 操作界面

（2）Adobe Presenter。Adobe Presenter 是个用来快速创建电子教学内容和高质量多媒体演示文稿的软件工具。Presenter 的界面简便易用且能够与 PowerPoint 完全集成，因此无需进行额外的培训，也不要求 Flash 编程知识。只需短短几分钟，您便能添加音频、视频、多媒体、交互式测验和调查以及复杂的分支结构，将静态 PowerPoint 文件转换成动态的 Web 内容。使用 Presenter 创建的内容可通过 SCORM 1.2 和 SCORM 2004 认证，且符合 AICC 规范，见图 3-30。

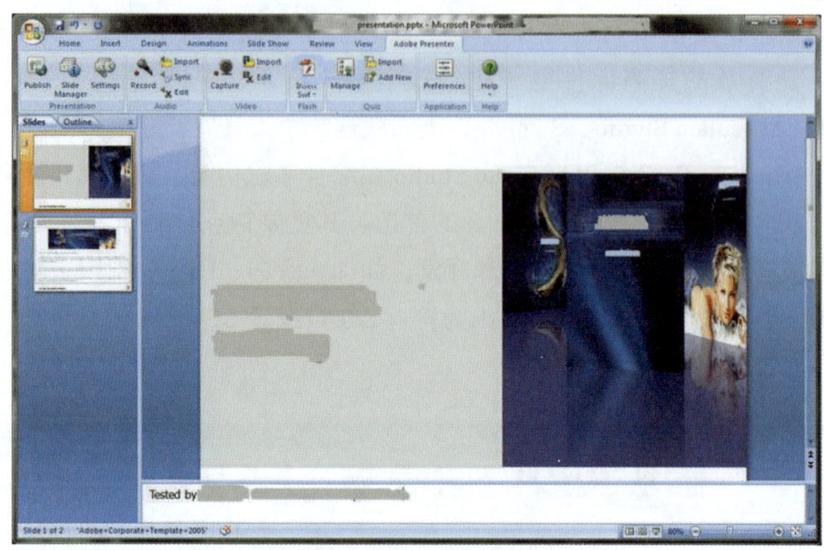

图 3-30　Adobe Presenter 操作界面

（3）Snap。Snap 是 e-Learning 开发软件后起之秀，继承了当前同类软件如 Articulate 、Adobe presenter 等中的大部分的功能。它功能强大，操作简单，可以在 ppt 课件加入旁白、视频、Flash 动画、互动模块、测试题等效果，并且可以发布成 HTML、CD、Flash 等格式课件，且符合国际通用的 SCORM 和 AICC 标准，可以在任何符合标准的 LMS 平台上跟踪学习记录，也可以发布到 iPhone 或 iPod Touch 等平台，见图 3-31。

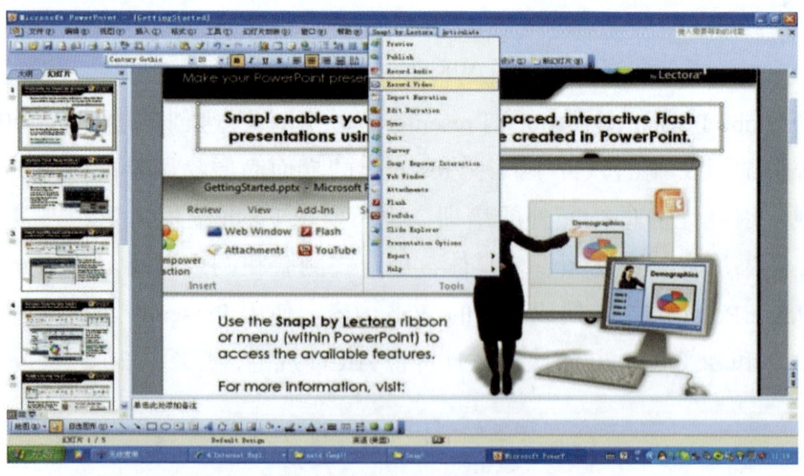

图 3-31　Snap 操作界面

（二）电子课件指导性模板

标准电子课件指导性模板在设计风格上遵循公司 VI 规定。在课件结构上遵循教学设计原则，结构分为课件封面、制作人员介绍、课程目标、课程内容目录、课程内容页面、课程回顾、课程测试、致谢页面 8 部分。

以下说明以技能类培训教材为例来介绍电子课件指导性模板基本结构和功能。

教材封面：包括企业 VI、课程名称、相关信息及背景图片等	制作人员介绍页：包括教材制作人照片、个人简介、电话等信息
课程目标页：包括任务目标和知识目标等内容	课程目录页：包括课程内容各章节标题
课程内容页面：包括课程章节标题、具体课程内容或图片、图表、视频等内容	课程回顾：包括课程回顾的知识要点、技能要点等

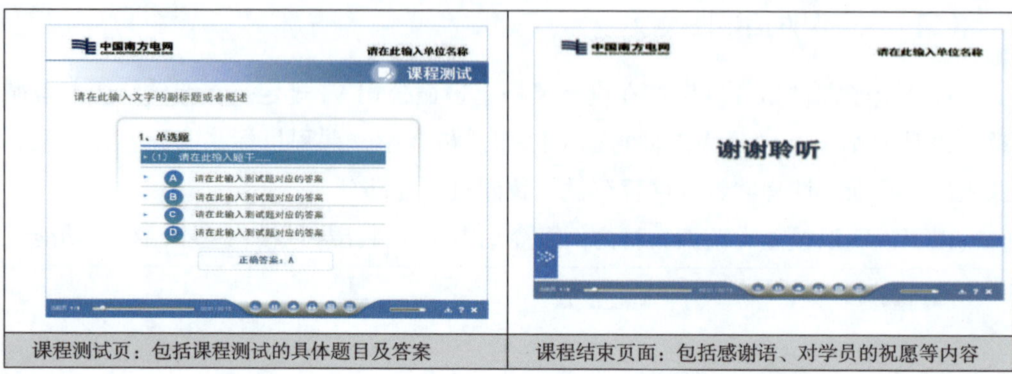

课程测试页：包括课程测试的具体题目及答案	课程结束页面：包括感谢语、对学员的祝愿等内容

模板意义在于提供规范性和指导性的参考，课件编制过程中，在保证具备基本结构和功能的基础上，可灵活根据逻辑、清晰、美观的需要进行底面、背景的丰富，同时可参照公司讲义色调来设计衍射等，使课件更符合授课或学习的需要。

三、电子教材评审验收

标准电子教材主要从教学内容、教学设计、技术规范三个基本维度来评价教材的质量。

1. 教学内容

教学内容具有科学性，具有良好的教学设计，符合学员学习认知水平。

2. 教学设计

（1）设计标准：是否紧密结合工作实际，有助提升学员管理、技术、技能等能力。

（2）教学策略：是否能充分发挥学员的主观能动性，有效促进学员的知识建构与能力发展。

（3）学习评价功能：是否设计有相关的知识点测试，且测试部分具有自动判卷和判别结业与否的功能，所有测试在判卷后均应能够回顾测试题的正确答案。

3. 技术规范

（1）界面标准：界面直观，符合学员的视觉心理，易于操作，具有良好的交互性，能及时对学员的学习活动作出相应的反馈。

（2）技术标准：

1）采用主流的网络多媒体技术制作，可以通过网络浏览器的方式播放。

2）文字色彩搭配协调，风格统一，图表清晰准确，页面设计简洁明了，采用常见的字体。

3）图像采用 JPG、PNG、GIF 等常见格式，能够清晰显示图像细节，色彩深度不小于 16 位。

4）音频采用标准的普通话配音，音频格式应采用 WAV、WMA、MP3 等常见格式，采样频率不低于 22.05kHz、16bits。

5）视频采用 AVI、MPG、WMV、MP4、MOV、FLV 等常见主流格式，视频画面清晰，分辨率不低于 352×288。

6）动画采用 Flash、GIF 等常见格式，画面清晰，播放流畅。

7）内容封装应符合 SCORM 标准，支持的 SCORM 版本不低于 1.2。

小　结

本节主要阐述 3 个方面的内容：电子教材设计、电子教材技术开发和电子教材评审验收。其中电子教材设计主要包含电子教材的教学设计、电子教材的技术设计；电子教材技术开发主要说明了电子教材技术开发流程、电子教材开发工具、电子教材指导性模板三个方面的内容；电子教材评审验收主要包含教学内容、教学设计、技术规范三个评价维度。

DISIPIAN

XIANGMUKAIFA

第四篇 项目开发

项目是一种独特的工作，即遵照某种规范及应用标准法导入或生产某中心产品或某项新服务，这种工作应在规定时间、成本费用、人力资源及资产等约束内完成。培训项目是按照《公司培训计划管理办法》、《公司培训课程管理办法》、《公司培训师资管理办法》等标准规范，在规定的培训时间、经费预算等条件下，为达成培训目标所开展培训实施工作，培养管理人员，发展人才素质，提升员工技能的核心途径。项目开发是指为了提高培训项目实施效果，根据项目管理方法论，包括需求分析、计划制定、过程管理与效果评估四个阶段的过程。培训项目可以大致分为培训班培训项目和非培训班培训项目（教材开发、题库编制等）两种类型，本教材重点讲解培训班项目的开发，对于非培训班项目可以酌情参考。

培训师的项目开发能力主要包括项目需求分析能力、项目计划与方案制定能力、项目过程管理能力和项目评估，具体的能力要求见公司培训师通用能力评价标准（见附录 1）。

本篇共分四章，第一章为培训项目需求分析，主要阐述培训需求分析的来源、培训需求分析的方法、培训需求数据分析与需求说明书填写等内容；第二章为培训项目策划和方案制定，主要阐述培训项目策划的定义和要求、培训项目策划书的制定、培训项目方案编写要点等内容；第三章为培训项目过程管理，主要阐述培训项目满意度管理、培训项目经费管理、培训项目进度控制和项目资料归档等内容；第四章为培训项目评估，主要阐述项目效果评估的意义、培训项目评估方法等内容。

第一章　培训项目需求分析

第一节　培训项目需求方法介绍

学习目标

任务目标：针对特定培训项目选择恰当的需求分析来源与方法来获取所需的分析内容。

知识目标：领会培训项目需求分析对培训项目开发的意义；正确列举培训需求分析内容、来源与方法。

内容提要

本节主要介绍培训项目需求分析的目的与内容、培训项目需求分析的来源、培训项目需求分析的方法等内容。

知识技能

一、培训项目需求分析的目的与内容

培训项目需求分析是采用科学的方法弄清谁最需要培训、为什么要培训、培训什么等问题，并进行深入探索研究的过程。有效的培训项目需求分析是培训项目策划与方案制定和培训项目过程管理的重要前提，是培训项目效果评估的重要依据。

培训项目需求分析的主要目的在于区分真正需求与假象需求；区分目前需求、未来需求与长期需求；确认现有绩效与预期绩效的差距；准确掌握培训的价值和成本，并且衡量是否应进行培训；使培训获得组织内、外部的支持。

培训项目需求分析的主要内容包括培训对象分析、培训内容分析和培训方式分析，见表 4-1。

表 4-1　培训项目需求分析的内容

培训项目需求分析	具体内容
培训对象分析	主要分析学员的一般特征（性别、年龄、教育背景等）、初始能力（包括现有知识水平、技能水平、工作态度等）及学习风格，并需要与培训内容与方式分析结合起来
培训内容分析	主要从学员的岗位工作业务及其岗位胜任能力出发，分析学员的工作内容及核心业务流程、规范、标准，分析学员自身现状与组织预期的差距，确定培训项目内容的重点、难点及知识内容教学结构
培训方式分析	结合培训对象分析，基于公司培训师、培训基地、培训课程等资源条件，分析适合培训项目的培训时间及培训形式。（面授教学、网络直播、在线自主学习、实操训练或者混合学习等）

二、培训项目需求的三方面来源

培训项目需求的目的是发现特定工作的实际需求与任职者现有能力之间的距离，以此确定培训对象、内容及方式。根据培训功能以及培训参与者情况，可以将培训项目需求的来源划分为组织需求、部门需求和个人需求三大部分，见图 4-1。

图 4-1　培训需求的三方面来源

（一）组织需求

组织需求分析要求站在全局的高度，立足于组织战略和愿景，从组织中长期发展的角度来确定员工培训需求，重点分析组织内部对员工能力的需求，分析员工的能力现状和发展要求，确定培训项目的目标、对象、内容和方式。

组织需求分析主要包括表 4-2 的内容：

表 4-2　　组织需求分析的内容

组织需求分析	具体内容
分析内容	明确组织的市场环境、目标战略、运作经营和现有资源等方面情况及其对组织培训提出的具体要求
分析对象	公司管理者
分析方法	专家法、访谈法等

（二）部门需求

部门需求分析主要是立足于部门的职能定位、发展目标、组织绩效及核心业务，分析部门员工的能力现状与任职要求之间的差距，并以此确定培训项目的目标、对象、内容及方式，把握业务部门层面培训需求的方向。部门需求分析主要包括表 4-3 的内容：

表 4-3　　部门需求分析的内容

部门需求分析	具体内容
分析内容	明确业务部门的职能定位、发展目标、组织绩效及核心业务等方面的情况及其对培训提出的具体要求
分析对象	业务部门管理者
分析方法	专家法、绩效差距分析法、观察法等

（三）个人需求

个人需求来源于员工个人职业规划与员工具备知识技能所能支撑的工作之间的差距，简而言之就是员工“想干什么”和“能干什么”的差距。重点分析员工个人目前所掌握的知识、技能和潜在素质能力的程度。

个人需求分析主要包括表 4-4 的内容：

表 4-4　　个人需求分析的内容

个人需求分析	具体内容
分析内容	明确员工个人目前所掌握的知识、技能，以及与岗位胜任能力要求的能力差距
分析对象	员工个人
分析方法	问卷调查法、访谈法等

三、培训项目需求分析的方法

培训项目需求分析常用六种方法：问卷调查法、访谈法、专家法、绩效差距分析法、观察法和资料法。每种培训需求分析方法各有侧重点，在进行培训项目需求调研时，几种方法可以混合使用，这样可以弥补某种方法的缺点，实现各种方法的优势互补，提高所得信息资料的可靠性。

详细的培训项目需求分析方法介绍见表 4-5。

表 4-5　　六种常用的培训项目需求分析方法

需求分析方法	定义	步骤	优点	缺点	注意事项	适用范围
问卷调查法	问卷调查法是指运用统一设计的问卷向被选取的调查者了解培训信息和征询培训意见的一种方法。问卷调查可以采用信函、传真、电子邮件、电话或面谈等方式进行，从而获得所需的信息	1. 明确调研主题； 2. 设计调研问卷； 3. 发放及回收问卷； 4. 数据统计； 5. 撰写调查报告	1. 可在短时间内收集到大量的反馈信息； 2. 成本较低； 3. 无记名方式可使调查对象畅所欲言； 4. 所得到的信息资料比较规范，容易分类汇总统计处理	1. 无法进行双向式沟通，调查范围受制于问卷的设计与内容，存在无法获得潜在信息的风险； 2. 需要大量时间和特定的技术进行统计分析； 3. 很难收集到关于问题产生的原因和解决问题的方法方面的准确信息	1. 在问卷设计时，应考虑数据统计和分析是否易于操作； 2. 调查中要取得被调查者的信赖，避免被调查者对调查产生顾虑或填写虚假信息	问卷调研法一般适用于部门需求分析和个人需求分析
访谈法	访谈法是指调查人员直接与被调查者进行交流，了解访谈对象对工作所抱有的态度和具体的计划，由此而产生相关的知识、态度、技术技能等方面的培训需求的调查方式	1. 确定访谈对象； 2. 准备访谈提纲； 3. 实施访谈； 4. 整理分析访谈结果	1. 有利于发现培训需求的具体问题、原因和解决方法； 2. 便于双方在平等的氛围下沟通，共同分析，确认培训需求； 3. 为调查对象提供较多的自由表达意见的机会	1. 耗时太多； 2. 多为定性资料，整理任务繁重，分析难度大； 3. 需要访问者有较高的访谈技巧，否则容易使访谈对象心理紧张，影响所得信息的可靠性	1. 要有明确的面谈目标，不要漫无目的面谈，以免浪费正常的工作时间； 2. 设计一份具有指导性的面谈提纲，以便取得有效的培训需求信息； 3. 营造融洽且信任的访谈气氛	访谈法适用范围较广，组织需求分析、部门需求分析和个人需求分析都适用访谈法

续表

需求分析方法	定义	步骤	优点	缺点	注意事项	适用范围
专家法	专家法是将专家集中组织起来，共同研讨、思考和分析培训现状，确定培训需求的一种分析方法	1. 确定参与的专家； 2. 组织参会者就某一主题展开研讨； 3. 整理分析座谈结果，明晰培训需求	1. 交流方便，操作起来省时省力； 2. 有利于敞开思路，独立思考，各抒己见	1. 专家意见未必能反映客观事实； 2. 责任较为分散，难以估计参与者的积极性	1. 专家人数不宜过多，一般十几人为宜； 2. 要营造融洽且信任的研讨气氛	专家法适用于组织需求分析
绩效差距分析法	绩效差距分析法是在分析员工工作绩效现状与理想绩效状况之间的差距的基础上，确认和找出造成差距的症结与根源，明确培训需求的方法	1. 通过绩效考评明确绩效现状； 2. 确认绩效标准与实际绩效的差距； 3. 分析绩效差距的成因； 4. 根据绩效差距的原因分析确认培训需求	1. 获得的培训需求非常准确； 2. 按工作绩效差距确定培训需求，具有针对性	1. 培训需求调查分析人员需具有较强的观察和分析能力； 2. 需要企业有比较系统、完善的工作绩效指标	1. 将明确规定并得到一致同意的标准作为考核的基线； 2. 集中关注关键业绩指标	绩效差距分析法适用于部门需求分析
观察法	观察法是培训需求分析调查人员在工作现场对被调查者情况直接观察、记录以发现问题从而获得培训信息的一种分析方法	1. 明确观察主题，确定观察对象； 2. 制定详尽的观察计划； 3. 实施观察，作好记录； 4. 整理与分析资料，撰写研究报告	可以得到有关工作环境的信息以及关键性任务的完成情况信息	1. 培训需求调查分析人员需具有丰富的观察知识和技巧； 2. 只能在工作环境中进行资料的收集	1. 调查人员要对被调查者的工作有深刻认识，并了解其工作的评价标准； 2. 调查人员在对被调查者进行观察时，不能影响被观察者的正常工作	观察法适用于部门需求分析
资料法	资料法是指利用组织现有的工作分析文件、人力资源规划文件、人力资源信息、人事档案等综合分析培训需求	1. 收集所需资料； 2. 整理资料并挖掘培训需求	1. 耗时少； 2. 成本低，便于收集； 3. 信息质量高	1. 不能显示问题的原因和解决的办法； 2. 资料所反映的大都是过去的情况	1. 可建立资料库，方便查找； 2. 要对资料进行定期的更新	资料法适用于组织需求分析

小 结

本节阐述了培训项目需求分析的目的与意义，重点讲解培训项目需求分析的内容、来源及方法，并对培训项目需求分析方法的定义、步骤、优缺点、注意事项及适用范围做了具体论述。

培训需求分析主要进行培训对象分析、培训内容分析和培训方式分析；培训需求的来源主要来自于组织需求、部门需求和个人需求，其中组织需求的分析方法有访谈法、专家法、资料法、问卷调查法；部门需求的分析方法有绩效差距分析法、观察法、访谈法、问卷调查法；个人需求的分析方法有问卷调查法、访谈法。

第二节 培训项目需求数据分析与需求说明书填写

学习目标

任务目标：针对特定培训项目需求分析数据选择恰当的需求数据分析方法；按照培训需求说明书模板要求填报培训项目的需求说明书。

知识目标：正确列举需求分析数据分析方法；阐述培训需求说明书的主要内容与结构。

内容提要

本节主要介绍培训项目需求数据的统计方法和培训项目需求说明书编制等内容。

知识技能

一、培训项目需求数据分析方法

采集完可靠的培训项目需求数据后，培训组织者将对需求数据进行处理和分析，常见的分析方法主要有定性分析与定量分析两种。

定性分析法是指对观察、访谈、资料和问卷中的开放性问题得到的信息进行分类、提炼与归纳，从而总结分析出培训需求现状和对未来预测的方法。

定量分析法是指对培训需求数据中的具有计量关系、数量关系与数量变化等特征的数据进行分析的方法，一般可采用数理统计工具进行分析。

定性分析与定量分析是有区别的，可参考表 4-6。

表 4-6　　定性分析与定量分析的对比

类别	目的	样本	数据收集	数据分析	适用范围	常用工具
定性分析	对潜在的理由和动机求得定性的理解	由无代表性的个案组成的小样本	无结构的	非统计的方法	一般适用观察法、访谈法和问卷中的开放性问题	归纳法、关键要素提取法
定量分析	将数据定量表示，并将结果从样本推广到所研究的总体	由有代表性的个案组成的大样本	有结构的	统计的方法	一般适用于问卷调查法中的客观题目结果的统计分析	统计（Excel，SPSS）

例子 4-1

定性分析配电生产人员的培训需求

针对配电生产人员的访谈报告：

<table>
<tr><th>时间</th><th>2005.9.6</th><th>地点</th><th>教室</th><th>访谈人</th><th>×××</th></tr>
<tr><th>访谈主题</th><th colspan="5">听取配电生产人员对培训需求的看法</th></tr>
<tr><td colspan="6">访谈记录：
1. 班组成员目前理论知识和技能水平与工作存在一定的差距，主要体现在老职工的理论、文化水平不高而新进公司的职工技能水平不高（“动手”能力差）。
2. 目前配电人员最需要的是实际技能的培训，理论知识应同时进行，但重点仍是实际操作技能。
3. 培训的目的是促进工作，对配电线路的工种应以理论培训和实际操作结合的方式进行。
4. 岗位能力培训是目前提高职工技能的一个有效途径，配电人员最希望参加的是针对新设备的专题讲座、新技术讲座等。
5. 目前班组需要的主要是岗位技能培训，培训需求能得到满足的不多（特别是对新技术、新设备的应用前培训），高级工、技师的培训名额太少，不能满足大多数人的需求。
6. 目前，企业对配电人员培训主要为理论培训，班组成员也基本以自学为主。目前班组希望能多组织技能培训，全面提升配电人员水平</td></tr>
<tr><td colspan="2">记录人</td><td colspan="2">×××</td><td colspan="2">备注</td></tr>
</table>

对得到的信息进行分析归纳：

培训时间	配电人员在培训时间上均倾向在上半年的工作日参加培训
培训方式	配电人员均希望在培训方式上有所突破，现场培训和案例分析是最期望的培训方式

续表

培训安排	配电人员均认为培训安排具有改善空间，一是在于缓解工学矛盾方面，二是在于适当安排培训量方面
培训内容	配电人员均对“五新”培训（新理论、新技术、新设备、新政策、新法规）和本专业技术难题方面的培训非常感兴趣，认为这两种培训对个人未来发展有帮助

定量分析员工的培训需求

（1）先分析学员情况，包括员工年龄结构分析、员工学历结构分析、员工职称结构分析、员工技能等级结构分析四个部分。

员工年龄结构分析

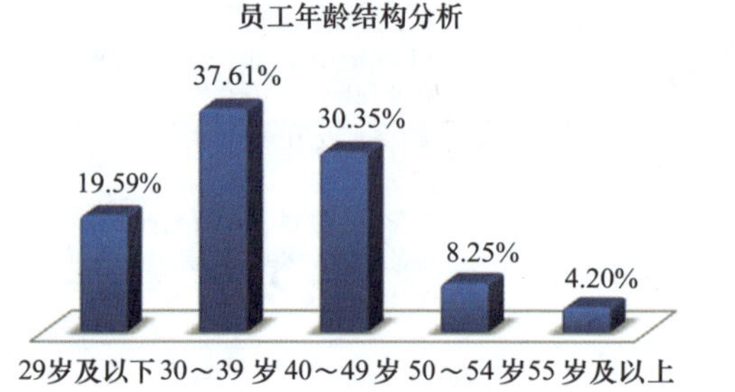

员工学历结构分析

43.34%
13.55%
24.53%
16.78%
1.80%
高中及以下
技校 / 中专
大专
本科
硕士及以上

员工职称结构分析

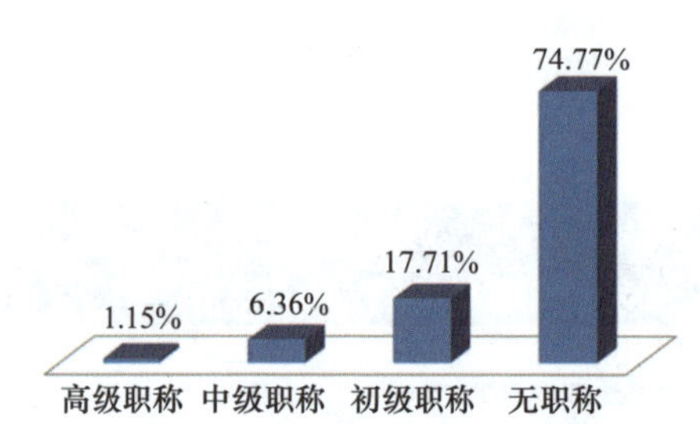

员工技能等级结构分析

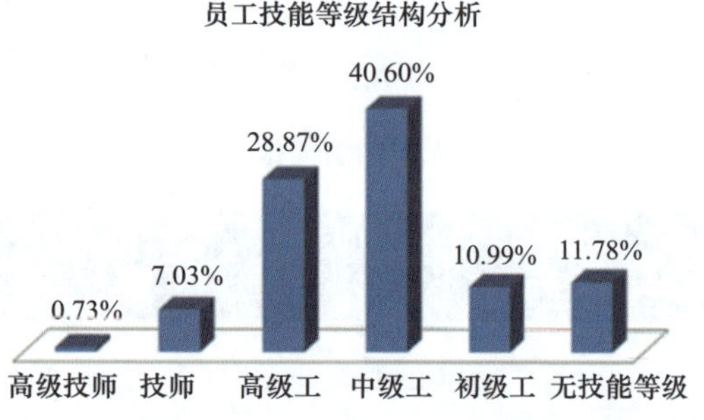

（2）分析培训现状，主要包括教育培训满意度分析、员工教育培训动力分析、培训实用性分析、教育培训工学矛盾分析。

教育培训满意度分析

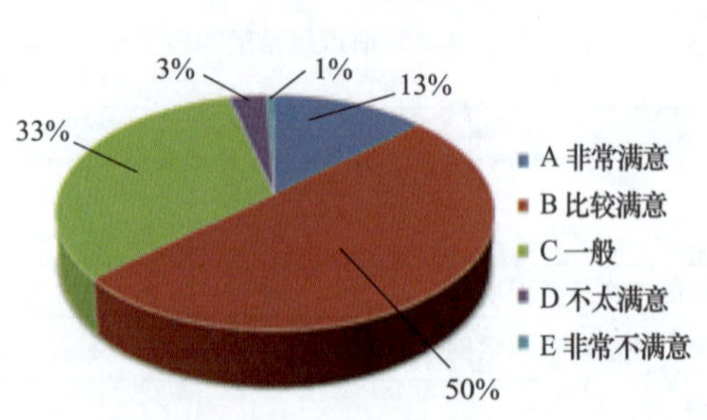

教育培训实用性分析

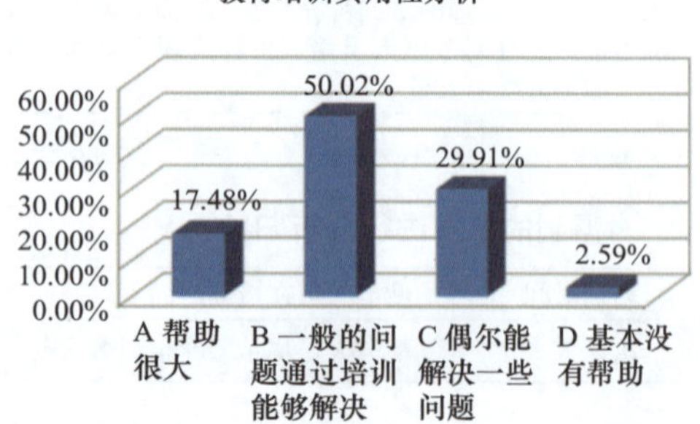

员工教育培训动力分析

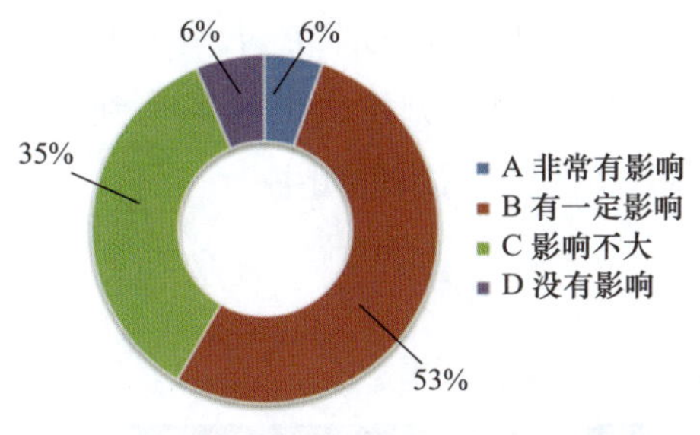

教育培训工学矛盾分析

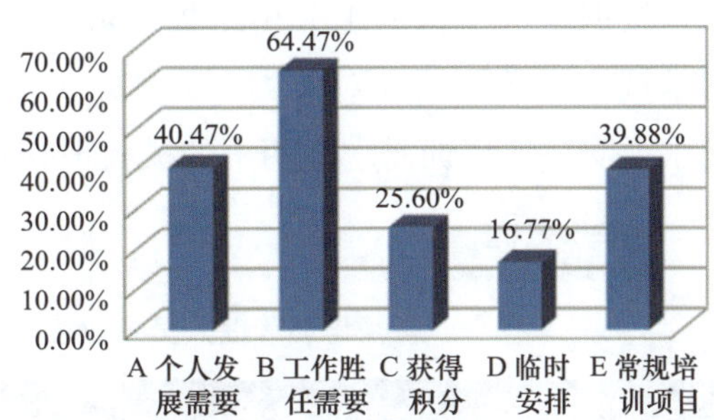

（3）最后，根据前面得到的数据进行需求预测分析。

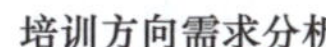

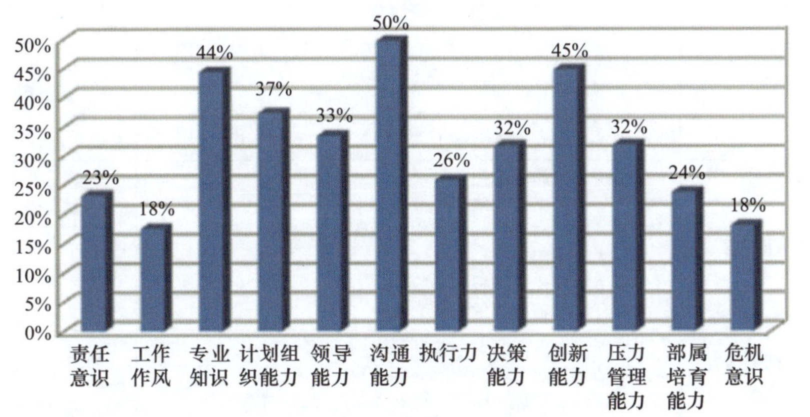

培训课程倾向性分析

课程类别	课程名称	选择率
人员管理类	《团队制胜-室内体验式团队拓展训练营》	47.5%
	《高效团队建设》	62.8%
进度控制技巧类	《时间管理与个人效能提升》	51.4%
	《目标管理与计划管理》	49.7%
	《优势思维-问题分析与解决》	47.6%
风险控制技巧类	《突发事件应急处理》	47.8%
	《电力企业精细化管理》	39.1%
成本控制技巧类	《非财务人员的财务管理》	32.7%
	《电力企业资产设备全生命周期管理》	38.1%
沟通协调技巧类	《团队管理与沟通艺术》	56.5%
	《跨部门沟通与协调》	47.5%
	《人际风格与有效沟通》	49%
思维素质类	《管理者创新思维》	50.8%
	《优势思维 - 问题分析与解决》	49%
	《创新思维与理性决策》	51.8%
自我管理类	《有效管理的七大功夫》	54.2%
	《科学工作方法》	49%
	《情绪舒缓与压力管理》	54%

二、培训项目需求说明书编制说明

根据培训项目需求分析结果，可以初步拟定培训项目名称、需求调查方法、需求调查人数、培训对象类别、拟培训人数等内容，根据分析的结果填写到培训需求说明书。培训需求说明书的模板请查看附录 2：培训需求说明书。

案例分享

《培训管理人员专业技术提升》培训需求说明书

<table>
<tr><th>培训项目名称</th><th colspan="4">《培训管理人员专业技术提升》培训</th></tr>
<tr><td>需求调查方法</td><td>问卷法、观察法、访谈法</td><td>备注：问卷法、访谈法、观察法、资料法</td><td>需求调查人数</td><td>20 人</td></tr>
<tr><td>培训对象类别</td><td colspan="2">专业技术人员</td><td>拟培训人数</td><td>40 人</td></tr>
<tr><td>培训对象描述</td><td colspan="2">各单位人力资源部培训专责</td><td colspan="2">备注：描述培训对象的岗位特征</td></tr>
<tr><td>培训对象岗位能力要求</td><td colspan="2">1. 组织本单位员工开展培训学习；
2. 了解培训管理的规范和要求；
3. 可以通过现代管理技术手段实现培训的实施与管理；
4. 具有较强培训策划能力</td><td colspan="2">备注：分析培训对象的岗位能力要求，即通过培训，培训对象应该掌握的知识或提升的能力</td></tr>
<tr><td>培训对象现有能力差距</td><td colspan="2">1. 组织策划能力不强；
2. 不了解本岗位的培训规范和要求；
3. 不了解目前可用的培训实施与管理的技术；
4. 方法的使用；
5. 不了解现代管理技术手段；
6. 没有可借鉴参照的案例</td><td colspan="2">备注：对培训对象进行调研，分析培训对象现有能力差距</td></tr>
<tr><td>上一次实施同等内容培训的效果</td><td colspan="2">1. 培训策划方面的可借鉴性不强；
2. 不知道目前可用的资源有哪些；
3. 不了解对培训实施与管理有了新的要求和规定</td><td colspan="2">备注：说明上次培训效果</td></tr>
<tr><td>培训目标</td><td colspan="2">1. 任务目标：
（1）能充分利用现有的培训资源；
（2）能顺利开展培训项目策划、培训实施与管理等活动。
2. 知识目标：
（1）阐述培训实施与管理有了新的要求；
（2）列举培训资源的基本状况；
（3）知道如何使用新技术手段开展培训</td><td colspan="2">备注：根据培训对象现有能力差距确定培训目标，分为任务目标与知识目标</td></tr>
<tr><td>主要培训内容</td><td colspan="2">1. 培训管理规定；
2. 资源的分类及分布使用；
3. 现代化技术手段及其应用；
4. 案例分享</td><td colspan="2">备注：根据培训目标确定课程关键内容</td></tr>
<tr><td rowspan="5">培训实施建议及理由</td><td colspan="2">培训主办单位（部门）</td><td colspan="2">人资部</td></tr>
<tr><td colspan="2">培训时间</td><td colspan="2">2015 年 10 月</td></tr>
<tr><td colspan="2">培训学时</td><td colspan="2">6 小时</td></tr>
<tr><td colspan="2">培训形式</td><td colspan="2">讲座、网络学习、网络实操</td></tr>
<tr><td colspan="4">理由：及时进行技术和资源的推广，提升培训实施与管理效率</td></tr>
</table>

融会贯通

应用本节所学知识，进行所讲授课题培训需求分析的练习。

<table>
<tr><th>培训项目名称</th><th colspan="4"></th></tr>
<tr><td>需求调查方法</td><td></td><td>备注：问卷法、访谈法、观察法、资料法</td><td>需求调查人数</td><td></td></tr>
<tr><td>培训对象类别</td><td colspan="2"></td><td>拟培训人数</td><td></td></tr>
<tr><td>培训对象描述</td><td colspan="2"></td><td colspan="2">备注：描述培训对象的岗位特征</td></tr>
<tr><td>培训对象岗位能力要求</td><td colspan="2"></td><td colspan="2">备注：分析培训对象的岗位能力要求，即通过培训，培训对象应该掌握的知识或提升的能力</td></tr>
<tr><td>培训对象现有能力差距</td><td colspan="2"></td><td colspan="2">备注：对培训对象进行调研，分析培训对象现有能力差距</td></tr>
<tr><td>上一次实施同等内容培训的效果</td><td colspan="2"></td><td colspan="2">备注：说明上次培训效果</td></tr>
<tr><td>培训目标</td><td colspan="2"></td><td colspan="2">备注：根据培训对象现有能力差距确定培训目标，分为任务目标与知识目标</td></tr>
<tr><td>主要培训内容</td><td colspan="2"></td><td colspan="2">备注：根据培训目标确定课程关键内容</td></tr>
<tr><td rowspan="5">培训实施建议及理由</td><td colspan="2">培训主办单位（部门）</td><td colspan="2"></td></tr>
<tr><td colspan="2">培训时间</td><td colspan="2"></td></tr>
<tr><td colspan="2">培训学时</td><td colspan="2"></td></tr>
<tr><td colspan="2">培训形式</td><td colspan="2"></td></tr>
<tr><td colspan="4">理由：</td></tr>
</table>

小　结

本节主要阐述了培训项目数据分析的两种方式：是定性分析方法与定量分析方法，并介绍了这两种方法的运用目的、样本、数据收集、数据分析、适用范围及常用工具。灵活使用两种分析方法，根据培训项目需求分析结果，可以初步拟定培训项目名称、需求调查方法、需求调查人数、培训对象类别、拟培训人数等内容。

第二章　培训项目策划和方案制定

第一节　培训项目策划

学习目标

任务目标：按照培训项目策划书模板要求正确填报培训项目策划书。

知识目标：正确说出培训项目策划的定义与要求；正确阐述培训项目策划书制定的 5W2H 法。

内容提要

本节主要介绍培训项目策划的定义和要求、培训项目策划书的制定两个内容。

知识技能

一、培训项目策划的定义与要求

培训项目策划是对培训项目目标、内容、对象、费用、师资等全要素的一揽子计划。而项目的实施成功与否，除其他条件外，首要的一点就是所策划的项目是否具有足够可行性、针对性与有效性。培训项目策划必须围绕培训目的及培训项目需求分析结果进行，它是培训目的得以实现的途径，培训项目策划应该遵守以下三个原则，见表 4-7。

表 4-7　　培训项目策划的原则

培训项目策划的原则	具体内容
一致性原则	培训项目策划需与培训需求分析的结果保持一致
现实性原则	培训项目策划需要立足于公司现实条件
针对性原则	针对特定的培训对象，选择适当的培训内容和培训方式等

二、培训项目策划

（一）培训项目策划书的制定方法

培训项目策划书的制定一般采用 5W2H 法，该方法简要介绍了相关要素，并且清晰划定了其范围，具体见表 4-8。

表 4-8　　5W2H 法

5W	Why	根据培训目的确定的项目目标
	What	项目名称、主要内容、项目类别
	Who	单位层级、单位、部门或班组、培训对象类别、具体培训人员、培训人数
	Where	培训地点
	When	培训天数、培训期次、培训月份
2H	How	培训方式
	How much	经费预算、经费来源

下面对 5W2H 法的每项内容进行详细讲解：

（1）项目目标：培训后所获得的具体的工作成果、知识或技能。

（2）项目名称：项目包括教育经费开支项目和非教育经费开支项目、各类培训班、讲座、竞赛、考试、培训体系建设（非培训班）项目等。

（3）单位层级：单位层级分公司总部、分子公司、地市级单位、县（区）级供电企业 4 个层级。

（4）培训对象与项目类别，见表 4-9。

表 4-9　　培训对象与项目类别

培训对象	项目类别
管理类	科级、科级以下和其他管理人员 3 个项目类别
专业技术类	行政业务、企业管理、规划计划、人力资源、财务管理、市场营销、生产技术、基建工程、物流业务、信息技术、安全监察、农电管理、国际业务、审计业务、法律事务、纪检监察、政工业务、工会业务、调度通信、综合业务 20 个项目类别

续表

培训对象	项目类别
技能类	发电技能、输电技能、变电技能、配电技能、营销技能、调度技能、通信技能、信息技能、物流技能、安全教育培训、班组长培训、技能鉴定及上岗资格培训班 12 个项目类别
辅助类	行政辅助、生产辅助、后勤辅助 3 个项目类别
专项培训班	新员工培训、宣贯培训、涉及多类培训对象的其他综合性培训、师资课件等体系建设培训 4 个项目类别
非培训班项目	考试竞赛（非培训班）、师资课件题库开发等其他工作（非培训班）2 个项目类别

（5）培训方式：集中培训、网络培训、在岗培训、委外培训、业余自学、其他。

（6）经费来源：教育经费、小型基建、大修技改、科研项目、信息项目、其他。

（二）培训项目策划书的填写

根据 5W2H 法，可以初步拟定培训项目名称、培训对象类别、培训人数、单位层级、培训地点、培训天数和经费预算等内容，根据分析的结果填写至《培训项目策划书》。培训项目策划书的模板请查看附录 3：培训项目策划书。

小 结

本节阐述了培训项目策划的原则和制定方法，详细介绍了培训项目策划书的内容，包括项目目标、项目名称、主要内容、项目类别、单位层级、单位、部门或班组、培训对象类别、具体培训人员、培训人数、培训地点、培训天数、培训期次、培训月份、培训方式、经费预算、经费来源等。

第二节 培训项目方案的制定

学习目标

任务目标：按照《培训班实施方案》模板要求正确填报培训班项目实施方案。

知识目标：正确阐述培训项目方案编写的要点。

内容提要

本节主要介绍了培训项目方案编写要点、培训班实施方案模板两个内容。

知识技能

培训项目方案是一个培训项目能否顺利开展的先决条件，培训项目方案的编制必须与培训项目需求分析结果、培训项目策划书紧密联系，一脉相承。下面将讲解如何编写培训项目方案。

一、培训项目方案编写的要点

在编写培训项目方案时，要特别注意以下几个要点，见表 4-10。

表 4-10　　培训项目方案编写的要点

培训项目方案编写的要点	具体内容
明确培训目标和对象	请参考第二章第一节中培训项目策划书的制定方法的相关内容
明确培训课程内容	围绕培训目标，对培训内容进行梳理，明确培训内容的大致要点，列出提纲，课程内容一般来自公司的培训规范。同时也要根据培训内容明确培训的方式是授课式、互动式、技能操作式还是角色扮演等形式
明确培训师资	根据培训的内容明确培训讲师，是内部培训师还是外部培训师，并明确需要培训讲师的数目。内部培训师是指由公司各级单位选聘的承担面向公司系统内部员工授课、课程开发等培训任务的员工，包括兼职培训师和专职培训师；外部培训师是指各单位选用的承担培训授课、课程开发等培训任务的专家、学者、职业培训师等
明确培训经费	《公司培训计划管理办法》规定培训经费列入成本开支，实行预算管理，据实列支，专款专用。经费的提取、列支与使用必须严格遵守有关财务会计和税收制度的规定。培训经费列支范围包括员工培训开支、培训师资开支、培训场地及材料开支、培训资料开支、培训业务开支等
明确场地及设备	根据公司规定选择适当的培训场地，准备培训过程中可能需要的设施设备，注意要将其调适好，以保证培训项目顺利进行
明确培训时间	根据公司规定合理安排培训时间，确定培训是脱产培训还是利用业余时间培训，根据培训对象的作息时间来合理安排培训的日程、时间及培训课程表
明确评估方式	培训评估是为了判断培训效果是否达到预期的目标，《公司培训计划管理办法》规定培训评估分为四个级别：一级评估、二级评估、三级评估和四级评估
遵守相关法律法规的要求	围绕培训内容查阅相关法律法规规定，确保培训符合法律法规要求

续表

培训项目方案编写的要点	具体内容
提供后勤保障	培训过程每一环节的实施都需要一定的后勤保障。在制定培训方案时，应考虑到各阶段的后勤需求，及时提供后勤保障
需经由主办单位审核	所制定的培训项目方案，需报培训主办单位（部门）审核

二、培训项目实施方案的模板

《公司培训计划管理办法》规定，在培训项目策划审核通过的基础上，培训实施单位（部门）要进一步细化编写《培训班实施方案》，落实培训策划中的每一项要求，包括培训目标、培训时间和学时、培训地点、培训班负责人、培训内容及课程安排等，培训班实施方案的模板请查看附录4：培训班实施方案，非培训班可参照此方案。

案例分享

《培训管理人员专业技术提升》培训项目策划书

培训项目名称	《培训管理人员专业技术提升》培训		
培训对象类别	专业技术人员	培训人数	40人
培训对象描述	各单位人力资源部培训专责	备注：描述培训对象的岗位特征	
培训目标	1. 任务目标： （1）充分利用现有的培训资源； （2）顺利开展培训项目策划、培训实施与管理等活动。 2. 知识目标： （1）阐述培训实施与管理有了新的要求； （2）列举培训资源的基本状况； （3）知道如何使用新技术手段开展培训	备注：根据培训对象现有能力差距确定培训目标，分为任务目标与知识目标	
主办单位（部门）	公司人力资源部		
承办单位（部门）	公司培评中心		
协办单位	无		
培训期次	1	每期培训学时	6
师资来源	内部培训师、外部培训师	培训形式	讲座
主要培训内容	1. 培训管理规定； 2. 资源的分类及分布； 3. 现代化技术手段及其应用； 4. 案例分享	备注：根据培训目标确定课程关键内容	

续表

培训项目名称	《培训管理人员专业技术提升》培训		
培训场地及 设施设备要求	场地：室内、50 人的座位空间； 设备：投影仪、麦克风、音频线、计算机房		备注：场地要求、设备要求
培训证书类别	无	发证单位	无
培训评估	评估级别	一级评估 （反应评估）	备注： 一级评估（满意度评估）； 二级评估（学习评估）； 三级评估（行为评估）； 四级评估（绩效评估）
	评估方法和工具	问卷调研法	备注： 一级评估方法：问卷调研法、访谈法。 二级评估方法：试题考核法。 三级评估方法：绩效考核法、观察法、访谈法。 四级评估方法：投资回报率观察法、绩效考核法
	负责评估的单位（部门）	公司培评中心	
培训项目经费来源 及预算	教育培训经费来源	自筹	
	预算	2 万	

融会贯通

应用本节所学知识，进行所讲授课题培训策划书撰写的练习。

培训项目名称			
培训对象类别		培训人数	
培训对象描述			备注：描述培训对象的岗位特征
培训目标			备注：根据培训对象现有能力差距确定培训目标，分为任务目标与知识目标
主办单位（部门）			
承办单位（部门）			
协办单位			
培训期次		每期培训学时	
师资来源		培训形式	
主要培训内容			备注：根据培训目标确定课程关键内容
培训场地及 设施设备要求			备注：场地要求、设备要求
培训证书类别		发证单位	

续表

<table>
<tr><td rowspan="3">培训评估</td><td>评估级别</td><td></td><td>备注：
一级评估（满意度评估）；
二级评估（知识评估）；
三级评估（行为评估）；
四级评估（绩效评估）</td></tr>
<tr><td>评估方法和工具</td><td></td><td>备注：
一级评估方法：问卷调研法、访谈法。
二级评估方法：试题考核法。
三级评估方法：绩效考核法、观察法、访谈法。
四级评估方法：投资回报率观察法、绩效考核法</td></tr>
<tr><td>负责评估的单位（部门）</td><td colspan="2"></td></tr>
<tr><td rowspan="2">培训项目经费来源及预算</td><td>教育培训经费来源</td><td colspan="2"></td></tr>
<tr><td>预算</td><td colspan="2"></td></tr>
</table>

小　结

本节的重点是阐述培训项目方案编制的要点：包括明确培训目标和对象、培训课程内容、明确培训师资、培训经费、场地及设备、培训时间、评估方式、相关法律法规的要求、后勤保障等，内训师在编制项目方案时应切实落实好编制培训项目方案的注意事项，使得培训项目方案的编制符合公司的要求。

第三章　培训项目过程管理

第一节　培训项目质量管理

学习目标

任务目标：按照公司培训项目满意度管理、培训项目经费管理、培训项目进度控制要求实施开展项目过程。

知识目标：正确阐述培训项目满意度管理的内容；正确阐述公司关于培训项目经费管理的要求；正确阐述公司关于培训项目进度控制的要求。

内容提要

本节主要介绍培训项目质量管理的内容和指标两部分内容。

知识技能

一、培训项目质量管理的内容

培训项目质量管理包括培训项目满意度管理、培训项目经费管理和培训项目进度控制三个内容。

（一）培训项目满意度管理

培训项目的满意度是培训项目质量管理的重要内容，满意度的高低能充分体现项目的质量水平，在对培训项目实施管理时，要严格把控培训项目的满意度。培训项目的满意度包括培训组织、课程师资、培训效果和后勤服务四个方面。

1. 培训组织

（1）日程安排的合理性。培训实施时，必须按照培训策划的日常安排来执行，而日程安排须包括行程安排、课程表、作息时间安排等内容，具体落实到培训周数、日数及时数。

（2）培训场地和设备。必须根据公司规定选择适当的培训场地，具体内容请参考第二章第二节中培训项目方案编写要点的相关内容。

（3）班务管理水平。培训实施时，培训实施单位（部门）要选派合格的人员担任培训班班主任，编制《学员手册》，组织学员报名，负责培训班日常管理。

2. 课程师资

（1）课程设计的合理性。课程的设计须符合员工的岗位职责和培训规范，具体内容请参考第三篇课程开发中第一章第一节中的课程体系设计思路。

（2）课程实施效果。课程结束后，需对实施效果进行测评，建立培训效果跟踪监查机制确保学员在培训后能达到课程目标的要求。

（3）师资授课满意度。《公司培训计划管理办法》规定各培训项目必须开展师资授课满意度调查，主要对培训师的授课方式、授课内容、授课时间把控等方面进行考核，须保证达到相关标准。

3. 培训效果

培训结束后，须保证培训效果，能产生实际的成效。

（1）对个人能力的提升：经过培训，培训对象的知识、技能、技术等各方面都有所提升。

（2）对实际工作的指导：经过培训，所学知识技能对培训对象的实际工作有指导作用。

4. 后勤服务

后勤服务包括服务管理水平和食宿条件两方面，在实施培训时要保证质量。

（1）服务管理水平。培训实施时，为了给培训对象营造良好的培训环境，需要做好培训班的服务管理，包括日程安排、出行安排、食宿安排等。

（2）食宿条件。培训实施时，需要按照公司培训经费和培训场地的规定安排培训班的食宿，尽量给培训对象提供良好的食宿条件。

（二）培训项目经费管理

《公司培训计划管理办法》对培训经费有严格的管理规定与要求。

1. 公司培训经费管理规定

教育培训经费列入成本开支，实行预算管理，据实列支，专款专用。经费的提取、列支与使用必须严格遵守公司有关财务会计和税收制度的规定。

培训经费的列支范围包括见表 4-11。

表 4-11　　培训经费列支范围

培训经费列支范围	具体内容
员工培训开支	包括集中培训、委派外出培训等各类培训的费用
培训师资开支	包括讲师授课酬金、讲师差旅费等
培训场地及材料开支	包括购置或租用培训场所、培训仪器具、培训仪器具维修等
培训资料开支	包括教材、讲义、图书等资料的印制和购买
培训业务开支	包括培训班管理、教材开发、教育培训研究等
有关员工教育培训的其他开支	包括员工岗位胜任能力评价、技能鉴定、竞赛考试、题库开发等

2. 培训班经费开发标准

培训班培训费实行综合定额标准的控制，具体参照公司相关规定执行。综合定额标准是培训费开支的上限，各单位应在这个标准内结算报销。超过 15 天的培训，超过天数按照综合定额标准的 80% 控制；超过 30 天的培训，超过天数按照综合定额标准的 70% 控制。

（三）培训项目进度控制

对培训项目实施进度控制关键在于把控项目过程中的关键时间节点，在关键时间节点完成相应的事件，提交预期的可交付物，才能确保培训项目如期完成。《公司培训计划管理办法》对培训项目关键时间节点做出了明确规定，见表 4-12。

表 4-12　　培训项目关键时间节点

关键时间节点	事件
每年 8 月底前	各级人力资源部门根据公司统一部署制定培训需求调查方案，发至各专业部门和所属单位，组织开展培训需求调查工作
每年 11 月底前	各专业部门（单位）分析培训需求调查结果，填报《培训需求说明书》及下一年度的《培训计划表》，上报人力资源部门
每年 12 月底前	各级人力资源部门汇总《培训需求说明书》及《培训计划表》，组织本单位培训中心和各专业部门进行审核，优化整合培训项目，初步拟定本单位年度培训计划（含经费预算），并逐级上报
《年度培训计划》审核通过后	各单位承接公司总部下达的年度培训计划，按照分层分类分专业实施的原则，组织实施本单位培训计划项目
培训实施前至少 20 个工作日	培训实施单位（部门）应完成《培训项目策划书》的编制，报培训主办单位（部门）审核
培训实施前至少 15 个工作日	培训实施单位（部门）应完成《培训班实施方案》的编制，报培训主办单位（部门）审核
培训实施前至少 10 个工作日	培训实施单位（部门）拟订《培训通知》，交人力资源部门审核下发
培训实施结束后	培训实施单位（部门）完成《培训总结》的撰写，并按照培训归档要求收集和整理相关培训档案

二、培训项目质量管理的指标

培训项目质量管理的评价指标可以归结到培训项目满意和培训师满意度两个维度，《公司培训计划管理办法》规定培训项目结束后需要依据《培训满意度调查表》（见附录 6）和《培训师评价表》（见附录 5）对培训项目进行满意度考核。

（一）培训项目满意度

培训项目满意度的考核指标包括培训组织、课程师资、培训效果和后勤服务，详细内容可参考本节第一部分培训项目满意度管理的内容。在培训结束后，项目负责人就要对培训项目实施考核，项目满意度≥ 90 分方为考核合格。

（二）培训师满意度

培训师满意度的考核指标分为师资能力、授课情况和培训收获三个维度：

（1）师资能力：是从培训师的专业水平、培训师的实践经验和对课程主题的掌握程度三个方面做考评；

（2）授课情况：是从对课程的准备情况、语言表达能力、课堂气氛与互动和课堂组织能力四个方面做考评；

（3）培训收获：是从对课程的接受程度、对个人能力的提升和对实际工作的指导三个方面做考评。

在培训结束后，学员通过《培训师评价表》给培训师打分，满意度≥ 85 分方为考核合格，对于考核不合格的培训师，经人力资源部审核通过后，退出师资库。

小　结

本节的重点是培训项目质量管理的内容和考核指标。培训项目质量管理包括培训项目满意度管理、培训项目经费管理和培训项目进度控制三个内容。

培训项目满意度管理包括培训组织、课程师资、培训效果和后勤服务四个方面；培训项目经费管理，要求严格按照《公司培训计划管理办法》及《中央和国家机关培训费管理办法》等规范，在允许的培训经费列支及综合定额标准范围内做好培训项目经费管理；培训项目进度控制，要求按照《公司培训计划管理办法》把控项目的关键时间节点。

第二节　培训资料归档

学习目标

任务目标： 按照公司培训项目资料归档要求正确完成培训项目资料归档。

知识目标： 正确说出培训班档案需归档的资料；正确阐述员工培训档案包括的信息；正确阐述师资信息档案包括的信息。

内容提要

本节主要介绍培训班档案、员工培训档案和师资信息归档的内容和管理要求。

知识技能

培训档案严格按照《公司培训计划管理办法》中关于“档案管理”的规定进行管理。培训档案分为培训班档案、员工培训档案和师资信息归档。

一、培训班档案

培训班档案一般包括：《培训通知》、《学员信息登记表》、《学员手册》、《培训满意度调查表》、《培训师评价表》、《培训总结》、教材、课件、试卷及成绩统计表等内容。对于开展了三、四级培训评估的培训班，还应包括培训评估的有关资料。由培训实施单位（部门）负责收集和整理，交培训主办单位（部门）审核后办理结班报销等手续。

二、员工培训档案

员工培训档案采用信息化管理模式，在信息系统中实现员工个人信息、员工所在岗位知识和技能要求、员工的能力现状、员工培训需求、员工培训记录和积分、员工培训评估和员工培训证书等信息的动态管理。

三、师资信息归档

初次选聘的内部培训师信息由其所在单位负责录入，按照管理权限审核通过后入库。培训师信息主要包括培训师个人的基本信息、聘任层级、聘任类别、聘任专业、主要可授课程等内容。

初次选用的外部培训师和外部培训合作机构信息由其选用单位负责录入，按照管理权限审核通过后入库。外部培训师信息主要包括外部培训师个人的基本信息、主要可授课程和主要授课经历等内容；外部培训合作机构信息主要包括业务范围、可提供的主要课程和主要业绩等内容。

培训项目实施过程中涉及的师资信息包括：授课时段、授课课程名称、授课课时、满意度等内容，由项目实施部门负责归档。

师资信息管理由各级人力资源部门负责管理，各级培训与评价中心负责日常维护与更新。

小　结

本节阐述了培训归档的规定和要求，培训班档案、员工培训档案和师资信息归档须严格按照《公司培训计划管理办法》的相关规定执行。

第四章　培训项目评估

第一节　培训项目效果评估的方法

学习目标

任务目标：针对特定培训项目选择适用的评估层级及评估方法正确开展培训项目评估。

知识目标：正确阐述各级评估的内容、方法和主体。

内容提要

本节主要介绍培训项目效果评估的意义、培训项目评估方法两个内容。

知识技能

一、培训项目效果评估的意义

培训评估是一个运用科学理论、方法和程序，从培训项目中收集数据，并将其与项目需求和目标进行对比联系，以确定培训项目的价值和实施效果的过程。

建立培训评估体系，既是检验培训的最终效果，同时也是规范培训相关人员行为的重要途径。培训效果评估不仅是对培训效果的有效检验和经验总结，也是为企业继续开展培训活动提供依据。培训效果评估使整个培训活动形成闭环。

二、培训项目评估方法

《公司培训计划管理办法》规定，培训项目的评估分四个级别，分别是一级评估（满意度评估）、二级评估（学习评估）、三级评估（行为评估）和四级评估（绩效评估），见表 4-13。

表 4-13　　培训项目评估级别

评估级别	具体评估内容	评估方法	评估主体	注意事项
一级评估（满意度评估）	组织学员对培训项目实施满意度和培训师满意度评价	问卷调查法、访谈法	培训实施单位（部门）负责实施	各培训项目必须开展一级评估
二级评估（学习评估）	对学员培训前后进行考试考核，评估学员对培训内容的理解和掌握程度	试题考核法	培训实施单位（部门）负责实施	原则上培训项目必须开展二级评估
三级评估（行为评估）	建立培训效果跟踪监查机制，对学员进行培训后的随访评价，衡量学员在培训后运用所学内容使其行为改善的程度	访谈法、观察法、绩效考核法	由培训实施单位（部门）和学员所在单位负责实施	1. 一般在培训结束 3 个月后进行； 2. 三级评估可根据培训项目的重要性和特点选择性开展
四级评估（绩效评估）	衡量员工参加培训后个人或其所在团队绩效的改善程度，评判培训是否能给企业的发展带来具体而直接的贡献	绩效考核法、投资回报率观察法	由培训实施单位（部门）和学员所在单位实施	四级评估可根据培训项目的重要性和特点选择性开展

小　结

本节重点阐述了培训项目的四级评估，包括满意度评估、学习评估、行为评估和绩效评估，并介绍了每层级评估的具体评估内容、评估方法、评估主体和注意事项。培训项目须严格按照《公司培训计划管理办法》中培训评估的相关规定执行。

第二节 培训项目评估成果的应用

学习目标

任务目标：向培训项目利益关系人正确反馈培训项目评估结果。

知识目标：正确阐述项目评估结果反馈信息的主要作用；正确阐述培训项目评估结果的应用途径。

内容提要

本节主要介绍目评估结果的反馈机制、项目评估结果的应用两个内容。

知识技能

一、培训项目评估结果的反馈机制

培训项目评估结果反馈到后续培训需求数据中，可用于指导后续培训项目的策划和实施，实现 PDCA 的闭环，如图 4-2 所示。

图 4-2 培训项目阶段循环图

项目评估结果反馈信息的主要作用如下：完善培训课程内容，及时调整培训过程中使用的教学方法和手段；了解公司实际培训需求，为深入开展培训提供现实材料与依据；项目收尾，完成培训项目过程总结。

二、培训项目评估结果的应用

培训项目经过评估后，得出的评估结果有许多用途，各级评估结果主要应用于以下方面，见表4-14。

表4-14　　培训项目评估结果的理论应用

<table>
<tr><th>各评估级别的结果</th><th>应用</th></tr>
<tr><td>一级评估结果</td><td>1. 改善培训组织。
2. 改善课程的合理性和师资情况。
3. 改善培训效果。
4. 改善后勤服务</td></tr>
<tr><td>二级评估结果</td><td>1. 帮助学员个人和领导掌握学员的学习情况。
2. 用于指导员工岗位胜任力评价（知识技能评价、能力素质评价）。
3. 用于指导人才资格评价（专业技术资格评定、职业技能鉴定）</td></tr>
<tr><td>三级评估结果</td><td rowspan="2">1. 用于指导业绩评价（绩效考核）。
2. 用于指导岗位晋升。
3. 用于指导薪酬体系设计。
4. 用于指导职业生涯规划</td></tr>
<tr><td>四级评估结果</td></tr>
</table>

评估结果一般反馈给培训主办单位（部门），其中学员个人的评估结果及改进意见反馈给学员所在单位及个人。具体操作按照《公司培训计划管理办法》中的相关规定执行。

小　结

本节主要阐述了培训项目评估结果的反馈机制及其结果应用，项目评估结果反馈信息的主要作用如下：完善培训课程内容，及时调整培训过程中使用的教学方法和手段；了解市场对公司实际培训需求，为深入开展培训提供现实材料与依据；项目收尾，完成培训项目过程总结。

测试题及答案

一、填空题（每题2分，10题，共20分）

1. 课程目标分为（　　　　　）和（　　　　　）。

2. 课程目标的ABCD编写方法中的A是指（　　　　　）。

3. 主题内容的确定包括（　　　　　）和（　　　　　）。

4. 一般通过（　　　　　）来进行知识点挖掘。

5. 课程讲授是指培训师按照授课计划，做好课前准备并在课堂现场以（　　　　　）的方式向学员传递知识的过程。

6. 授课时一般采用（　　　　　）技巧来展开主体内容的讲解。

7. 设计课程体系时，首先要（　　　　　）。

8. 在开发课程时，培训对象的分析需从学历、性别、年龄和（　　　　　）四个方面展开。

9. 培训需求数据分析方法包括定性分析和（　　　　　）。

10.（　　　　　）是在分析员工工作绩效现状与理想绩效状况之间的差距的基础上，确认和找出造成差距的症结与根源，明确培训需求的方法。

二、选择题（每题3分，10题，共30分）

1. 课程目标的SMART原则中的"S"是指（　　）。

A. 具体性　　B. 可衡量性　　C. 可接受性　　D. 实际性

2. 案例需符合真实性、（　　）、完整性和冲突性。

A. 抽象性　　B 典型性　　C. 主观性　　D. 历史性

3. 在制作PPT时，当需要将大量的文字放到一个页面时，可以使用（　　）多媒体工具美化。

A. 超链接　　B. FLASH　　C. 动画　　D. 滚动文本框

4. 一般来说，课程主体内容的讲授需要（　　）。

A. 5～10分钟　　B. 10～15分钟　　C. 20～25分钟　　D. 25～35分钟

5. "学员对培训师的任何观点都会提出意见"，这种表现形式是（　　）。

A. 寻求关注　　B. 渴望权利　　C. 寻求报复　　D. 显示能力不足

6.（　　）是指按错误的操作流程、步骤，操作方法来进行演示的演示方法。

A．示对法　　B．示错法　　C．互动法　　D．评估法

7．授课方式可以通过（　　）和适用性两个维度来考虑和确定。

A．学习程度　　B．人数　　C．地点　　D．时间

8．教材包括纸质教材和（　　）教材两个类型。

A．PPT　　B．电子化　　C．课件　　D．讲义

9．培训需求的来源有（　　）、部门需求和个人需求。

A．组织需求　　B．业务需求　　C．员工需求　　D．公司需求

10．专家法一般适用于分析（　　）。

A．个人需求　　B．部门需求　　C．组织需求　　D．业务需求

三、问答题（每题 5 分，6 题，共 30 分）

1．简述课程目标的 SMART 原则和编写方法。

2．简述知识点提炼的流程步骤。

3．简述在授课时如何有效地把控讲授主题，避免出现偏题的现象。

4．简述九种常用授课方法的定义。

5．简述公司课程设计的思路。

6．简述项目开发的主要流程步骤。

四、实践操作题（每题 10 分，2 题，共 20 分）

1．应用第一篇讲义制作的知识点设计一个自己专业课程的 PPT，要求做到内容充实，形式美观。

2．应用第三篇课程开发的知识点开发一门自己专业的新课程，要求做到思路清晰，内容有针对性、形式规范。

一、填空题

1．任务目标、知识目标。
2．对象。
3．知识点的提炼、案例的编写。
4．“五问表”。
5．面对面。
6．讲三点。
7．梳理岗位职责。
8．期望。
9．定量分析。
10．绩效差距分析法。

二、选择题

1．A 2．B 3．D 4．C 5．A 6．B 7．A 8．B 9．A 10．C

三、问答题

1．答：（1）SMART 原则：

SMART 原则	具体要求
S(Specific/ 明确性)	用具体的语言清楚地说明要达成的目标行为，目标行为的指向是明确具体的
M（Measurable/ 可衡量性）	应该有明确的数据作为衡量达到目标的依据，即标准是可衡量的
A（Acceptable/ 可接受性）	目标是双方协商好的，是被执行人所能接受的，是可实现的
R（Realistic/ 实际性）	目标在现实条件下是可行的、可操作的，目标切合实际
T（Timed/ 时限性）	目标具有时间限制，无时间限制的目标无法考核

（2）ABCD 课程目标编写方法：确定对象；确定行为；确定条件；确定标准。

2．答：（1）收集素材：通过实际案例、文字性的资料、技术性的资料、动态信息资料、辅助工具等渠道收集。

（2）知识点挖掘提炼：使用知识点挖掘“五问表”。

（3）验证审核：使用验证审核“六问表”。

3．答：（1）目标交代：课前明确交代课程大目标；课中明确交代小目标；目标交代尽量突出重点，简洁口语化，贴近现实和需要。

（2）框架展示：展示课程主题框架（目录）；课程架构主题框架重复出现，凸显下一知识点。

（3）适时回归：适时说明当前的学习阶段；单个知识点讲授结束后，要围绕知识点小目标或知识点主题对知识点内所讲的核心内容进行提炼小结；练习活动结束后，要围绕练习活动的目标进行练习活动关键环节及活动成果进行点评小结；每个讲授环节结束后的总结须回应目标，先重述目标，再根据目标进行总结说明当前的学习阶段；课程结束后，要围绕课程目标或课程主题或讲授内容核心知识点进行回归总结。

4．答：（1）讲授法。指培训师通过语言表达，系统地向受训者传授知识的教学方法。

（2）练习法。指学员在教师的指导下，依靠自觉的控制和校正，反复地完成一定动作或活动方式，借以形成技能、技巧或行为习惯的教学方法。

（3）演练法。是根据学员可能用到的技能，编制一套与该技能实际情况相似的情境，将学员安排在模拟的、逼真的情境中，要求学员处理可能出现的各种问题的方法。

（4）研讨法。培训师与学员之间，或学员互相之间的讨论来解决疑难问题的方法。

（5）游戏法。指由两个或以上的学员在遵守一定规则的前提下，相互竞争并达到预期目标的方法。

（6）提问法。对拟改进的事物进行分析、展开、综合，以明确问题的性质、程度、目的、理由、场所、责任等，从而由问题的明确化来缩小需要探索和创新的范围的方法。

（7）行动学习法。在一个专门以学习为目标的背景环境中，以组织面临的重要问题作载体，学员通过对实际工作中的问题、任务、项目等进行处理，从而达到开发人力资源和发展组织的目的的方法。

（8）案例分析法。是指把实际工作中出现的问题作为案例，交给学员研究分析，培养学员们的分析能力、判断能力、解决问题及执行业务能力的培训方法。

（9）演示法。通过展示各种实物、教具，进行示范性实验，或通过现代化教学手段演示实验过程，使学员获取知识的教学方法。

5．答：（1）课程需求分析。

（2）课程结构设计。

（3）课程内容编制。

（4）课程评审验收。

6．答：（1）培训项目需求分析。

（2）培训项目策划。

（3）培训项目实施。

（4）培训项目评估。

四、实践操作题

1．省略。

2．省略。

附录1　公司培训师通用能力评价标准

评价项目（分值）	一级维度（管理类、专业技术类/技能类分值）	二级维度（管理类、技术类/技能类分值）	标准描述	评价实体（佐证材料）
一、讲义制作（100）	1. 讲义内容确定（45）	1.1 讲义主题把握（20）	内容紧扣主题，表达准确，适合教学对象	1. 课程讲义（带备注的ppt）；2.《讲义制作》任务开发书
		1.2 知识点提炼（25）	知识点覆盖全面，按点、线、面展开且布局合理，重点内容提炼准确，便于教学对象掌握识记	
	2. 讲义结构设计（35）	2.1 框架设计（20）	框架结构完整，包括引入、主体、练习、结语等部分，并适当添加讲解备注	
		2.2 逻辑表达（15）	逻辑表达清晰，层次分明，重点突出	
	3. 讲义制作技巧（20）	3.1 页面设计（10）	页面整体简洁，字体、字号、色彩、背景搭配合理，整体协调统一美观	
		3.2 呈现技巧应用（10）	采用合适的结构图、表单或多媒体工具与内容配合	
二、课程讲授（100）	1. 讲授内容确定（40/20）	1.1 讲授内容准备（15/8）	讲授内容准备充分，讲解熟练，可脱离讲义授课	1. 现场试讲或授课视频；2.《课程授课》任务开发书
		1.2 讲授主题把握（15/8）	讲授内容紧扣主题，重点突出，详略得当，关键点总结提炼到位	
		1.3 讲授思路呈现（10/4）	讲授思路清晰，讲授内容呈现具有逻辑性	
	2. 讲授过程控制（40/20）	2.1 讲授时间分配（10/5）	课程讲授完整（开场、主体讲授、结尾），时间分配适当合理，能在计划时间内完成	
		2.2 讲授方法与技巧应用（25/10）	根据教学对象和讲授内容，灵活运用适当的讲授方法（讲授法、案例分析、角色扮演、结构练习、示范操作等），有效使用培训设施及辅助教具，激发教学对象学习热情，现场气氛良好	
		2.3 课堂特殊情况应对（5/5）	有效应对课堂上出现的特殊情况（来自培训师、来自教学对象及其他特殊情况）	
	3. 讲授呈现技巧（20/10）	3.1 语言表达（10/5）	语言简洁，语句规范，表达流畅；语音清晰、语速合适、音量合适	
		3.2 台风展示（10/5）	表情自然、仪态大方、形体语言得当，与教学对象有交流	
	4. 技能实训培训技巧（适用分子公司级、地市级技能类培训师）（50）	技能实训培训准备（15）	根据生产实际和实训项目，引导学员准确、完整准备场地、设备、工器具及相关资料，并满足实训项目要求	1. 现场考核或情景模拟面试；2.《技能实训培训技巧》任务开发书
		技能实训培训风险预控（20）	根据生产实际和实训项目，实训前风险预告，实训过程中引导学员正确分析实训项目风险点并指导学员做好风险预控和安全措施	
		技能实训培训授课思路（20）	准确、简洁、清晰地讲解实训项目总体要求和操作流程；整个实训授课过程思路清晰，包括导入、主体、练习、结语部分	
		技能实训培训讲解与演示（25）	准确、简洁、清晰地讲解操作步骤、方法、要领；正确、规范地演示实训操作	
		技能实训培训辅导（20）	根据教学对象和实训内容，选择合适的辅导手段，激发学员学习热情，现场气氛良好	

续表

评价项目（分值）	一级维度（管理类、专业技术类/技能类分值）	二级维度（管理类、技术类/技能类分值）	标准描述	评价实体（佐证材料）
三、课程开发（100）	1. 课程结构设计（40）	1.1 课程目标确定（10）	有效运用各类需求分析工具，并且根据教学对象、工作任务等确定课程目标，课程目标具有明确性、可衡量性、可行性，且切合实际	《课程开发》任务开发书
		1.2 课程大纲设计（30）	课程大纲结构完整，至少包括二级大纲和主要内容，重点明确，结构清晰	
	2. 课程内容制作（60）	2.1 课程内容把握（20）	课程内容与课程目标相匹配；课程内容符合相关理论或标准	
		2.2 主体内容设计（30）	流程步骤或方法工具清晰实用；案例或实例，与课程内容联系紧密；练习或测试题准确，与课程内容吻合	
		2.3 课程开发工具应用（10）	正确使用制作模板，开发符合课程所需的文本资料（PPT、学员手册等），填写规范	
四、项目开发（100）	1. 项目计划（60）	1.1 项目需求分析（20）	有效运用各类需求分析工具，提出有针对性的培训需求	《项目开发》任务开发书
		1.2 项目计划与方案制定（40）	计划与方案具有可行性、可衡量性、切合实际	
	2. 项目实施（40）	2.1 项目过程管理（20）	根据方案有效的进行实施	
		2.2 项目评估（20）	有针对性的设计和使用评估方法和工具	

培训师通用能力权重分配如下表所示：

能力项	公司级	分子公司级	地市级
课程讲授	40%	50%	65%
讲义制作	10%	15%	25%
课程开发	30%	25%	5%
项目开发	20%	10%	5%

培训师通用能力测评建议合格分数线如下表所示：

建议合格分数线		
公司级	分子公司级	地市级
85	80	65

附录 2　培训需求说明书

培训需求单位（部门）：

<table>
<tr><td>培训项目名称</td><td colspan="4"></td></tr>
<tr><td>需求调查方法</td><td></td><td>需求调查人数</td><td colspan="2"></td></tr>
<tr><td>培训对象类别</td><td></td><td>拟培训人数</td><td colspan="2"></td></tr>
<tr><td>培训对象描述</td><td colspan="4"></td></tr>
<tr><td>培训对象
岗位能力要求</td><td colspan="4"></td></tr>
<tr><td>培训对象
现有能力差距</td><td colspan="4"></td></tr>
<tr><td>上一次实施同等内容
培训的效果</td><td colspan="4"></td></tr>
<tr><td>培训目标</td><td colspan="4"></td></tr>
<tr><td>主要培训内容</td><td colspan="4"></td></tr>
<tr><td rowspan="6">培训实施
建议及理由</td><td>主办单位（部门）</td><td colspan="3"></td></tr>
<tr><td>培训时间</td><td colspan="3"></td></tr>
<tr><td>培训学时</td><td colspan="3"></td></tr>
<tr><td>培训方式</td><td colspan="3"></td></tr>
<tr><td>培训费用来源</td><td></td><td>预算</td><td>万元</td></tr>
<tr><td colspan="4">理由：</td></tr>
<tr><td>人力资源部门
意见</td><td colspan="4">签章：</td></tr>
</table>

制表日期：　年　月　日　　保存期限：三年

附录 3　培训项目策划书

培训策划单位（部门）：

培训项目名称			
培训对象类别		培训人数	
培训对象描述			
培训目标			
主办单位（部门）			
承办单位（部门）			
协办单位（部门）			
培训期次		每期培训学时	
师资来源		培训方式	
主要培训内容			
培训场地及 设施设备要求			
培训证书类别		发证单位	
培训评估	评估级别		
	评估方法和工具		
	负责评估的单位（部门）		
培训项目经费来源及预算	教育培训经费来源		
	预算		
培训主办单位 （部门）意见	签章：		

制表日期：　　年　月　日　　　保存期限：三年

附录 4　培训班实施方案

培训实施单位（部门）：

<table>
<tr><td>培训班名称</td><td colspan="3">×××××××培训班（第×期）（文号或依据）</td></tr>
<tr><td>培训对象类别</td><td></td><td>培训人数</td><td></td></tr>
<tr><td>培训对象描述</td><td colspan="3"></td></tr>
<tr><td>培训目标</td><td colspan="3"></td></tr>
<tr><td>培训时间和学时</td><td colspan="3">××月××日至××月××日（共××学时）</td></tr>
<tr><td>培训地点</td><td colspan="3">（详细地址）</td></tr>
<tr><td>培训班负责人</td><td></td><td>联系电话</td><td></td></tr>
<tr><td>培训内容及
课程安排</td><td colspan="3">（可附课程表，含师资、教材）</td></tr>
<tr><td>培训场地及设施设备
准备情况</td><td colspan="3"></td></tr>
<tr><td rowspan="8">培训班经费
来源及预算</td><td colspan="3">预收取学员培训费：×××元/人，预申请教育培训经费××××万元。
培训班可开支费用合计：××××万元</td></tr>
<tr><td>开支项目</td><td>预算</td><td>说明</td></tr>
<tr><td>专家酬金</td><td></td><td></td></tr>
<tr><td>教室租金</td><td></td><td></td></tr>
<tr><td>资料费</td><td></td><td></td></tr>
<tr><td>其他</td><td></td><td></td></tr>
<tr><td>合计</td><td></td><td></td></tr>
<tr><td colspan="3" style="display:none"></td></tr>
<tr><td>培训主办单位
（部门）意见</td><td colspan="3">签章：</td></tr>
</table>

制表日期：　　年　月　日　　　保存期限：三年

附录 5　培训师评价表

培训实施单位（部门）：

<table>
<tr><td colspan="2">培训班名称</td><td colspan="10">××××××× 培训班（第 ×× 期）</td></tr>
<tr><td colspan="2">讲师姓名</td><td colspan="2"></td><td colspan="2">单位及职务</td><td colspan="6"></td></tr>
<tr><td colspan="2">课程学时</td><td colspan="2"></td><td colspan="2">课程名称</td><td colspan="6"></td></tr>
<tr><td colspan="2">学员姓名（选填）</td><td colspan="2"></td><td colspan="2">工作单位（选填）</td><td colspan="6"></td></tr>
<tr><td rowspan="2">类别</td><td rowspan="2">评分项目</td><td colspan="2">非常满意</td><td colspan="2">比较满意</td><td colspan="2">基本满意</td><td colspan="2">不满意</td><td colspan="2">很不满意</td></tr>
<tr><td>10</td><td>9</td><td>8</td><td>7</td><td>6</td><td>5</td><td>4</td><td>3</td><td>2</td><td>1</td></tr>
<tr><td rowspan="3">讲师能力</td><td>讲师的专业水平</td><td></td><td></td><td></td><td></td><td></td><td></td><td></td><td></td><td></td><td></td></tr>
<tr><td>讲师的实践经验</td><td></td><td></td><td></td><td></td><td></td><td></td><td></td><td></td><td></td><td></td></tr>
<tr><td>对课程主题的掌握程度</td><td></td><td></td><td></td><td></td><td></td><td></td><td></td><td></td><td></td><td></td></tr>
<tr><td rowspan="4">授课情况</td><td>对课程的准备情况</td><td></td><td></td><td></td><td></td><td></td><td></td><td></td><td></td><td></td><td></td></tr>
<tr><td>语言表达能力</td><td></td><td></td><td></td><td></td><td></td><td></td><td></td><td></td><td></td><td></td></tr>
<tr><td>课堂气氛与互动</td><td></td><td></td><td></td><td></td><td></td><td></td><td></td><td></td><td></td><td></td></tr>
<tr><td>课堂组织能力</td><td></td><td></td><td></td><td></td><td></td><td></td><td></td><td></td><td></td><td></td></tr>
<tr><td rowspan="3">培训收获</td><td>对课程的接受程度</td><td></td><td></td><td></td><td></td><td></td><td></td><td></td><td></td><td></td><td></td></tr>
<tr><td>对个人能力的提升</td><td></td><td></td><td></td><td></td><td></td><td></td><td></td><td></td><td></td><td></td></tr>
<tr><td>对实际工作的指导</td><td></td><td></td><td></td><td></td><td></td><td></td><td></td><td></td><td></td><td></td></tr>
<tr><td colspan="2" rowspan="2">合计得分
（满分 100 分）</td><td colspan="10">满　意　度</td></tr>
<tr><td colspan="10">□非常满意（≥ 90）　□比较满意（70 ~ 90）　□基本满意（50 ~ 70）
□不满意（30 ~ 50）　□很不满意（＜ 30）</td></tr>
<tr><td>意见和建议</td><td colspan="11"></td></tr>
</table>

制表日期：　年　月　日　　保存期限：三年

附录 6　培训满意度调查表

培训实施单位（部门）：

<table>
<tr><td colspan="2">培训班名称</td><td colspan="10">×××××××培训班（第××期）</td></tr>
<tr><td colspan="2">培训时间</td><td colspan="10">××月××日至××月××日（共××学时）</td></tr>
<tr><td colspan="2">培训地点</td><td colspan="10"></td></tr>
<tr><td colspan="2">学员姓名（选填）</td><td colspan="2"></td><td colspan="2">工作单位（选填）</td><td colspan="6"></td></tr>
<tr><td rowspan="2">类别</td><td rowspan="2">评分项目</td><td colspan="2">非常满意</td><td colspan="2">比较满意</td><td colspan="2">基本满意</td><td colspan="2">不满意</td><td colspan="2">很不满意</td></tr>
<tr><td>10</td><td>9</td><td>8</td><td>7</td><td>6</td><td>5</td><td>4</td><td>3</td><td>2</td><td>1</td></tr>
<tr><td rowspan="3">培训组织</td><td>日程安排的合理性</td><td></td><td></td><td></td><td></td><td></td><td></td><td></td><td></td><td></td><td></td></tr>
<tr><td>培训场地和设备</td><td></td><td></td><td></td><td></td><td></td><td></td><td></td><td></td><td></td><td></td></tr>
<tr><td>班务管理水平</td><td></td><td></td><td></td><td></td><td></td><td></td><td></td><td></td><td></td><td></td></tr>
<tr><td rowspan="3">课程师资</td><td>课程设计的合理性</td><td></td><td></td><td></td><td></td><td></td><td></td><td></td><td></td><td></td><td></td></tr>
<tr><td>课程实施效果</td><td></td><td></td><td></td><td></td><td></td><td></td><td></td><td></td><td></td><td></td></tr>
<tr><td>师资授课满意度</td><td></td><td></td><td></td><td></td><td></td><td></td><td></td><td></td><td></td><td></td></tr>
<tr><td rowspan="2">培训效果</td><td>对个人能力的提升</td><td></td><td></td><td></td><td></td><td></td><td></td><td></td><td></td><td></td><td></td></tr>
<tr><td>对实际工作的指导</td><td></td><td></td><td></td><td></td><td></td><td></td><td></td><td></td><td></td><td></td></tr>
<tr><td rowspan="2">后勤服务</td><td>服务管理水平</td><td></td><td></td><td></td><td></td><td></td><td></td><td></td><td></td><td></td><td></td></tr>
<tr><td>食宿条件</td><td></td><td></td><td></td><td></td><td></td><td></td><td></td><td></td><td></td><td></td></tr>
<tr><td colspan="2" rowspan="2">合计得分
（满分 100 分）</td><td colspan="10">满　意　度</td></tr>
<tr><td colspan="10">□非常满意（≥ 90）　□比较满意（70 ~ 90）　□基本满意（50 ~ 70）
□不满意（30 ~ 50）　□很不满意（< 30）</td></tr>
<tr><td colspan="2">意见和建议</td><td colspan="10"></td></tr>
</table>

制表日期：　年　月　日　　保存期限：三年

附录 7 《讲义制作》任务开发书

《讲义制作》任务开发书将整个讲义制作篇章的知识点高度凝练形成表单，一方面帮助培训师回顾梳理讲义制作的要点和技巧，另一方面为日后制作讲义时提供有力的辅助指引和支持。

<table>
<tr><td colspan="4">一、基本信息</td></tr>
<tr><td colspan="3">课题</td><td></td></tr>
<tr><td colspan="3">作者姓名</td><td></td></tr>
<tr><td colspan="3">作者单位及日期</td><td></td></tr>
<tr><td colspan="4">二、开发书</td></tr>
<tr><td colspan="4">（一）课程目标确定</td></tr>
<tr><th>序号</th><th>任务</th><th>内容</th><th>备注</th></tr>
<tr><td>1</td><td>任务目标</td><td>明确对象：
确定行为：
明确条件：
衡量标准：
目标描述：</td><td>（1）根据 ABCD 编写方法来编写（明确对象、确定行为、明确条件、衡量标准）；
（2）注意使用常用撰写词汇：完成、运用、解决、制定、改进、拟定、撰写、推断、决定、识别、发现、影响、选择、使用、评估、解决……</td></tr>
<tr><td>2</td><td>知识目标</td><td>明确对象：
确定行为：
明确条件：
衡量标准：
目标描述：</td><td>（1）根据 ABCD 编写方法来编写（明确对象、确定行为、明确条件、衡量标准）；
（2）注意使用常用撰写词汇：阐述、解释、分析、综合、评价、列举、判断、比较、确认、指出……</td></tr>
</table>

<table>
<tr><td colspan="10">（二）主题内容确定</td></tr>
<tr><th colspan="3">序号</th><th colspan="6">内容</th><th>备注</th></tr>
<tr><td rowspan="15">1</td><td rowspan="15">知识点提炼</td><td>收集素材</td><td colspan="6"></td><td>通过常用的 6 种途径收集与课程内容相关的素材：实际案例、文字性的资料、技术性的资料、动态信息资料、辅助工具等</td></tr>
<tr><td rowspan="7">挖掘提炼</td><td colspan="2">初步形成的知识点</td><td>①</td><td>②</td><td>③</td><td>……</td><td>通过收集素材初步形成的知识点</td></tr>
<tr><td rowspan="5">五问</td><td>是否有相关理论?</td><td></td><td></td><td></td><td></td><td rowspan="6">使用“五问表”来挖掘知识点（写出具体挖掘的内容）</td></tr>
<tr><td>是否有流程步骤?</td><td></td><td></td><td></td><td></td></tr>
<tr><td>是否有方法窍门?</td><td></td><td></td><td></td><td></td></tr>
<tr><td>是否有工具?</td><td></td><td></td><td></td><td></td></tr>
<tr><td>是否有正反案例?</td><td></td><td></td><td></td><td></td></tr>
<tr><td colspan="2">提炼形成的知识点</td><td>④</td><td>⑤</td><td>⑥</td><td>……</td></tr>
<tr><td rowspan="7">验证审核</td><td rowspan="6">六问</td><td>是否正确?</td><td></td><td></td><td></td><td></td><td rowspan="7">使用“六问表”来验证知识点（在对应处打钩√）</td></tr>
<tr><td>是否具有针对性?</td><td></td><td></td><td></td><td></td></tr>
<tr><td>是否具有概括性?</td><td></td><td></td><td></td><td></td></tr>
<tr><td>是否是课程的主要知识点?</td><td></td><td></td><td></td><td></td></tr>
<tr><td>是否可复制?</td><td></td><td></td><td></td><td></td></tr>
<tr><td>是否需进一步挖掘?</td><td></td><td></td><td></td><td></td></tr>
<tr><td colspan="2">通过验证的知识点</td><td>①</td><td>②</td><td>③</td><td>……</td></tr>
</table>

续表

<table>
<tr><th colspan="2">序号</th><th colspan="3">内容</th><th>备注</th></tr>
<tr><td rowspan="9">2</td><td rowspan="9">案例编写</td><td>确定目的</td><td colspan="2"></td><td>说明案例需要印证课程目标和知识点</td></tr>
<tr><td>收集素材</td><td colspan="2"></td><td>通过常用的3个渠道收集素材（外部资源、内部资料、专家访谈）</td></tr>
<tr><td>撰写案例</td><td colspan="2"></td><td>（1）写出案例名称及关键要素（背景；过程；问题；原因；措施及启示等）；
（2）可以撰写多个与课程目的相关的案例</td></tr>
<tr><td rowspan="4">案例审核</td><td>是否符合“四性”特征？</td><td></td><td rowspan="4">（1）“四性”特征：真实性、典型性、完整性、冲突性；
（2）按照“四问”逐个审核案例（在对应处打钩√）</td></tr>
<tr><td>是否与知识点有关？</td><td></td></tr>
<tr><td>是否与课程目标相匹配？</td><td></td></tr>
<tr><td>是否可以共享案例成果和经验？</td><td></td></tr>
<tr><td>审核通过的案例</td><td colspan="2"></td><td>写出通过审核的案例名称</td></tr>
</table>

（三）讲义框架设计及内容呈现思路

<table>
<tr><th colspan="2">序号</th><th colspan="3">内容</th><th>备注</th></tr>
<tr><td>1</td><td>导入</td><td colspan="3"></td><td>采用常用的导入方法进行导入：忆旧迎新、开门见山、设疑导入、游戏导入、讨论导入、案例导入、影像导入，可自由结合使用（此处的导入是指整个课程的导入）</td></tr>
<tr><td rowspan="9">2</td><td rowspan="9">主体</td><td>主体元素</td><td>知识点呈现思路</td><td>主体内容呈现形式</td><td rowspan="9">（1）主体元素包括知识点和案例；
（2）知识点和主体总体呈现思路方式有：时间轴、地点线、空间型、问题-解决型、案例研究型和矩阵图型的内容呈现思路；
（3）讲义页面包括核心知识点及关键词，案例及案例关键要素，按讲授的先后顺序展示；
（4）讲义备注按照讲什么、怎么讲、怎么接的步骤来撰写</td></tr>
<tr><td>知识点1：</td><td></td><td rowspan="3">讲义页面（以一页PPT为例）：</td></tr>
<tr><td>知识点2：</td><td></td></tr>
<tr><td>……</td><td></td></tr>
<tr><td colspan="2">案例1：</td><td rowspan="3">讲义备注（以一页PPT为例）：</td></tr>
<tr><td colspan="2">案例2：</td></tr>
<tr><td colspan="2">……</td></tr>
<tr><td colspan="3">主体总体呈现思路：</td></tr>
<tr></tr>
<tr><td>3</td><td>练习</td><td colspan="3"></td><td>根据课程类型选择练习方式：案例研讨、现场演练、小组主题讨论、角色扮演、游戏、测试</td></tr>
<tr><td>4</td><td>结语</td><td colspan="3"></td><td>根据实际情况采用结语方式：梳理内容、概括中心、提炼升华等不同的结语</td></tr>
</table>

附录 8 《课程讲授》任务开发书

《课程讲授》任务开发书将整个课程讲授篇章的知识点高度凝练成表单，一方面帮助培训师回顾梳理课程讲授的要点和技巧，另一方面为日后课程讲授时提供有力的辅助指引和支持。

<table>
<tr><td colspan="5">一、基本信息</td></tr>
<tr><td colspan="2">课题</td><td colspan="3"></td></tr>
<tr><td colspan="2">作者姓名</td><td colspan="3"></td></tr>
<tr><td colspan="2">作者单位及日期</td><td colspan="3"></td></tr>
<tr><td colspan="5">二、开发书</td></tr>
<tr><td colspan="5">（一）授课内容准备</td></tr>
<tr><th>序号</th><th>任务</th><th colspan="2">内容</th><th>备注</th></tr>
<tr><td rowspan="4">1</td><td rowspan="4">讲授内容的熟悉及准备</td><td>内容</td><td>准备情况（完成请打√，没完成打 ×）</td><td rowspan="4">参考讲义</td></tr>
<tr><td>明确目的</td><td></td></tr>
<tr><td>确定内容</td><td></td></tr>
<tr><td>结构设计</td><td></td></tr>
<tr><td>2</td><td>教具的准备</td><td colspan="2"></td><td>准备教具和学习资料</td></tr>
<tr><td rowspan="7">3</td><td rowspan="7">授课心态及情绪预备</td><td>内容</td><td>准备情况（完成请打√，没完成打 ×）</td><td rowspan="7">（1）熟悉教材：看教材至少 3 遍以上。多练习：对照镜子练习、录音回放练习、讲给他人听。提前到场：降低紧张感。
（2）放松神经，深呼吸：上课前 5 分钟做深呼吸或到课室外走走，放松。亲和、有趣的自我介绍：把自我介绍背熟、引入有趣的案例或故事。漂亮的开场：可通过播放视频或做一次示范吸引学员</td></tr>
<tr><td>熟悉教材</td><td></td></tr>
<tr><td>提前到场</td><td></td></tr>
<tr><td>放松神经，深呼吸</td><td></td></tr>
<tr><td>亲和、有趣的自我介绍</td><td></td></tr>
<tr><td>漂亮的开场</td><td></td></tr>
<tr><td colspan="5">（二）讲授主题控制</td></tr>
</table>

<table>
<tr><th colspan="2">1. 目标交代
（做到目标心中有数）</th><th>2. 课程主题框架展示
（做到授课思路不乱）</th><th>3. 适时回归
（做到知识不断回归主题）</th></tr>
<tr><td>课程大目标</td><td></td><td>课程主题框架介绍：</td><td>—</td></tr>
</table>

续表

<table>
<tr><th colspan="2">1. 目标交代
（做到目标心中有数）</th><th colspan="2">2. 课程主题框架展示
（做到授课思路不乱）</th><th>3. 适时回归
（做到知识不断回归主题）</th></tr>
<tr><td rowspan="2">任一知识点小目标</td><td rowspan="2"></td><td>知识点框架展示：</td><td></td><td rowspan="2">知识点回归主题【对凸显的知识点的上一个知识点进行回归主题总结，并过渡衔接到凸显的知识点】：</td></tr>
<tr><td>凸显下一个知识点框架展示：</td><td></td></tr>
<tr><td>任一练习活动小目标</td><td></td><td>练习活动内容框架展示：</td><td></td><td>练习活动回归主题：</td></tr>
<tr><td colspan="2">—</td><td colspan="2">—</td><td>课程结束回归主题：</td></tr>
<tr><td colspan="2">备注：1. 每一个讲授环节开始时先明确交代目标（课程讲授开始时交代课程目标；新知识点开始时交代知识点小目标；练习活动前交代练习活动小目标）。
2. 目标交代尽量突出重点，简洁口语化，贴近现实和需要</td><td colspan="2">备注：1. 课程目标交代后，按讲课顺序展示课程主题框架（目录），简单介绍各知识点包含主要内容及知识点小目标，说明重点。
2. 每讲完一个知识点后，重复出现课程主题框架，凸显下一个知识点</td><td>备注：
每一讲授环节结束后，结合框架重复出现，及时对前面讲授的内容围绕目标或主题进行提炼总结回归主题（写出核心关键词）</td></tr>
<tr><td colspan="5">（三）讲授思路呈现</td></tr>
</table>

<table>
<tr><th colspan="2">序号</th><th colspan="3">内容</th><th>备注</th></tr>
<tr><td rowspan="7">1</td><td rowspan="7">导入</td><td colspan="2">课程开始第一节课导入</td><td>讲授单个知识点导入</td><td rowspan="7">1. 预告目标、预告框架、回顾旧识、预告新知、知识点等与第一章第二节讲授主题控制中“案例分享”相关内容一致。
2. 预告方法（特别是需要学员互动参与的，须预告参与规则和方式）；预告时间（课程时间安排）。
3. 设置情景，引入话题：设置与主题内容关系密切的场景、情景，灵活运用导入方法，引入主题</td></tr>
<tr><td colspan="2">（1）自我介绍：</td><td rowspan="2">（1）设置情景，引入话题：</td></tr>
<tr><td colspan="2">（2）设置情景，引入话题：</td></tr>
<tr><td rowspan="4">（3）开场预告</td><td>预告目标：</td><td rowspan="2">（2）回顾旧识：</td></tr>
<tr><td>预告框架：</td></tr>
<tr><td>预告方法：</td><td rowspan="2">（3）预告新知：</td></tr>
<tr><td>预告时间：</td></tr>
<tr><td rowspan="5">2</td><td rowspan="5">主体</td><td colspan="2">课程主题展开（讲三点法）</td><td>单个知识点展开（剥洋葱法）（任选 1 个知识点）</td><td rowspan="5">1. 按讲授先后顺序列出知识点。主题展开一般采用“讲三点”法；单个知识点采用三层递进“剥洋葱”法，第一层说明意思，第二层说明理由，第三层说明意义。
2. 内容衔接转换：不同内容或知识点间的衔接转换一般采用承上启下法，承上回顾旧识，启下翻页前预告新知。
3. 知识点过渡采用框架重复出现凸显新知识点的技巧</td></tr>
<tr><td colspan="2">知识点 1：</td><td></td></tr>
<tr><td colspan="2">知识点 2：</td><td></td></tr>
<tr><td colspan="2">知识点 3：</td><td></td></tr>
<tr><td colspan="2">……</td><td>内容衔接转换：</td></tr>
</table>

续表

序号		内容	备注
3	练习	练习名称：	1．练习前关键要素交代：交代练习目标、参与方式、活动规则、时限等。 2．练习后点评总结：围绕主题目标对练习活动关键点、操作要领、注意事项、练习成果等进行点评，归纳提炼成为关键结论和操作要领等
		练习前关键交代：	
		练习后点评总结（关键点）：	
4	结语	知识回顾：	1．知识回顾：对核心知识点回顾；对练习关键点回顾。 2．学习延展：知识应用升华；推荐新知识。 3．答谢鼓励：切合学习目标及学员身份的答谢鼓励
		学习延展：	
		答谢鼓励：	

附录 9 《技能实训培训技巧》任务开发书

《技能实训培训技巧》任务开发书将整个技能实训篇章的知识点高度凝练成表单，一方面帮助培训师回顾梳理技能实训的要点和技巧，另一方面为日后开展技能实训时提供有力的辅助指引和支持。

一、基本信息	
课题	
作者姓名	
作者单位及日期	
二、开发书	
（一）技能实训全过程管理	

序号	任务	内容		备注
1	培训需求	需求调研对象		调研对象有局领导、部门负责人、供电所所长、班组班长、班组技术骨干、班组成员等
		调研形式		可以选用问卷法、访谈法、观察法、经验法、胜任能力分析法、绩效差距分析法等
		调研内容		基于岗位胜任能力，从知识维度、技能维度、潜能维度等方面进行全面细致的调研； 根据以往的培训评估记录确定
2	培训策划	时间		根据培训项目确定培训时间
		地点		根据培训项目确定
		内容		根据培训需求确定
		方式		根据培训需求确定
		对象		根据培训需求确定
		师资		根据培训项目内容确定
3	培训实施	师资选择		要根据培训对象、培训目标、培训内容选择技术技能水平高、授课技巧强的培训师
		场地选择		规范、完备的培训场地是确保技能实训正常进行的基本保障，场地及设备应做细致的选择布置，给学员提供无声的培训教育和安全保障
		材料准备		根据培训项目内容，学员人数配备相应的工器具、仪器、仪表、材料，并对工器具、仪器、仪表性能、试验标签、外观做细致的检查，确保学员在培训过程中能有足够、性能良好的工器具、仪器、仪表使用，提高培训效果和学员的人身安全
		工器具准备		
		仪表准备		

续表

序号	任务	内容		备注
3	培训实施	资料准备		授课前，应根据培训项目内容，准备相关的培训资料，如工作票、操作票、接地线登记表、作业指导书、培训场地设备的一次系统图等。 评估用资料：任务观察记录表格、实训评分标准
		培训前演练		讲授演练是指培训师在实训现场及课堂讲解预演。通过操作演练，让培训师熟悉培训内容、授课方法，确定授课方式；通过讲授演练也能检验教学设备（投影仪、电脑、音响设备等）是否完备
		实训前风险评估		实训前风险评估是指培训师在实训前对培训项目、培训对象、实训场地、设备、工器具工况进行风险辨识，确定风险等级，并提出有效的预控措施；其评估方法可参照各专业现场作业风险评估标准进行
		培训过程风险防范		实训培训过程风险防范是指培训师对实训培训过程中可能出现的风险进行动态的预控； 实训培训过程主要的风险来自学员对场地设备、工器具的使用不熟悉，操作方法、动作不规范及习惯性违章、培训师现场监护不到位，实训过程设备、工具工况发生劣变所至
		培训质量监控		实训培训质量监控是指为了确保实训培训任务、目标的完成，对培训师的教学行为及学员学习效果的管理，目的是为了改进培训师的教学培训方式、方法，提高学员的学习效果；可以通过学员间的任务观察、互评，培训师的点评、评价来实现；
4	培训评估	任务观察		培训评估是指通过多种方法和手段，检验培训效果，总结培训成功经验，使培训质量持续改进，不断提升；包括培训评估测评、培训跟踪服务、培训总结提升等
		考评		根据评分标准进行考评
（二）技能实训讲解、演示与辅导				
序号	任务	内容		备注
1	技能实训讲解	开门见山法		讲解时要注重讲解的逻辑性，层次感，做到通俗易懂
		边讲边演示		加深学员对所讲解的内容理解、掌握，培训师可采取边讲边演示的方法
		总结回顾		通过总结回顾，让学员加深印象
2	技能实训演示	示对法		让学员进行模拟练习
		示错法		让学员明白按正确的操作流程、步骤，操作方法进行操作的重要性
		互动法		学员进行演示，其他学员进行任务观察

续表

序号	任务	内容	备注
3	技能实训辅导	面对面的讲	让学员面对面观摩操作过程
		手把手的教	手把手的教的方式进行讲解、示范
		任务观察相互点评	将学员的隐性知识转化为显性知识共同分享，发掘学员潜能，变被动学习为主动学习
		练习、练习、再练习	让学员直接进行实战操作，使学员在不断实战中学习，在实战中锻炼，在实战中提高
		你追我赶相互切磋	培训师采取分组的方式进行实操项目训练竞赛比武
		现场提问加深理解	培训师在培训时可以用提问的方式
		案例分析相互探讨	提高学员参与培训的主动性和培训的有效性，搭建知识、技能共享的平台
		即时评估及时反馈	让学员在实践中检验、改进、完善
		敢于创新提升效果	在实训培训中，除了采取传统的辅导方式外，培训师应敢于创新培训方式，来提升培训效果
		因材施教综合运用	要提高培训的有效性，针对性，应该根据培训内容、培训对象，采取多种辅导方式相结合，因材施教，综合运用

附录 10 《课程开发》任务开发书

《课程开发》任务开发书将整个课程开发篇章的知识点高度凝练成表单，一方面帮助培训师回顾梳理课程开发的要点和技巧，另一方面为日后课程开发工作时提供有力的辅助指引和支持。

一、基本信息				
课题				
作者姓名				
作者单位及日期				
二、开发书				
（一）课程大纲设计				
一级目录	二级目录	知识点（授课重点、案例名称，练习内容等）	授课方法（讲授法、案例分析法、练习法、演练法、研讨法、游戏法、提问法、行动学习法、演示法）	授课时长（分钟）
（二）纸质教材开发（采用公司纸质教材模板填写）				

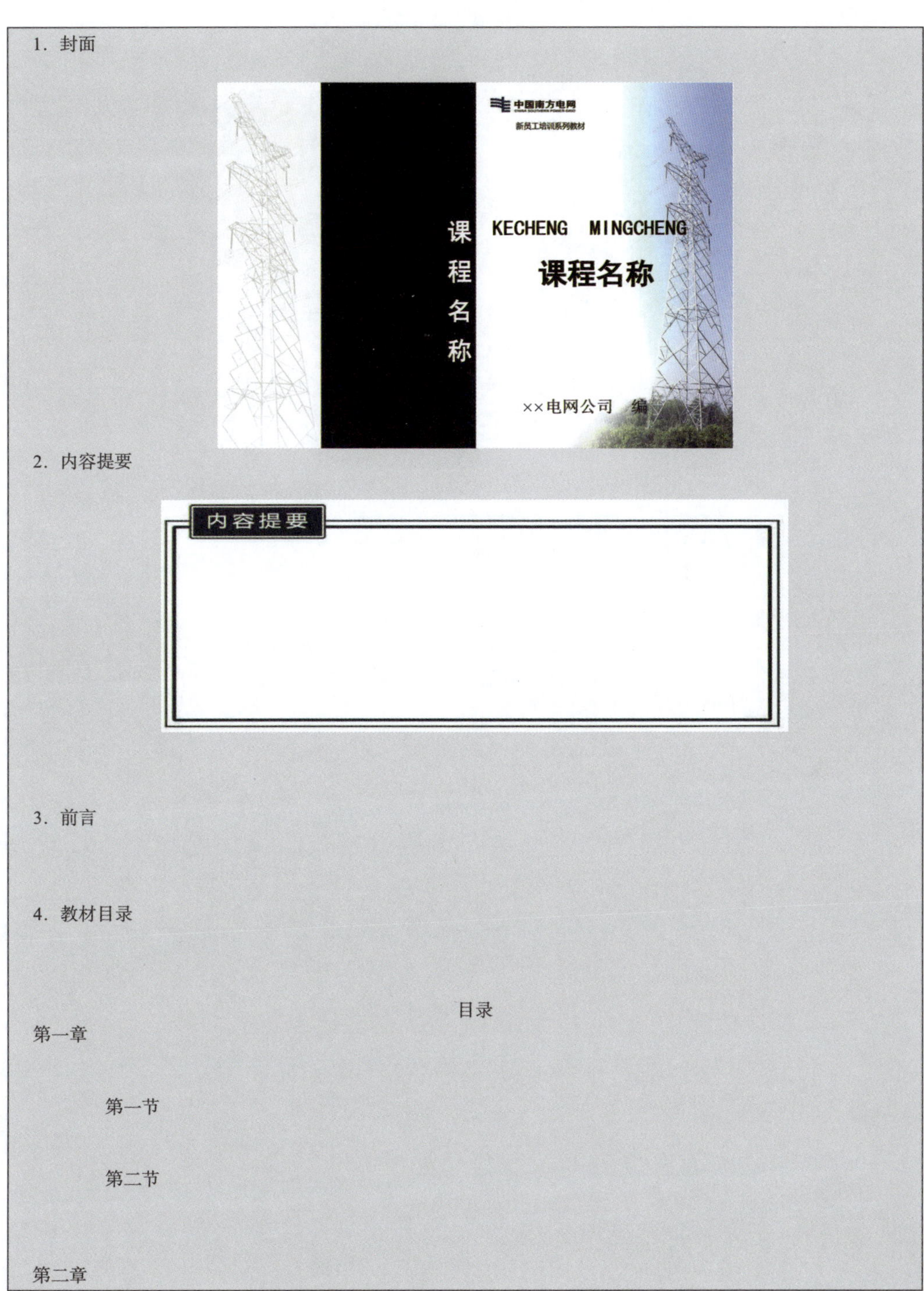

1. 封面

2. 内容提要

3. 前言

4. 教材目录

目录

第一章

第一节

第二节

第二章

第一节

第二节

5．正文

第 × 节 ××××

三、内容名称（知识点）
（按导入、主体、练习、总结编写资料）

附录 11 《项目开发》任务开发书

《项目开发》任务开发书将整个项目开发篇章的知识点高度凝练成表单，一方面帮助培训师回顾梳理项目开发的要点和技巧，另一方面为日后项目开发工作时提供有力的辅助指引和支持。

<table>
<tr><td colspan="5">一、基本信息</td></tr>
<tr><td>课题</td><td colspan="4"></td></tr>
<tr><td>作者姓名</td><td colspan="4"></td></tr>
<tr><td>作者单位及日期</td><td colspan="4"></td></tr>
<tr><td colspan="5">二、开发书</td></tr>
<tr><td colspan="5">（一）项目需求分析书</td></tr>
<tr><td>培训项目名称</td><td colspan="4"></td></tr>
<tr><td>需求调查方法</td><td></td><td>备注：问卷法、访谈法、观察法、资料法</td><td>需求调查人数</td><td></td></tr>
<tr><td>培训对象类别</td><td></td><td>备注：顺序为××类型人员、××序列、××专业、××班组</td><td>拟培训人数</td><td></td></tr>
<tr><td>培训对象描述</td><td colspan="2"></td><td colspan="2">备注：描述培训对象的岗位特征</td></tr>
<tr><td>培训对象
岗位能力要求</td><td colspan="2"></td><td colspan="2">备注：分析培训对象的岗位能力要求，即通过培训，培训对象应该掌握的知识或提升的能力</td></tr>
<tr><td>培训对象
现有能力差距</td><td colspan="2"></td><td colspan="2">备注：对培训对象进行调研，分析培训对象现有能力差距</td></tr>
<tr><td>上一次实施同等内容培训的效果</td><td colspan="2"></td><td colspan="2">备注：说明上次培训效果</td></tr>
<tr><td>培训目标</td><td colspan="2"></td><td colspan="2">备注：根据培训对象现有能力差距确定培训目标，分为任务目标与知识目标</td></tr>
<tr><td>主要培训内容</td><td colspan="2"></td><td colspan="2">备注：根据培训目标确定课程关键内容</td></tr>
<tr><td rowspan="5">培训实施
建议及理由</td><td colspan="2">培训主办单位（部门）</td><td colspan="2"></td></tr>
<tr><td colspan="2">培训时间</td><td colspan="2"></td></tr>
<tr><td colspan="2">培训学时</td><td colspan="2"></td></tr>
<tr><td colspan="2">培训形式</td><td colspan="2"></td></tr>
<tr><td colspan="4">理由：</td></tr>
<tr><td colspan="5">（二）培训项目策划书</td></tr>
<tr><td>培训项目名称</td><td colspan="4"></td></tr>
<tr><td>培训对象类别</td><td></td><td>培训人数</td><td colspan="2"></td></tr>
<tr><td>培训对象描述</td><td colspan="2"></td><td colspan="2">备注：描述培训对象的岗位特征</td></tr>
<tr><td>培训目标</td><td colspan="2"></td><td colspan="2">备注：根据培训对象现有能力差距确定培训目标，分为任务目标与知识目标</td></tr>
</table>

续表

<table>
<tr><td>主办单位（部门）</td><td colspan="4"></td></tr>
<tr><td>承办单位（部门）</td><td colspan="4"></td></tr>
<tr><td>协办单位</td><td colspan="4"></td></tr>
<tr><td>培训期次</td><td></td><td>每期培训学时</td><td colspan="2"></td></tr>
<tr><td>师资来源</td><td></td><td>培训形式</td><td colspan="2"></td></tr>
<tr><td>主要培训内容</td><td colspan="2"></td><td colspan="2">备注：根据培训目标确定课程关键内容</td></tr>
<tr><td>培训场地及
设施设备要求</td><td colspan="2"></td><td colspan="2">备注：场地要求、设备要求</td></tr>
<tr><td>培训证书类别</td><td></td><td>发证单位</td><td colspan="2"></td></tr>
<tr><td rowspan="3">培训评估</td><td>评估级别</td><td></td><td colspan="2">备注：
1．一级评估（满意度评估）；
2．二级评估（学习评估）；
3．三级评估（行为评估）；
4．四级评估（绩效评估）</td></tr>
<tr><td>评估方法和
工具</td><td></td><td></td><td>备注：
1．一级评估方法：问卷调研法、访谈法；
2．二级评估方法：试题考核法；
3．三级评估方法：绩效考核法、观察法、访谈法；
4．四级评估方法：投资回报率观察法、绩效考核法</td></tr>
<tr><td colspan="2">负责评估的单位（部门）</td><td></td><td></td></tr>
<tr><td rowspan="2">培训项目经费来源及
预算</td><td colspan="2">教育培训经费来源</td><td></td><td></td></tr>
<tr><td colspan="2">预算</td><td colspan="2"></td></tr>
</table>

参考文献

［1］周平．培训师授课技能手册［M］．北京：北京联合出版公司，2015.

［2］广东电网公司教育培训评价中心．轻松搞定电力企业课程开发［M］．北京：中国电力出版社，2013.

［3］孙方．PPT 课件高效制作［M］．北京：电子工业出版社，2013.

［4］缪亮．精通 PPT 课件设计与制作［M］．北京：清华大学出版社，2014.

［5］曹将．PPT 炼成记：高效能 PPT 达人的 10 堂必修课［M］．北京：中国青年出版社，2014.

［6］秋叶．说服力让你的 PPT 会说话［M］．北京：人民邮电出版社，2014.

［7］盛晓东．培训师的工具箱［M］．北京：企业管理出版社，2005.

［8］关培兰，刘学元．如何做培训［M］．大连：大连理工大学出版社，2000.

［9］布鲁斯．克莱特著，何雪译．终极培训班手册［M］．北京：企业管理出版社，2004.

［10］大卫·梅尔著，刘安田，张峰译．培训学习手册［M］．北京：企业管理出版社，2002.

［11］马丁·所罗门著，孙乔，任雪梅，刘秀玉译．培训战略与实务［M］．北京：商务印书馆国际有限公司，1999.

［12］杨思卓．职业培训师的 8 堂私房课［M］．北京：北京大学出版社，2013.

［13］周平．培训师授课技能手册［M］．北京 : 北京联合出版公司，2015.

［14］段烨．培训师 21 项技能修炼［M］．北京：北京大学出版社，2014.

［15］高岩．这样做明星培训师：TTT 升级执行手册［M］．北京：北京大学出版社，2011.

［16］陈志嵘．TTT 杰出培训师——培训师演说技能训练［M］．北京：中国发展出版社，2011.

［17］赛宾·登博夫斯基，等著，徐小丹译 . 做最好的培训师——成功培训的七大步骤［M］．北京：东方出版社，2008.

［18］陈龙海，韩庭卫．企业管理培训师训练全书［M］．北京：地震出版社，2012.

［19］石惟理，谢景山．企业培训师工作指南——培训项目案例篇［M］．北京：中国石化出版社有限公司，2013.

［20］苏平．培训师成长手册——课程开发实用技巧与工具［M］．西安：西安交通大学出版社，2013.

［21］周平．培训课程开发与设计［M］．北京：北京联合出版公司，2015.

[22] 邢至晖，韩立芬. 特色课程开发的 7 项核心技术[M]. 上海：华东师范大学出版社，2013.

[23] 张俊娟，韩伟静. 企业培训体系设计全案[M]. 北京：人民邮电出版社，2011.

[24] 广东电网公司教育培训评价中心. 轻松搞定电力企业课程开发[M]. 北京：中国电力出版社，2013.

[25] 赵金亭. 企业培训师培训教材[M]. 北京：中国水利水电出版社，2010.